# Risikomanagement in IT-Projekten

von
Markus Gaulke

2., überarbeitete Auflage

Oldenbourg Verlag München Wien

**Markus Gaulke** ist Senior Manager im Bereich Information Risk Management bei der KPMG Deutsche Treuhand-Gesellschaft in Frankfurt am Main. Er ist dort u.a. für die Service Area „Project Risk Management" verantwortlich. Von dem Autor sind bereits zahlreiche Fachartikel über IT-Sicherheit und Risikomanagement in IT-Projekten sowie ein Fachbuch über Computersicherheit („Digitale Abgründe", Landsberg am Lech, 1996) erschienen. Der Verfasser ist aktives Mitglied im internationalen IT-Prüfungsverband „Information Systems Audit and Control Association (ISACA)" und als „Certified Information Systems Auditor (CISA)" Inhaber einer weltweit anerkannten Berufsqualifikation für Personen, die sich mit der Prüfung von IT-Systemen beschäftigen.

Markus Gaulke
KPMG Deutsche Treuhand-Gesellschaft
Information Risk Management
Marie-Curie-Strasse 30
D-60439 Frankfurt am Main
MarkusGaulke@kpmg.com

Bibliografische Information Der Deutschen Bibliothek

Die Deutsche Bibliothek verzeichnet diese Publikation in der Deutschen Nationalbibliografie; detaillierte bibliografische Daten sind im Internet über <http://dnb.ddb.de> abrufbar.

© 2004 Oldenbourg Wissenschaftsverlag GmbH
Rosenheimer Straße 145, D-81671 München
Telefon: (089) 45051-0
www.oldenbourg-verlag.de

Lektorat: Margit Roth
Herstellung: Rainer Hartl
Umschlagkonzeption: Kraxenberger Kommunikationshaus, München
Gedruckt auf säure- und chlorfreiem Papier
Druck: R. Oldenbourg Graphische Betriebe Druckerei GmbH

ISBN 3-486-27599-2

# Inhalt

# 1 Vorwort

## 1.1 Vorwort zur 2. komplett neubearbeiteten Auflage

*„Die Verantwortung für das Risikomanagement fällt jeweils der Partei zu, die den Preis für die ignorierten Risiken zahlt." [DeLi03]*

Meine Vorhersage, dass das Thema Risikomanagement in IT-Projekten eines der zentralen Themen des nächsten Jahrzehnts beim Management und bei der Organisation von IT-Projekten werden wird, ist bereits teilweise in Erfüllung gegangen. Zahlreiche Seminaranbieter haben das Thema in ihre Programme aufgenommen, die Gesellschaft für Projektmanagement hat eine eigene Expertentagung zu diesem Themenkomplex durchgeführt und dieses Thema zum Schwerpunkt der Ausgabe 2/2003 von „Projektmanagement aktuell" werden lassen und letztendlich ist auch diese 2. Auflage eine Bestätigung dieses Trends. Diese Entwicklung freut mich natürlich. Gleichwohl besteht die Gefahr, dass so manche dieses Thema nun aufgreifen ohne es inhaltlich durchdrungen zu haben und damit dem Thema mehr schaden als nutzen.

Dieser Gefahr will ich durch die Neubearbeitung der 2. Auflage meines Buches entgegenwirken. Ich habe versucht, den Anregungen der Leser und Kritiker durch die sprachliche und grafische Überarbeitung aller Kapitel nachzukommen. Gleichzeitig wurden Angaben, wo notwendig, aktualisiert und einzelne Prozessschritte ausführlicher und klarer dargestellt.

Aus aktuellem Anlass habe ich insbesondere dem Thema Project Governance als wichtigen Bestandteil der Corporate bzw. IT-Governance mehr Raum eingeräumt. Eine Studie bei 100 ausgewählten IT-Verantwortlichen von Schweizer Unternehmen hat ermittelt, das die IT-Projektkosten pro Mitarbeiter fast genauso hoch sind wie die IT-Betriebskosten pro PC-Arbeitsplatz. Bezogen auf die Mitarbeiterzahl in den untersuchten Unternehmen wurden im Schnitt pro 1.000 Mitarbeiter 33 Projekte durchgeführt. Überragende Bedeutung hat dabei das Projektgeschäft in der Banken- und Versicherungsbranche: Dort wurden pro 1.000 Mitarbeiter durchschnittlich 75 Projekte durchgeführt und damit rund CHF 32.000 für IT-Projekte pro Mitarbeiter ausgegeben [ITKOST02]. Dies allein sollte bereits Beleg genug sein, warum Corporate bzw. IT-Governance auch Project Governance, also die aus Managementsicht notwendigen Kontrollen und Maßnahmen, um einen erfolgreichen Projektverlauf sicherzustellen, umfassen sollte.

Nicht erst seit der Aktualität des Themas Corporate Governance sollte das Management die regelmäßige Durchführung einer unabhängigen Risikoanalyse für jedes bedeutende Projekt verbindlich anweisen. Schließlich ist der Träger des Gesamtprojektrisikos und damit auch der meisten der vom Risikomanagement identifizierten Projektrisiken der Auftraggeber und damit das Management. Das Management würde in dieser Position grob fahrlässig handeln, wenn es inzwischen marktübliche Verfahren zur Früherkennung von Projektrisiken nicht einsetzen würde.

Weiterhin habe ich auch eine Webseite eingerichtet, die sich übergreifend mit dem Management von operativen Risiken, insbesondere aber dem Management von IT-Risiken und Projektrisiken, beschäftigt. Sie erreichen diese Webseite unter http://www.risikomanagement-in-it-projekten.de oder unter http://www.markus-gaulke.de.

Frankfurt am Main                                  Markus Gaulke, markusgaulke@kpmg.com

# 1.2     Vorwort zur 1. Auflage

*„Managen Sie Projekte, indem Sie ihre Risiken managen" (aus dem Tagebuch von Mr. Tompkins in [DeM98])*

Ohne Informationstechnologie (IT) sind heutzutage auch traditionelle Branchen nicht mehr lebensfähig. Bei der Deutschen Bank AG repräsentieren die IT-Mitarbeiter bereits annähernd 30 % der Belegschaft [Frei01]. Entsprechend stellen die mit der Informationstechnologie verbundenen Risiken inzwischen einen bedeutenden Anteil der operativen Risiken in den Unternehmen dar. Auch der Gesetzgeber und die Aufsichtsbehörden haben die generelle Bedeutung des Managements von IT-Risiken im Rahmen der operativen Risiken erkannt und den Unternehmen teilweise bereits verbindliche Rahmenbedingungen vorgegeben.

Gleichzeitig ist die Informationstechnologie zum „Enabler" für eine bessere Positionierung der Unternehmen im Wettbewerb geworden. Bei der DaimlerChrysler AG werden beispielsweise softwarebasierte Funktionen als Verkaufsfaktor und Innovationsfaktor der Zukunft gesehen [Gant01]. Diese Entwicklungen sorgen zusammen mit einer erhöhten Dynamik der Märkte und neuen Technologien weltweit für einen steigenden Bedarf an IT-Projekten. Allein die amerikanischen Unternehmen führen jedes Jahr rund 200.000 IT-Projekte durch und investieren dabei 275 Milliarden Dollar [SM1299].

Die erfolgreiche Abwicklung von IT-Projekten hat für die Wettbewerbsfähigkeit der Unternehmen eine strategische Bedeutung erlangt. Ein erfolgreiches Unternehmen muss in der Lage sein, IT-Projekte professionell durchzuführen, um neue Produkte und Dienstleistungen in hoher Qualität zeit- und kostengerecht am Markt einführen zu können. Projektfehlläufer würden dazu führen, dass Unternehmen ihre Geschäftsstrategie nicht umsetzen und in der Folge ihre Geschäftsziele nicht oder nur teilweise erreichen können.

Der zunehmenden Bedeutung der IT-Projekte steht aber entgegen, dass ein Drittel aller IT-Projekte scheitert und fast die Hälfte aller IT-Projekte den geplanten Zeitrahmen oder das veranschlagte Budget substantiell überzieht [SM1299]. Die Kosten für Projektfehlläufer beliefen sich nach Schätzungen der Standish Group 1998 allein in den USA auf rund 75 Milliarden US-Dollar. Aus diesem Dilemma kann ein systematisches Risikomanagement helfen, durch das Fehlentwicklungen in IT-Projekten rechtzeitig und mit geringem Aufwand erkannt und unter Kontrolle gebracht werden können.

Derzeit hat Risikomanagement in IT-Projekten in der Unternehmenspraxis jedoch lediglich eine untergeordnete Bedeutung. Die Vorstellungen von Risikomanagement in IT-Projekten reichen vom Ausfüllen einfacher Risikolisten bis zur Erstellung von umfangreichen Risikokatalogen mit Risikoblättern für jedes Einzelrisiko. In der Anwendung werden zudem häufig Risikoursachen und Risikoauswirkungen verwechselt, Risiken und Kontrollen vermischt oder notwendige Kennzahlen zur Risikoüberwachung vernachlässigt. Ein solches Risikomanagement wird dann schnell als lästige Pflichtübung wahrgenommen.

Das vorliegende Buch hat zum Ziel, eine praxiserprobte und handhabbare Methode mit allen benötigten Hilfsmitteln für das Risikomanagement in IT-Projekten vorzustellen. Die Methode ist dabei so flexibel aufgebaut, dass jederzeit Anpassungen und Erweiterungen möglich sind oder auch nur einzelne Elemente der Methode (z.B. die Risikoindikatoren) in ein vorhandenes unternehmenseigenes Risikomanagementsystem übernommen werden können. Checklisten mit Leitfragen am Ende jedes Projektrisiko- und -kontrollbereiches erleichtern die Arbeit mit der Methode und können bei Bedarf ebenfalls unternehmensspezifisch (z.B. in Richtung einer quantitativen Risikobewertung) erweitert werden.

Risikomanagement in IT-Projekten wird eines der zentralen Themen des nächsten Jahrzehnts beim Management und bei der Organisation von IT-Projekten werden. Auch eine Weiterentwicklung der bestehenden gesetzlichen und aufsichtlichen Rahmenbedingungen für das Management der operativen Risiken ist in diesem Sinne zu erwarten. Das Buch richtet sich daher grundsätzlich an alle Leser mit Interesse an den Themen Projektmanagement oder Risikomanagement. In der Unternehmens- und Beratungspraxis können vor allem Projektverantwortliche und Projektleiter sowie Risiko- und Qualitätsmanager von den dargestellten Inhalten profitieren. Gleichzeitig soll dieses Buch aber auch die Diskussion über die Bedeutung des Risikomanagements für das erfolgreiche Management von IT-Projekten anregen und bereichern.

Zu Beginn des Buches werden die notwendigen Begriffe sowie die gesetzlichen und verschiedene normative Anforderungen erläutert. Anschließend werden anhand von Studien und anderen Quellen die Ursachen für Projektfehlläufer sowie die Erfolgsfaktoren für IT-Projekte diskutiert. Die folgenden Kapitel widmen sich dann der Erläuterung der vorgestellten Methode für ein umfassendes Risikomanagement in IT-Projekten, die insbesondere durch die Integration von Indikatoren, Projektsteuerungs- und -kontrollverfahren und Risikobehandlungsmaßnahmen auch viele praktische Anregungen für Verbesserung des Managements von IT-Projekten enthält.

Frankfurt am Main                                    Markus Gaulke, markusgaulke@kpmg.com

# 2 Einführung

*„Risk management means dealing with a concern before it becomes a crisis."*
*(Karl E. Wiegers in [Wie98])*

Das folgende Kapitel soll mit einigen grundlegenden Begriffen vertraut machen und diese Begriffe insbesondere spezifisch für das Thema dieses Buches in den richtigen Kontext setzen.

## 2.1 Grundlegende Begriffe

An dieser Stelle werden einleitend die Begriffe „Projekt", „Risiko", „Projektrisiko" und „Risikomanagement" kurz erörtert. Die Erörterung soll einerseits einem gemeinsamen Verständnis der verwendeten Begriffe dienen, da in der Projekt- und Risikomanagementliteratur teilweise unterschiedliche Definitionen angewandt werden. Andererseits werden diese Begriffe bereits im Sinne der in den nachfolgenden Kapiteln beschriebenen Methodik für eine Risikomanagement in IT-Projekten interpretiert.

### 2.1.1 Projekt

Nach DIN 69901 ist ein Projekt ein „Vorhaben, das im wesentlichen durch Einmaligkeit der Bedingungen in ihrer Gesamtheit gekennzeichnet ist, wie z.B. Zielvorgabe, zeitliche, finanzielle, personelle und andere Begrenzungen, Abgrenzungen gegenüber anderen Vorhaben oder eine projektspezifische Organisation."

In der Praxis wird ein Projekt auch als ein Vorhaben mit den folgenden Merkmalen definiert [GAB88] [STE98]:

- **Bedeutung des Projektergebnisses**
Das angestrebte Projektergebnis sollte für den Auftraggeber bedeutsam sein. In Unternehmen sollte das Projektergebnis beispielsweise die Erfüllung der Geschäftstrategie oder die Umsetzung konkreter Geschäftsziele maßgeblich unterstützen.

- **Einmaligkeit der Projektaufgabe**
Die Projektaufgabe sollte einmalig und keine wiederkehrende Tätigkeit sein.

- **zeitliche Befristung**

Jedes Projekt sollte einen definierten Endtermin besitzen.

- **Umfang und Komplexität**

Ein Projekt sollte hinsichtlich des zeitlichen und personellen Aufwandes zur Aufgabendurch-
führung sowie des Schwierigkeitsgrades der Aufgabenstellung bedeutend sein. Der Umfang
und die Komplexität des Vorhabens erfordern in der Regel ein gesondertes Management.

- **Beteiligung mehrerer Organisationseinheiten**

Ein Projekt beinhaltet in der Regel übergreifende Aufgabenstellungen und erfordert die Zusammenarbeit von verschiedenen Fachbereichen. Die Beteiligung mehrerer organisatorischer
Einheiten macht häufig eine spezielle Projektorganisation notwendig.

- **Innovation**

Ein Projekt umfasst in der Regel Aufgabenstellungen, die für die Beteiligten neu sind bzw. in
der Vergangenheit in dieser Form noch nicht bewältigt werden mussten.

- **Risikobehaftung**

Die oben genannten Merkmale, insbesondere die Einmaligkeit, die Innovation sowie der
Umfang und die Komplexität der Aufgabe bedingen, dass ein Projektvorhaben grundsätzlich
risikobehaftet ist. Risikobehaftung kann damit als ein weiteres Merkmal eines Projektes angesehen werden.

Unter einem IT-Projekt wird im folgenden ein Vorhaben mit den dargestellten Projektmerk-
malen verstanden, bei dem zusätzlich der Erfolg des Projektes maßgeblich von der Auswahl,
Analyse, Entwicklung, Wartung, Weiterentwicklung oder Einführung mindestens eines In-
formations- oder Kommunikationssystems abhängt. Entsprechend sind die meisten Projekte
in den Unternehmen heutzutage IT-Projekte, da beispielsweise auch Projekte mit dem Ziel
der Umstrukturierung oder der Geschäftsprozessoptimierung ohne Änderungen oder Ergänzungen an den IT-Systemen (z.B. an Controlling- oder Workflow-Systemen) kaum vorstell-
bar sind.

Das Spektrum der möglichen IT-Projekte ist demnach riesig. Erstmal können das oder die
betroffene(n) Informations- oder Kommunikationssysteme ganz unterschiedlicher Art sein:
Projekte mit kaufmännischen Anwendungen unterscheiden sich beispielweise erheblich von
Projekten mit technischen Anwendungen oder systemnahen Applikationen.

Auch nach der Art des Projektes unterscheiden sich IT-Projekte voneinander, je nachdem ob
eine Neuentwicklung erfolgen soll, oder nur ein Re-Design oder eine Weiterentwicklung
eines Systems Projektinhalt ist. Eine Neuentwicklung lässt sich nach der Anzahl der zukünftigen Anwendungsorganisationen wiederum in Individualsoftware und Standardsoftware
weiter differenzieren. Im kaufmännischen Bereich ist heutzutage die Auswahl und Anpassung sogenannter „COTS-Software" ein typisches IT-Projekt. COTS steht für „Commercial
Of The Shelf", also für betriebswirtschaftliche Standardsoftware (z.B. SAP R/3), die auf

Basis der Anforderungen des Unternehmens hin ausgewählt wird und auf die Bedürfnisse noch mehr oder weniger angepasst werden muss.

Im Zuge der zunehmenden Zusammenschlüsse oder Kooperationen von Unternehmen stehen darüber hinaus vielfach Integrationsprojekte an, bei denen im Rahmen von IT-Projekten die unterschiedlichsten IT-Systeme und die damit zusammenhängenden Geschäftsprozesse vereinheitlicht und integriert werden müssen.

Im Zentrum der nachfolgenden Betrachtungen stehen in erster Linie Projekte mit kaufmännischen Anwendungen in allen genannten Projektarten. Auf die Besonderheiten der einzelnen Projektarten kann die nachfolgend vorgestellte Methode für das Projektrisikomanagement über die Gewichtung der einzelnen Projektrisikofaktoren und Projektkontrollziele leicht angepasst werden. Aber auch für Projekte mit dem Ziel, rein technische Anwendungen zu erstellen, ist die Methode prinzipiell anwendbar, auch wenn dann einzelne Projektrisikofaktoren und Projektkontrollziele (vor allem in den Projektbereichen „Geschäftsprozesse", „Anwender" und „Daten") auf ihre Relevanz überprüft werden müssen. Die zentralen Projektbereiche „geschäftliche Ausrichtung", „Projektmanagement" und „Technologie" sind beim Risikomanagement in IT-Projekten jedoch allgemeingültig.

## 2.1.2    Risiko

Unter Risiko wird im betrieblichen Bereich allgemein die Gefahr verstanden, dass Ereignisse oder Handlungen ein Unternehmen daran hindern, seine Ziele zu erreichen bzw. seine Strategien erfolgreich umzusetzen [KPMG00]. Andere Quellen definieren Risiko allgemein als „Möglichkeit ungünstiger künftiger Entwicklungen" [WPH00] oder als „Gefahr, die den Prozess der Zielsetzung und Zielerreichung begleiten und ihn negativ beeinflussen können" [GAB88].

Eine weitergehende Definition des Begriffes „Risiko" [Sch97] beschreibt Risiko als ein „Ereignis, von dem nicht sicher bekannt ist, ob es eintreten und/oder in welcher genauen Höhe es einen Schaden verursachen wird." Ein Ereignis, dass mit Sicherheit eintreten wird, stellt demnach ein Problem und kein Risiko dar.

Die obige Definition von Risiko enthält sowohl den Bestandteil der Unsicherheit über ein Ereignis als auch den Bestandteil der negativen Auswirkung eines Ereignisses. Das Risiko kann mathematisch entsprechend als Funktion aus den berechenbaren Größen Wahrscheinlichkeit und Schadenshöhe betrachtet werden.

In der Statistik ergibt sich die Wahrscheinlichkeit W(A) als Größe, der sich die relative Häufigkeit eines Ereignisses A bei unbeschränktem Umfang der Versuchsserie nähert [Puh89]. Aus dieser Definition wird auch das Kernproblem der Wahrscheinlichkeitsberechnung im Rahmen der Risikobetrachtung bei IT-Projekten erkennbar. Die zuverlässige Wahrscheinlichkeitsberechnung bedarf einer umfangreichen Anzahl von Beobachtungen, die in der Regel nur schwierig durchzuführen sein werden. Einen Ausweg aus diesem Dilemma bietet die subjektive Auffassung der Wahrscheinlichkeit. Dabei werden Wahrscheinlichkeitsaussagen als subjektiver Überzeugtheitsgrad oder anschaulicher als Wettbereitschaft einer (sachkundigen) Person im Hinblick auf das Eintreten eines Ereignisses betrachtet.

Die Schadenskomponente beim Risiko wird gewöhnlich in Geldeinheiten gemessen. Der Schaden im Falle von gescheiterten IT-Projekten betrifft in Unternehmen aber auch nicht-monetäre Unternehmensziele, wie die Reputation oder die Produktqualität, deren Verschlechterung sich erst mit der Zeit auf die monetären Unternehmensziele auswirkt. Diese nicht-finanziellen Dimensionen der Schadensauswirkung macht die Quantifizierung der Schadenshöhe bei IT-Projekten in der Praxis ebenfalls sehr schwierig.

## 2.1.3    Projektrisiko

Das spezielle Risiko bei Projekten ist in verschiedenen Publikationen ebenfalls definiert worden. Madauss [Mad00] definiert Risiko im Projektzusammenhang als die „Unwägbarkeit des technischen und/oder wirtschaftlichen Projekterfolges."

In der DIN 62198 wird Projektrisiko als die „Kombination aus der Eintrittswahrscheinlichkeit eines bestimmten Ereignisses und seinen Folgen für die Projektziele" beschrieben. Projektrisiken werden sowohl im Projekt als auch im Umfeld des Projektes gesehen. Als Beispiele für Risikofaktoren, die ein Projekt beeinträchtigen können, sind aufgeführt:

* Umwelt
* Markt
* Gesellschaft
* Finanzen
* Zuverlässigkeit
* Wirtschaft
* Mensch
* Technik
* Recht

Das Project Management Institute (PMI) definiert ein Projektrisiko als „ein unsicheres Ereignis oder eine Bedingung, dessen/deren Eintreten eine positive oder negative Auswirkung auf ein Projektziel hat" [PMBOK03]. Damit umfasst die Definition sowohl Risiken, die eine Gefährdung der Projektziele bedeuten als auch Chancen, die sich in einer Übererfüllung der Projektziele darstellen können. Weiterhin werden Ereignisrisiken und Bedingungsrisiken unterschieden: Ein Ereignisrisiko ist beispielsweise ein späte Erteilung einer Genehmigung; ein Bedingungsrisiko enthält dagegen Aspekte in der Projektumgebung, wie schlechte Projektmanagementpraktiken oder die Abhängigkeit von externen Teilnehmern.

Jedes Projektrisiko hat eine Ursache und, wenn das Risiko eintritt, eine Auswirkung. Die Auswirkungen betreffen die Projektkosten, den Zeitplan oder die Qualität der Projektergebnisse. Die Ursachen von Projektrisiken lassen sich in Risikokategorien gruppieren. Das PMI kennt folgende Risikokategorien:

- Fachliche, qualitative oder leistungsbezogene Risiken

Diese Risikokategorie enthält beispielsweise Risiken aus unrealistischen Leistungszielen, aus ungetesteter oder komplexer Technologie oder aus Änderungen an der verwendeten Technologie während des Projektes.

- Projektmanagementrisiken

Die Kategorie Projektmanagementrisiken umfasst handwerkliche Projektmanagementfehler, wie eine unzureichende Projektplanung oder eine mangelnde Zeit- und Einsatzmittelplanung.

- Organisatorische Risiken

Organisatorische Risiken betreffen vor allem die fehlende Abstimmung und Priorisierung von Projekten innerhalb einer Organisation.

- Externe Risiken

Externe Risiken liegen außerhalb der Organisation und sind von dieser nicht beeinflussbar. Beispiele sind Veränderungen von Gesetzen oder Vorschriften, aber auch Risiken durch höhere Gewalt.

Projektrisiken unterscheiden sich von den „normalen" operativen Risiken. Letztere sind häufig wiederkehrende, am Geschäftsprozess orientierte, funktionale Risiken, während Projektrisiken einmalige, im Hinblick auf die Projektziele ergebnisorientierte Risiken sind. Das Risiko (R) bei einem IT-Projekt kann allgemein definiert werden als:

$$R = W(UE) * K(UE)$$

mit

$W(UE)$ = Wahrscheinlichkeit eines unzureichenden Ergebnisses und

$K(UE)$ = Kosten eines unzureichenden Ergebnisses.

Die Wahrscheinlichkeit für ein unzureichendes Ergebnis abzuschätzen bedeutet sowohl die Wahrscheinlichkeit für das Nicht-Erreichen als auch für das signifikante Überschreiten der Projektziele abzuschätzen. Projektziele haben in der Regel die drei klassischen Zieldimensionen Zeit, Kosten und Leistung bzw. Qualität. Diese drei Dimensionen werden bildlich häufig als Eckpunkte in einem sog. „Magischen Dreieck" dargestellt, wobei die Kanten zwischen diesen Eckpunkten die gegenseitige Abhängigkeit verdeutlichen sollen. Beispielsweise bewirkt eine höhere Qualität oder eine Mehrleistung in der Regel einen höheren Mitarbeitereinsatz und damit höhere Kosten und einen höheren Zeitbedarf. Abwandlungen dieses magischen Dreiecks differenzieren Leistung und Qualität in Quantität/Funktionsumfang und Qualität, um eine genauere Darstellung der Projektziele und gegenseitigen Abhängigkeiten zu erhalten.

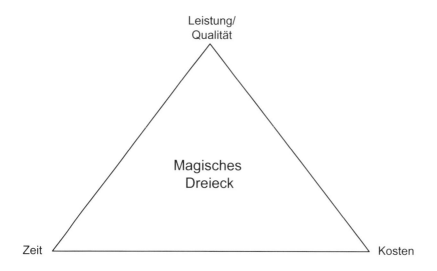

**Abb. 2.1**   *Magisches Dreieck*

Die Kosten für ein unzureichendes Ergebnis hängen im kommerziellen Projektumfeld insbesondere von der Bedeutung des Projektes für die Geschäftsstrategie und vom Investitionsvolumen ab. Da die Wahrscheinlichkeit für ein unzureichendes Ergebnis erst nach der Identifikation und Beurteilung der Projektrisiken solide ermittelt werden kann, muss sich die Entscheidung über die Notwendigkeit für ein Projektrisikomanagement erst mal vor allem an der Projektbedeutung festmachen.

Die nachfolgend beschriebene Methodik für ein Risikomanagement in IT-Projekten fokussiert sich auf die Projektrisiken, die eine Gefährdung für die Projektziele darstellen. Die dargestellten Risikofaktoren bzw. Risikokategorien der oben angeführten Standards werden berücksichtigt, jedoch in einer für das Projektrisikomanagement besser handhabbaren und umfassenderen Struktur.

## 2.1.4     Risikomanagement

Unter Risikomanagement werden allgemein „alle erforderlichen Aufgaben und Maßnahmen zur Risikobekämpfung" [Mad00] verstanden. Aus betrieblicher Sicht umfasst Risikomanagement alle systematischen Maßnahmen zur rechtzeitigen Erkennung, Bewertung und Bewältigung von potentiellen Risiken. Risikomanagement soll die Unternehmensführung unterstützen, wesentliche Risiken, die den Unternehmenserfolg oder -bestand gefährden können, rechtzeitig zu erkennen und zu bewältigen. Dazu müssen ungünstige Entwicklungen im Unternehmen (z.B. durch geeignete Indikatoren) frühzeitig aufgezeigt, aber auch neue, bisher nicht definierte Risiken, erkannt werden können.

In der DIN 62198 wird Risikomanagement sehr abstrakt definiert als die „systematische Anwendung von Managementgrundsätzen, -verfahren und -praktiken zwecks Ermittlung des Kontexts sowie Identifikation, Analyse, Bewertung, Steuerung/Bewältigung, Überwachung und Kommunikation von Risiken."

Ein Risikomanagementsystem muss ganzheitlich angelegt sein und alle Unternehmensbereiche berücksichtigen. Die Notwendigkeit eines unternehmensweiten Risikomanagements ergibt sich aus der Tatsache, dass Einzelrisiken sich kumulieren und sich in Wechselwirkung mit anderen Risiken befinden können.

Ein Risikomanagementsystem besteht nach herrschender Meinung aus den drei Grundelementen Frühwarnsystem, Überwachungssystem und Controlling [Kei00]. Das Frühwarnsystem sollte negative interne und externe Entwicklungen und daraus resultierende Risiken rechtzeitig erkennen. Dazu sind verlässliche Frühwarnindikatoren notwendig, die Risiken frühzeitig anzeigen. Das Überwachungssystem umfasst das Interne Kontrollsystem (IKS) sowie die interne oder externe Revision und soll die Zuverlässigkeit der betrieblichen Abläufe sicherstellen. Das Controlling ist dafür verantwortlich, die Geschäftsleitung rechtzeitig über Risiken zu informieren, damit Gegenmaßnahmen zeitnah eingeleitet werden können.

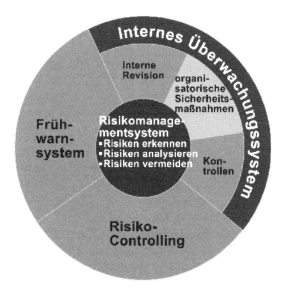

**Abb. 2.2**    *Grundelemente eines Risikomanagementsystems*

Die Elemente eines Risikomanagementsystems bauen aufeinander auf und beeinflussen sich gegenseitig. Sie sollten daher in Form eines Regelkreislaufes angeordnet sein [WPH00]. Dieser Regelkreislauf ist fortwährend zu durchlaufen. Die wesentlichen Elemente des Regelkreislaufes eines Risikomanagementsystems in einem Unternehmen sind:

1. Risikoidentifikation

Eine umfassende Identifikation der auf das Unternehmen einwirkenden Risiken bedarf einer systematischen und laufenden Risikoanalyse des Unternehmens und seiner wesentlichen Geschäftsabläufe. Voraussetzung für eine systematische Risikoidentifikation ist das Vorhandensein einer gleichen Sichtweise auf die gemeinsamen Unternehmensziele sowie der für die Umsetzung der Unternehmensziele zugehörigen Erfolgsfaktoren. Weiterhin sollten zur Erleichterung der Risikoidentifikation Risikobereiche gebildet werden und die Risiken in diesen Risikobereichen weiter untergliedert werden bis überschaubare Einzelrisiken vorhanden sind, über die permanent Informationen erhoben werden können. Eine frühzeitige Risikoidentifikation setzt letztendlich die Existenz von Frühwarnindikatoren voraus. Frühwarnindikatoren sind Kennzahlen, deren Entwicklung Hinweise auf entstehende Risiken geben können. Beispiele für solche Frühwarnindikatoren auf Unternehmensebene sind Produktionskosten, Marktanteil oder Marktwachstum.

2. Risikoanalyse und -bewertung

Die Risikobewertung umfasst insbesondere die Ermittlung der Eintrittswahrscheinlichkeit (sog. „Quantitätsdimension") und der möglichen Schadenshöhe (sog. „Intensitätsdimension") der identifizierten Risiken. Dabei sind zusätzlich die Interdependenzen zwischen den Einzelrisiken zu berücksichtigen. Um die Auswirkungen der Risiken im Zusammenhang mit ihren Interdependenzen exakt zu quantifizieren, müssen in der Regel Szenariorechnungen, Sensitivitätsanalysen und Risikosimulationen durchgeführt werden. Der quantitativen Risikobewertung sind jedoch insbesondere im Bereich der operativen Risiken praktische Grenzen gesetzt, da die Anzahl der möglichen Risiken sehr hoch ist und die Risikodaten häufig nur unvollkommen und ohne Historie vorliegen. Um den Aufwand für das Risikomanagement jedoch in vertretbarem Rahmen zu halten, muss in vielen Risikobereichen auf eine subjektive Risikoeinschätzung zurückgegriffen werden.

3. Risikokommunikation

Die Einzelrisiken sind von einer kompetenten Stelle entsprechend der Risikostrukturierung jeweils bottom-up Ebene für Ebene zu einer Gesamtrisikolage zusammenzuführen und an die Unternehmensleitung zu kommunizieren. Die Berichtwege und –abläufe müssen dabei eine zeitnahe Information der zuständigen Entscheidungsträger über wesentliche Risiken sicherstellen, so dass für die Unternehmensleitung zu jedem Zeitpunkt Transparenz über die Art und das Ausmaß der Risiken als Option für strategische Entscheidungen besteht.

4. Risikoüberwachung

Das Risikomanagementsystem muss seinerseits permanent an die Unternehmenssituation und das Unternehmensumfeld angepasst werden. Dazu muss die Wirksamkeit der Maßnahmen zur Risikoidentifikation, zur Risikobewertung und zur Risikokommunikation sowie die Eignung des Systems im Hinblick auf die Erfüllung der Frühwarnfunktion ständig überwacht werden.

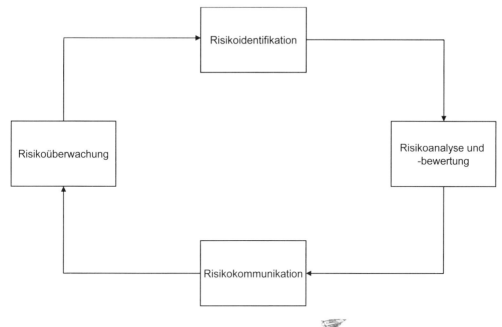

**Abb. 2.3**    *Allgemeiner Regelkreislauf eines Risikomanagementsystems*

## 2.2     Risikomanagement bei IT-Projekten

Risikomanagement bei IT-Projekten sollte entsprechend des oben dargestellten Regelkreislaufes alle Maßnahmen beinhalten, um Risiken im Projekt sowie im Projektumfeld vorausschauend zu erkennen, ihre Eintrittswahrscheinlichkeiten und Auswirkungen zu beurteilen, die Projektrisiken und die Risikobehandlungsmaßnahmen laufend zu kommunizieren und bei Bedarf geeignete und wirksame Maßnahmen zur Risikobehandlung zu initiieren, sowie die Projektrisiken permanent zu überwachen.

Vorausschauend bedeutet, dass mit dem Projektrisikomanagement bereits während der Projektplanung und noch vor Projektstart begonnen werden sollte, damit schon bei Projektstart maßgeschneiderte Projektsteuerungs- und -kontrollmaßnahmen den erkannten Risiken entgegenwirken können. Zur laufenden Überwachung sollten die Risiken in angemessenen Abständen im weiteren Projektverlauf regelmäßig aktualisiert werden. Als Zeitpunkte für eine Aktualisierung der Projektrisiken bieten sich beispielsweise der Beginn einer neuen Projektphase oder das Erreichen von größeren Meilensteinen an. Auch die DIN 62198 bestätigt, dass der höchste Nutzen eines Projektrisikomanagements nur erreicht wird, wenn „die Risikomanagementaktivitäten bereits in der frühestmöglichen Phase des Projekts eingeleitet und während der nachfolgenden Phasen fortgesetzt" werden [DIN62198].

Zur Sicherstellung einer zeitnahen und zielführenden Risikokommunikation sollte das Projektrisikomanagement nicht nur projektspezifisch aufgesetzt werden, sondern auch Bestandteil eines übergeordneten Risikomanagementprozesses sein.

Risikomanagement bei IT-Projekten beinhaltet entsprechend der dargestellten Grundelemente eines Risikomanagementsystems aber auch ein Frühwarnsystem, um das Management über zu erwartende Probleme im IT-Projekt frühzeitig zu informieren. Dazu müssen projektindividuell entsprechende qualitative und quantitative Risikoindikatoren definiert werden.

Das vorhandene interne Überwachungssystem ist als weiteres Grundelement eines Risikomanagementsystems in das Projektrisikomanagement einzubeziehen. Schließlich sind in jeder Organisation bereits mehr oder weniger umfangreiche und wirksame Projektkontrollen vorhanden, die bei der Risikoanalyse Berücksichtigung finden müssen.

Risikomanagement in IT-Projekten darf nicht mit Projektcontrolling verwechselt werden. Das Projektcontrolling überprüft laufend die Einhaltung der finanziellen, terminlichen und inhaltlichen Projektplanziele anhand der Ist-Werte und versucht bei Abweichungen korrigierend einzugreifen. Zwar erfolgt Projektcontrolling im ganzheitlichen Sinne auch innerhalb eines Regelkreises bestehend aus Zielfindung, Planung, Überwachung und Steuerung [Gern01], als wesentlicher Unterschied bleibt jedoch, dass Projektcontrolling eine nachgelagerte Tätigkeit ist und Defizite deutlich später und weniger umfassend als ein proaktives Risikomanagement erkennt. Daher wird bei dem hier vorgeschlagenen Projektrisikomanagement u.a. die Qualität des Projektcontrollings im Rahmen der Analyse der Projektkontrollen bewertet.

Die direkte Verantwortung für das Risikomanagement in IT-Projekten liegt naturgemäß bei demjenigen, der für die fehlende Zielerreichung des Projektes letztendlich verantwortlich ist – in der Regel also beim Auftraggeber bzw. beim Management. Projektcontrolling ist dagegen eine klassische Teilaufgabe des Projektleiters.

# 3    Notwendigkeit für ein Risikomanagement bei IT-Projekten

*„Der Vorstand hat nach § 91 Abs. 2 AktG ein angemessenes Risikomanagementsystem einzurichten. Aufgrund der besonderen wirtschaftlichen Bedeutung von Großprojekten für die Unternehmung sollte grundsätzlich auch innerhalb bedeutender Projekte ein entsprechendes Subsystem eingerichtet werden."* [Bet0602]

Das Thema Risikomanagement bei IT-Projekten hat für die Unternehmen nicht nur aufgrund der strategischen Bedeutung der Informationstechnologie im Allgemeinen an Bedeutung gewonnen, sondern auch weil IT-Projekte immer anspruchsvoller und komplexer werden. Die Gründe dafür sind vielfältig:

- Steigende Komplexität der Systeme und grenzüberschreitende Integration der IT-Strukturen durch Expansion/Globalisierung der Geschäftstätigkeit
- Zunehmende Systemintegration und weitgehende Automatisierung von Geschäftsprozessen durch zunehmenden Wettbewerbsdruck
- Steigende Abhängigkeit von der Verfügbarkeit und Sicherheit der Datenverarbeitung durch Öffnung der Unternehmenssysteme für Geschäftspartner und Kunden über das Internet
- Erhöhte Dynamik der Märkte durch neue Technologien, die neuartige Geschäftsprozesse (z.B. reine Vertriebsbanken) ermöglichen
- Informationstechnologie als „Enabler" für eine bessere Positionierung des Unternehmens im Wettbewerb
- Steigende Anforderungen des Gesetzgebers und der Aufsichtsbehörden (z.B. die Mindestanforderungen an das Betreiben von Handels- und Kreditgeschäften, das KonTraG, Basel II)

Dazu kommen die besonderen inhärenten Risiken bei IT-Projekten im Vergleich zu anderen Projekten, wie beispielsweise Konstruktionsprojekten. Software ist einerseits ein immaterielles Gut, dessen Fertigstellungsgrad und Qualität durch die menschlichen Sinne nicht wahrgenommen werden kann und andererseits findet Softwareentwicklung oftmals in einem äußerst komplexen und dynamischen technologischen Umfeld statt. Diese beiden wesentlichen Besonderheiten von IT-Projekten haben Konsequenzen:

- **Aufwandsschätzungen sind schwierig zu erstellen**

Bedingt durch den technologischen Wandel fehlen häufig Erfahrungswerte und die vorhandenen Schätzmethoden müssen immer wieder auf die spezifischen Erfordernisse und Rahmenbedingungen des jeweiligen IT-Projektes angepasst werden.

- **Entwicklungsfortschritte sind schwer messbar**

Während der Softwareentwicklung lässt sich der Fertigstellungsgrad der Software nur schwer zuverlässig bestimmen. Ob die Software den funktionalen und systemseitigen Anforderungen entspricht, lässt sich oftmals erst in der Testphase ermitteln.

- **Hohe Einarbeitungszeiten der Projektmitglieder**

Während sich Verzögerungen bei einem Bauvorhaben durch eine Erhöhung der Anzahl Maurer vielleicht kompensieren lassen, ist dies aufgrund der Einarbeitungszeit in das technologische Umfeld bei IT-Projekten nicht kurzfristig möglich.

- **Anforderungen ändern sich während der Projektlaufzeit**

Neben geschäftlichen und gesetzlichen Änderungen der Rahmenbedingungen führt die Abstraktheit der Software auf der Anwenderseite regelmäßig zu Änderungen der Anforderungen während der Projektlaufzeit. Dazu kommen der technologische Fortschritt und die gesammelten Erfahrungen während der Softwareentwicklung, die wiederum in Projektänderungen münden können.

Auch durch den zunehmenden Einsatz von Standardsoftware wird das Risikomanagement in IT-Projekten nicht überflüssig. Die Auswahl und Implementation von Standardsoftware erfordert ebenso die klassischen Projektphasen Fachkonzeption, DV-Konzeption (teilweise), Test (teilweise) und Einführung wie die klassische Eigenentwicklung. Allein die Realisierungsphase wird durch eine Customizing-Phase ersetzt, bei der die Standardsoftware entsprechend den Anforderungen des Unternehmens parametrisiert wird. Das Customizing stellt hohe Anforderungen an das Projektmanagement, insbesondere erfordert es als fachlich-technische Aufgabenstellung sowohl qualifizierte IT-Mitarbeiter als auch die intensive Beteiligung der Fachbereiche.

Besondere Beachtung verdient beim Einsatz von Standardsoftware auch die Ausgestaltung der Geschäftsprozesse, da in der Software Annahmen über betriebliche Strukturen und Abläufe enthalten sind und die vorhandenen Geschäftsprozesse von der Standardsoftware in der Regel nicht unterstützt werden. Auch die Projektrisiko und -kontrollbereiche „Geschäftliche Ausrichtung", „Anwender" und „Daten" spielen bei der Einführung von Standardsoftware eine wichtige Rolle.

Die Notwendigkeit für ein Risikomanagement bei IT-Projekten wird in diesem Kapitel aus gesetzlicher und aufsichtsrechtlicher Sicht sowie aus der Sicht von verschiedenen, anerkannten Leitfäden und Standards diskutiert und abschließend exemplarisch durch einige Studien untermauert. Dabei wird deutlich, dass – trotz fehlender gesetzlicher bzw. aufsichtsrechtlicher Konkretisierung – Risikomanagement ein fester Bestandteil eines jeden größeren IT-Projektes sein sollte.

# 3.1      Gesetzliche und aufsichtliche Anforderungen

Das Thema Risikomanagement hat in den letzten Jahren auch in den Augen des Gesetzgebers und der Aufsichtsbehörden wesentlich an Bedeutung gewonnen. Spätestens nach den Bilanzskandalen in den USA wird das Thema Corporate Governance wieder stärker in der Öffentlichkeit diskutiert und damit einhergehend die Bedeutung der IT-Governance als Bestandteil der Corporate Governance.

In Deutschland hat das Gesetz zur Kontrolle und Transparenz im Unternehmensbereich (KonTraG) bereits vor mehreren Jahren das Bewusstsein für Risikomanagement geschärft. Im Bankenbereich rücken neben den Markt- und Kreditrisiken zunehmend auch die operationellen Risiken in den Vordergrund. Hintergrund dieser Entwicklung ist u.a. die Erkenntnis, dass durch den intensiven Einsatz von Informationstechnologie und durch die zunehmende Komplexität der Finanzdienstleistungen die relative Bedeutung der operativen Risiken im Finanzsektor steigt.

## 3.1.1      Corporate Governance und IT-Governance

*Für den Erfolg [von Projekten] ist sorgfältiges Management in den Bereichen IT-Organisation, IT-Governance, Projektmanagement und Projektcontrolling unerlässlich. [WeSe02]*

Das englische Wort „Governance" bedeutet „Beherrschung" oder „Steuerung". Auf Unternehmen bezogen kann „Corporate Governance" mit „angemessene Unternehmensorganisation zur Optimierung der Unternehmensführung und -kontrolle" übersetzt werden.

Angesichts der steigenden Bedeutung der Informationstechnologie auch für die „post-dot.com"-Ziele der Unternehmen wie „Konzentration auf das Kerngeschäft" und „Operational Excellence" ist eine enge Verzahnung zwischen Unternehmensstrategie und IT-Strategie unerlässlich. Schließlich sind gerade diese Ziele sehr eng mit einem soliden Geschäftsprozessmanagement und der zugrunde liegenden Informationstechnologie verknüpft. Aber auch bei Akquisitionen, Fusionen, Kooperationen und anderen organisatorischen Umbrüchen steht die Informationstechnologie im Unternehmen vor großen Herausforderungen, da die IT-Integrationsschritte für den Erfolg solcher Transaktionen oder Reorganisationen mitverantwortlich sind.

IT-Governance ist entsprechend die folgerichtige und notwendige Verfeinerung der Corporate Governance.

---

„IT governance is the responsibility of the board of directors and consists of the leadership, organisational structures and processes that ensure that the organisation's IT sustains and extends the organisation's strategies and objectives."

(IT Governance Institute)

---

IT-Governance ist also die Verantwortung eines hochrangigen Gremiums, in der Praxis „IT Strategy Committee" oder „IT Policy Board" genannt, das unterhalb des für die Corporate Governance zuständigen „Executive Boards" angesiedelt sein sollte [Har03].

Dieses Gremium sollte sich auf fünf wesentliche Dimensionen der IT-Governance konzentrieren:

- **IT Strategic Alignment**

Hauptziel jedes IT-Vorhabens muss die Unterstützung der Unternehmensstrategie sein; gleichzeitig sollte das IT-Vorhaben in die IT-Strategie passen. Entsprechend lässt sich diese Governance-Dimension u.a. durch folgende Fragestellung operationalisieren: Sind Prozesse und Richtlinien vorhanden, die die strategische Richtung der IT und die Abstimmung der IT-Strategie mit der geschäftlichen Ausrichtung festlegen? Ist die IT-Architektur geeignet, um die maximale Geschäftsunterstützung zu liefern?

Auf IT-Projekte angepasst, beinhaltet diese Dimension Fragestellungen wie: Werden IT-Projekte im Rahmen einer strategischen Zielsetzung durch einen Gesamtprojektplanungsprozess genehmigt? Existiert eine Mehrjahresplanung? Werden die geschäftlichen Ziele top-down in IT-Projekte heruntergebrochen und mit der bottum-up Planung aus den Geschäftsbereichen abgeglichen? Passen die IT-Projekte in den IT-Bebauungsplan?

- **IT Value Delivery**

Bei der Governance-Dimension „IT Value Delivery" geht es um die zeit- und budgetgerechte Bereitstellung einer angeforderten IT-Leistung, die den erwarteten Wertbeitrag zu geringst möglichen Kosten für das Unternehmen liefert. In der praktischen Umsetzung dieser Governance-Dimension ergeben sich Fragestellungen wie: Sind die Verantwortlichkeiten für die IT-Anwendungen und die IT-Infrastruktur klar festgelegt, so dass diese einen Wertbeitrag für das Unternehmen liefern können? Ist eindeutig festgelegt, wer die geschäftlichen Anforderungen an die IT definiert? Ist geregelt, wie Geschäftsbereiche in die „Delivery-Prozesse" einbezogen werden? Sind die Anforderungen der Fachbereiche in Service Level Agreements eindeutig festgehalten?

Für IT-Projekte beinhaltet diese Dimension u.a. folgende Fragestellungen: Ist der Projektgenehmigungsprozess geeignet, um die richtigen Projekte im Hinblick auf die geschäftliche Ausrichtung auszuwählen? Ist die Projektorganisation geeignet, damit IT-Projekte rechtzeitig und innerhalb des Budgetrahmens abgeschlossen werden können? Sind die Geschäftsbereiche aktiv in die Projekte involviert, damit die Projekte den erwarteten Wertbeitrag liefern?

- **IT Risk Management**

„IT Risk Management" beschäftigt sich mit operationalen IT-Risiken, insbesondere mit der IT-Sicherheit und der Gewährleistung eines kontinuierlichen IT-Betriebes und ist eine die Dimension „IT Value Delivery" begleitende Dimension. Fragen, die im Zusammenhang mit dem „IT Risk Management" zu stellen sind, können beispielsweise sein: Sind vorbeugende und risikobegrenzende Maßnahmen ergriffen worden, um sicherzustellen, dass die IT-Risiken erkannt, bewältigt und überwacht werden? Arbeiten IT und Geschäftsbereich bei der Wiederanlaufplanung eng zusammen? Welche Bedeutung hat die Informationssicherheit im

Unternehmen? Gibt es eine Verbindung zwischen der Identifizierung und Bewältigung von IT-Risiken und dem übergreifenden Management der operationellen Risiken?

Auf IT-Projekte bezogen umfasst das „IT Risk Management" u.a. folgende Fragestellungen: Sind vorbeugende und risikobegrenzende Maßnahmen ergriffen worden, um sicherzustellen, dass die Projektrisiken erkannt, bewältigt und überwacht werden? Sind IT-Projekte in das „IT Risk Management" einbezogen? Werden Risikomaßnahmen in IT-Projekten gemeinsam von IT und Geschäftsbereichen definiert?

- **IT Resource Management**

Diese Dimension soll das IT-Wissen und die IT-Infrastruktur optimieren und ist ebenfalls für die Dimension „IT Value Delivery" von besonderer Bedeutung. Mögliche Fragen sind, ob die IT-Kapazitäten und die IT-Infrastruktur ausreichend und geeignet sind, um die gegenwärtigen und zukünftigen Anforderungen der geschäftlichen Ausrichtung zu unterstützen oder ob es eine mittelfristige Kapazitätsplanung gibt.

Auf IT-Projekte angewandt, kann diese Governance-Dimension folgende Fragestellungen beinhalten: Sind IT-Projekte mit ausreichend Budget und geeigneten Ressourcen ausgestattet? Gibt es einen Karriereweg für Projektmanager? Gibt es eine mittelfristige Bedarfsplanung für IT-Projektmitarbeiter?

- **IT Performance Measurement**

„IT Performance Management" beinhaltet die laufende Überwachung der IT-Services und der Projekte und damit der Dimension „IT Value Delivery". Gefordert wird u.a. ein Managementreporting mit geeigneten Kennzahlen, um die IT-Performance hinsichtlich der geschäftlichen Ausrichtung zu beurteilen. Um die Zielerreichung zu messen, wird in der Regel eine sog. „IT Balanced Scorecard" verwendet, die nicht nur Ziele aus finanzieller Sicht, sondern auch Ziele aus Kundensicht und aus interner Prozesssicht enthält und darüber hinaus noch Ziele umfasst, damit die Organisation lernen und sich weiterentwickeln kann.

In IT-Projekten ist „Project Performance Measurement" ebenfalls eine wichtige Funktion, die über die reine Betrachtung der Termin- und Budgeteinhaltung sowie der Einhaltung von Qualitätsaussagen hinausgehen sollte. Eine sog. „Project Balanced Scorecard" kann für IT-Projekte dabei ein gutes Hilfsmittel zur Umsetzung einer Project Governance sein.

Die fünf Dimensionen der IT-Governance lassen sich in einen Zyklus anordnen, der die Abhängigkeiten der einzelnen Dimensionen veranschaulicht.

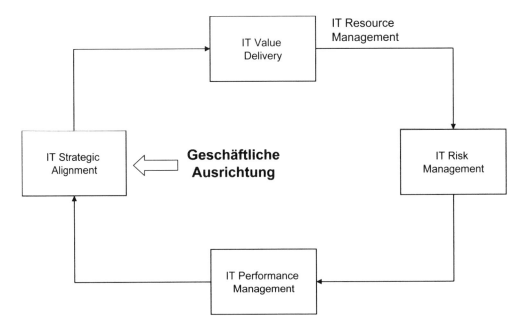

**Abb. 3.1**  *IT-Governance Zyklus*

Verantwortlich für IT-Governance sollten sowohl die IT als auch die Geschäftsbereiche sein. In der Praxis bedeutet dies, die notwendigen Organisationsstrukturen, Richtlinien, Prozesse und Verantwortlichkeiten für die IT-Prozesse und die entsprechenden Schnittstellen zu den Geschäftsbereichen aufzubauen. Auf dieser Ebene unterhalb der strategischen Ausrichtung der IT-Governance kann beispielsweise COBIT (s.a. Kapitel 3.2.7) als Leitlinie für das IT-Management herangezogen werden.

Insbesondere in der COBIT-Domäne „Beschaffung und Einführung neuer Systeme" wird die zentrale Bedeutung der IT-Projekte und damit des Risikomanagements im Projektbereich für die Umsetzung der IT-Governance-Dimension „IT Value Delivery" in einem Unternehmen deutlich. Auch eine aktuelle Studie bei 100 ausgewählten IT-Verantwortlichen von Schweizer Unternehmen bestätigt die hohe Bedeutung von IT-Projekten innerhalb der IT. Den Kosten von durchschnittlich CHF 13.000 pro PC-Arbeitsplatz standen Projektkosten von durchschnittlich CHF 12.000 pro Mitarbeiter gegenüber. Damit sind die Projektkosten beinahe genauso hoch wie die IT-Betriebskosten [ITKOST02].

**Tab. 3.1** *IT-Governance Kernpunkte für das IT-Management*

| COBIT Domäne | Kernpunkte |
| --- | --- |
| Planung und Organisation | • Sind IT-Strategie und Geschäftsstrategie aufeinander abgestimmt?<br>• Kann das Unternehmen seine IT-Ressourcen optimal nutzen?<br>• Sind die Ziele der IT von allen Mitarbeitern verstanden?<br>• Sind die IT-Risiken erkannt, verstanden und unter Kontrolle?<br>• Ist die Qualität der IT-Systeme angemessen für die geschäftlichen Anforderungen? |
| Beschaffung und Einführung neuer Systeme | • Liefern neue Projekte voraussichtlich Lösungen, die den geschäftlichen Anforderungen genügen?<br>• Werden neue Projekte voraussichtlich im vorgesehenen Zeit- und Kostenrahmen abgeschlossen?<br>• Können neue Systeme eine ordnungsgemäße Verarbeitung nach der Einführung sicherstellen?<br>• Können Änderungen an IT-Systemen durchgeführt werden ohne die Geschäftsprozesse zu behindern? |
| Betrieb und Unterstützung | • Werden IT-Dienstleistungen entsprechend der geschäftlichen Prioritäten ausgeführt?<br>• Sind die IT-Kosten optimiert?<br>• Können die Mitarbeiter mit den IT-Systemen effektiv und sicher umgehen?<br>• Ist eine angemessene Vertraulichkeit, Integrität und Verfügbarkeit gewährleistet? |
| Überwachung | • Kann die IT-Performance gemessen werden?<br>• Können IT-Probleme rechtzeitig erkannt werden? |

Die Qualität von IT-Governance und Project Governance lässt sich über diese Kernpunkte beurteilen. Um diese Kernpunkte im Bereich der Project Governance erfüllen zu können, müssen einerseits die notwendigen Projektstrukturen sowie Richtlinien und Prozesse, aber andererseits auch die notwendigen Kontrollen zur permanenten Überwachung der Termin-, Budget- und Zieleinhaltung sowie zur Überwachung der Projektrisiken vorhanden sein.

## 3.1.2    KonTraG

Seit dem 1. Mai 1998 sind Aktiengesellschaften in Deutschland durch das Gesetz zur Kontrolle und Transparenz im Unternehmensbereich (KonTraG) aufgefordert, ein unternehmensweites Überwachungssystem einzurichten (§ 91 Abs. 2 AktG). Auch ist auf die „Risiken der künftigen Entwicklung" im Lagebericht einzugehen (§ 289 Abs. 1 HGB). Zusätzlich wurde die Haftung der Geschäftsleitung, des Aufsichtsrates und des Wirtschaftsprüfers erweitert.

---

„Der Vorstand hat geeignete Maßnahmen zu treffen, insbesondere ein Überwachungssystem einzurichten, damit den Fortbestand der Gesellschaft gefährdende Entwicklungen früh erkannt werden."

(§ 91 Abs. 2 AktG)

---

Das KonTraG ist streng genommen kein eigenständiges Gesetz, sondern ein Konstrukt, das sich aus Änderungen und Ergänzungen in anderen Gesetzen, insbesondere dem Aktiengesetz und dem Handelsgesetzbuch, ergibt [Kei00]. Über die Ausstrahlungswirkung dieses Konstruktes hat der Gesetzgeber letztlich alle Unternehmen erstmals aufgefordert, wesentliche Unternehmensrisiken systematisch im Rahmen eines Risikofrüherkennungssystems zu erfassen.

Eine konkrete Ausgestaltung des Überwachungssystems hat der Gesetzgeber nicht vorgegeben. Das gesetzlich geforderte Risikofrüherkennungssystem umfasst nach herrschender Meinung aber ein integriertes Risikomanagementsystem für das gesamte Unternehmen. Somit sind sämtliche betriebliche Prozesse und Funktionsbereiche einschließlich aller Hierarchiestufen und Stabsfunktionen darauf zu untersuchen, ob aus ihnen Risiken resultieren können, die nach Art und Umfang – ggf. im Zusammenwirken mit anderen Risiken – den Bestand des Unternehmens gefährden können [IDWPS340].

Auf konzeptioneller Ebene bilden Risiken im IT-Bereich in der Regel eine eigene Risikokategorie innerhalb eines Risikomanagementsystems. Die IT-Risiken lassen sich dabei in permanente und temporäre Risikobereiche untergliedern. Risiken im permanenten Bereich können durch Defizite bei der Katastrophenvorsorge, bei der Datensicherung, bei der Zugriffsrechteverwaltung, bei der IT-Organisation oder bei den Abstimm- und Kontrollsystemen entstehen. Die temporären Risikobereiche umfassen projektbezogene Aufgaben, wie die Einführung eines neuen IT-Systems, den Wechsel der IT-Infrastruktur oder andere Reorganisationsaufgaben. Diese, mit einem Scheitern von größeren und/oder mehreren IT-Projekten verbundenen Risiken können sowohl von der finanziellen Bedeutung als auch von der Bedeutung des Projektergebnisses für die Positionierung des Unternehmens im Wettbewerb zu den Unternehmensrisiken gehören, die von einem umfassenden Risikomanagementsystem in jedem Fall einbezogen werden sollten.

## 3.1.3      Mindestanforderungen an das Betreiben von Handelsgeschäften

Das Bundesaufsichtsamt für das Kreditwesen in Berlin hat mit Schreiben vom 23. Oktober 1995 die Verlautbarung über die Mindestanforderungen an das Betreiben von Handelsgeschäften (MaH) der Kreditinstitute veröffentlicht. Diese legen für das Risikocontrolling und -management in Kapitel drei fest, dass ein Risikoüberwachungs-, -controlling- und -managementsystem vorhanden sein muss.

> „Zur Begrenzung der mit den Handelsgeschäften verbundenen Risiken ist ein System zur Messung und Überwachung der Risikopositionen und zur Analyse des mit ihnen verbundenen Verlustpotentials (Risiko-Controlling) sowie zu deren Steuerung (Risiko-Management) einzurichten."
>
> (Mindestanforderungen an das Betreiben von Handelsgeschäften, Kapitel 3, 1. Satz)

Dieses Risikoüberwachungs-, -controlling- und -managementsystem soll „in ein möglichst alle Geschäftsbereiche der Bank umfassendes Konzept zur Risikoüberwachung und -steuerung eingegliedert sein und dabei die Erfassung und Analyse von vergleichbaren Risiken aus Nichthandelsaktivitäten ermöglichen".

Damit wird über die Mindestanforderungen an das Betreiben von Handelsgeschäften der Kreditinstitute hinaus vom Bundesaufsichtsamt ein umfassendes Risikocontrolling- und -managementsystem gefordert. Ein umfassendes Risikocontrolling- und -managementsystem sollte aber auch die mit einem Scheitern von größeren und/oder mehreren IT-Projekten verbundenen Risiken berücksichtigen.

## 3.1.4      Besondere organisatorische Pflichten von Instituten

Im Einklang mit den Mindestanforderungen an das Betreiben von Handelsgeschäften der Kreditinstitute fordert der seit 1. Januar 1998 in Kraft getretene § 25a Abs. 1 Nr. 1 (erster Halbsatz) des Kreditwesengesetzes (KWG) u.a. „geeignete Regelungen zur Steuerung, Überwachung und Kontrolle der Risiken". Die besonderen organisatorischen Pflichten des § 25a KWG gelten für alle Kreditinstitute und Finanzdienstleistungsinstitute und erstrecken sich auf alle Geschäftsbereiche.

> „(1) Ein Institut muss
>
> über geeignete Regelungen zur Steuerung, Überwachung und Kontrolle der Risiken sowie über angemessene Regelungen verfügen, anhand derer sich die finanzielle Lage eines Instituts jederzeit mit hinreichender Genauigkeit bestimmen lässt..."
>
> (§ 25a KWG)

Angesichts der finanziellen Bedeutung vieler IT-Projektvorhaben und der Bedeutung der Projektergebnisse für die Positionierung der Banken im Wettbewerb sollten auch die Risiken aus den wichtigen IT-Projekten von dem geforderten umfassenden Risikomanagementsystem erfasst werden.

## 3.1.5    OCC Technology Risk Management

Das Office of the Comptroller of the Currency (OCC) überwacht die nationalen amerikanischen Banken, um ein sicheres und wettbewerbsfähiges Bankensystem in den USA zu gewährleisten. Am 4. Februar 1998 hat das OCC ein sog. „Bulletin" zum Thema Technologie-Risikomanagement veröffentlicht [OCC983]. Mit „Bulletins" informiert das OCC die Banken über gewichtige Bedenken sowie über anstehende regulatorische Änderungen und allgemeine Themenstellungen.

Durch den Einsatz von IT-basierten Produkten, Dienstleistungen, Absatzkanälen und Prozessen setzen sich die Banken verschiedenen Risiken aus. Dies sind insbesondere:

- **Transaktionsrisiken**

Transaktionsrisiken sind eine Funktion der internen Kontrollen, der Informationssysteme, der Mitarbeiterintegrität und der Betriebsprozesse. Sie resultieren häufig aus Mängeln beim Systemdesign, der Implementation oder der Wartung/Pflege. Auch fehlende Sicherheitsmaßnahmen, Notfallpläne, Tests und Überwachungsstandards erhöhen das Transaktionsrisiko.

- **Strategische Risiken**

Strategische Risiken sind eine Funktion der Kompatibilität der strategischen Ziele, der Geschäftsstrategien, der Ressourcen zur Erreichung dieser Ziele und der Qualität der Implementation. Sie resultieren häufig aus Mängeln bei der Planung, beim Management und bei der Überwachung der Leistung von IT-basierten Produkten, von Dienstleistungen, von Prozessen und von Absatzkanälen. Auch das allgemeine Geschäftsumfeld, die Fähigkeiten des Managements und der Mitarbeiter, die vorhandenen und geplanten Ressourcen sowie der geplante Lebenszyklus von Produkten wirken sich auf die strategischen Risiken aus.

- **Reputationsrisiken**

Reputationsrisiken bestehen aus dem Risiko von Geschäftsverlusten aufgrund einer negativen öffentlichen Meinung. Sie resultieren häufig aus Mängeln bei der Systemsicherheit, aus fehlenden Notfallplänen, aus Betrug oder aus Rechtsstreitigkeiten.

- **Compliance-Risiken**

Compliance-Risiken umfassen das Risiko der Verletzung von Gesetzen, Regularien und Standards. Sie resultieren häufig aus Mängeln bei der Umsetzung von Gesetzen (die oftmals für papierbasierte Transaktionen geschaffen wurden) in IT-basierte Transaktionssysteme.

Weitere Risiken, die in diesem Bulletin nicht weiter behandelt werden, sind: Kreditrisiken, Wechselkursrisiken, Zinsrisiken, Liquiditätsrisiken und Preisrisiken.

Die OCC gibt in diesem Bulletin auch drei Empfehlungen zum Planungsprozess von IT-basierten Anwendungen.

- **Einbeziehung der Geschäftsführung und des oberen Managements**

Die Geschäftsführung und das obere Management sollten IT-Projekte, die einen wesentlichen Einfluss auf den Bankbetrieb, den Gewinn oder das Eigenkapital haben, begutachten, genehmigen und überwachen. Dabei sollte mindestens ein Mitglied des oberen Managements das Wissen und die Fähigkeit haben, das Design, die Durchführung und das Management von IT-Projekten kritisch zu begutachten. Die Geschäftsführung sollte vom oberen Management regelmäßig über die Risiken, die IT-Projekte für die Bank bedeuten, informiert werden.

- **Analyse von Informationen über neue und vorhandene Technologien**

Banken sollten ihre Systeme regelmäßig überprüfen, ob sie noch den vorhandenen und zukünftigen Anforderungen gerecht werden. Banken sollten dazu die gegenwärtigen und zukünftigen Industriestandards und deren Einsatz bewerten. Sie sollten den Zeitpunkt sorgfältig festlegen, wann eine neue Technologie eingeführt werden soll. Das Timing wird als kritisch angesehen, da Risiken sowohl aus einem zu frühen als auch aus einem zu späten Einsatz von Technologien resultieren.

- **Bewertung von Anforderungen und relevanten Optionen**

Das Management sollte sorgfältig analysieren, ob die notwendigen Ressourcen und Projektmanagementfähigkeiten sowie ausreichend Zeit verfügbar sind, um neue IT-Projekte erfolgreich durchzuführen. Das Management sollte auch bedenken, ob die vorhandenen Mitarbeiter das vorhandene und das neue System gleichzeitig betreiben können.

Banken sollten Projektziele vorsichtig setzen und darauf achten, dass diese eindeutig und nicht zu ehrgeizig sind. Die Projektrisiken sollten durch eine angemessene Planung reduziert werden. Dies kann die Aufteilung eines Projektes in handhabbare Einheiten oder die Festlegung spezifischer Entscheidungspunkte im Projektverlauf umfassen. Die Planung sollte auch Notfall- und Ausstiegsszenarien umfassen, falls das Projekt nicht wie geplant voranschreitet. Das Management sollte als Teil der Kosten-/Nutzenanalyse die Projektrisiken mit finanziellen Auswirkungen und Eintrittswahrscheinlichkeiten bewerten.

Geeignete Projektmanagementkontrollen sollten für eine ordnungsgemäße Implementation vorhanden sein. Das bedeutet, dass das Management Prioritäten setzen sollte, um die Koordination und Integration der Projekte zwischen Projektmanagern, Arbeitseinheiten und Projektmitgliedern zu gewährleisten. Jede ordentliche Projektimplementierung umfasst Kontrollen, Standards und Richtlinien, Training, Test, Notfallplanung und sorgfältige Überwachung der offenen Punkte. Das Projektmanagement sollte das obere Management so früh wie möglich über mögliche Probleme informieren.

Angemessene Kontrollen, abhängig vom inhärenten IT-Projektrisiko, sollten vorhanden sein. Diese sollten klare und messbare Leistungsziele, die klare Zuordnung der Verantwortung und unabhängige Mechanismen, die Risiken zu messen, umfassen.

Die weiteren Empfehlungen betreffen im Wesentlichen das Projektumfeld:

- **Sicherheitskontrollen**

Wichtige Systeme müssen gegen unautorisierte Eindringlinge sowie gegen Betrugsversuche, Nachlässigkeit und Untergang abgesichert sein. Kontrollpunkte umfassen Einrichtungen, Personal, Standards und Richtlinien, Netzwerkkontrollen, Systemkontrollen und Zulieferer.

- **Standards und Richtlinie**

Standards und Richtlinie sollten aktuell und gut dokumentiert sein.

- **Training**

Training ist sowohl für die IT-Mitarbeiter als auch für die Anwender notwendig.

- **Test**

Neue IT-Systeme sollten gründlich getestet werden.

- **Notfallpläne**

Notfallpläne sollten vor der Implementierung einer neuen Technologie erstellt werden. Sie sollten festlegen, wie die Bank reagiert, wenn das neue IT-System nicht wie geplant arbeitet. Dieser Notfallplan sollte mit anderen, bereits vorhandenen Notfallplänen integriert sein. Er sollte die Datenrücksicherung, alternative Verarbeitungsmöglichkeiten, die Notfallbesetzung und den Kundenservice umfassen.

- **Outsourcing**

Beim Outsourcing sollten ebenfalls Kontrollen vorhanden sein, die sicherstellen, dass die notwendige Expertise, Erfahrung und finanzielle Stärke beim Anbieter vorhanden sind, um die Aufgabe zu erfüllen.

Das Bulletin schließt mit der Aussage, dass die Kontrolle von IT-Projekten grundsätzlich komplex ist, vor allem weil der Projektfortschritt häufig schwierig zu messen ist und die laufenden Projektkosten schwer zu bestimmen sind. Ein Risikomanagement in IT-Projekten erscheint daher umso dringlicher.

## 3.1.6    Basel II

Der Basler Ausschuss für Bankenaufsicht hatte zum Erstellungszeitpunkt dieses Buches bereits das dritte Konsultationspapier zur neuen Basler Eigenkapitalvereinbarung (Basel II) veröffentlicht. Die neuen Regelungen enthalten insbesondere eine Reihe von einfachen und fortgeschrittenen Ansätzen zur Messung des Kreditrisikos und des operationellen Risikos.

Die Gründe für die explizite Berücksichtigung von operationellen Risiken waren die erheblichen Verluste bei namhaften Banken in der Vergangenheit, die durch effektive Kontrollmaßnahmen und besser konzipierte Geschäftsabläufe hätten verhindert werden können. Als weitere Gründe sind die verstärkte Abhängigkeit der Kreditinstitute von der IT, die intensive Ausrichtung auf die Nutzung des Internets, die gestiegene Komplexität von Finanzprodukten und die steigende Zahl von Vertriebskanälen zu nennen.

Die endgültige Fassung der neuen Eigenkapitalvereinbarung soll Mitte 2004 veröffentlicht und bis 2007 umgesetzt werden.

Die neuen Eigenkapitalregelungen enthalten erstmals eine Messgröße für das operationelle Risiko. Das operationelle Risiko wird dabei als „die Gefahr von Verlusten, die in Folge der Unangemessenheit oder des Versagens von internen Verfahren, Menschen und Systemen oder in Folge externer Ereignisse eintreten", definiert [Bas03].

Zur Quantifizierung der operationellen Risiken können die Banken unterschiedliche Ansätze mit zunehmendem Komplexitätsgrad verwenden. Der Basler Ausschuss hat drei aufeinander aufbauende Ansätze zur Messung operationeller Risiken vorgesehen:

- einen gesamtbankbezogenen Basisindikatoransatz,
- einen verschiedene Geschäftsfelder differenzierenden Standardansatz sowie
- auf bankinternen Verlustdaten basierende fortgeschrittene Ansätze (Ambitionierte Messansätze).

Die verschiedenen Ansätze werden mit zunehmender Komplexität risikosensitiver, aber auch anspruchsvoller hinsichtlich qualitativer und quantitativer Voraussetzungen, die zu ihrer Anwendung erfüllt werden müssen. Als Anreiz werden Kapitalentlastungen für den Einsatz fortschrittlicher Methoden in Aussicht gestellt.

Beim Basisindikatoransatz wird die Höhe des zu unterlegenden Eigenkapitals als ein festgelegter Prozentsatz Alpha des Bruttoertrages ermittelt. Der Bruttoertrag fungiert als Gefährdungsindikator (Exposure Indicator, EI), der als Kennzahl für das eingegangene operationelle Risiko der Bank dienen soll. Er wird als Summe von Zinsüberschuss, Provisionsüberschuss, Handelsergebnis, Finanzanlagenergebnis sowie sonstigen ordentlichen Erträgen der Bank definiert. Dieser grobe Ansatz ist für kleine Banken ohne ein System zur Steuerung von operationellen Risiken geeignet, von international tätigen Banken erwartet der Basler Ausschuss jedoch mindestens die Anwendung des Standardansatzes.

Der Standardansatz folgt einem ähnlichen Konzept, allerdings soll die unterschiedliche Risikosensitivität einzelner vom Basler Ausschuss definierter Geschäftsbereiche berücksichtigt werden. Je standardisiertem Geschäftsfeld (z.B. das Privatkundengeschäft) wird ein Gefährdungsindikator für das operationelle Risiko definiert. Das zu unterlegende Eigenkapital pro Geschäftsfeld ergibt sich aus dem jeweiligen Wert des geschäftsfeldspezifischen Gefährdungsindikators (z.B. Bruttoertrag) multipliziert mit einem für das entsprechende Geschäftsfeld vorgegebenen Wert Beta. Eine Berücksichtigung von Diversifikationseffekten findet nicht statt.

Die fortgeschrittenen Bemessungsansätze erlauben den Einsatz von bankspezifischen, verlustdatenorientierten Modellen. Zusätzlich zur Unterscheidung nach aufsichtlich vorgegebenen Geschäftsfeldern mit deren spezifischen Gefährdungsindikatoren werden sog. „Risikotypen" für die unterschiedlichen Geschäftsfelder einer Bank definiert. Für jedes Feld in einer Matrix aus Geschäftsfeld und Risikotyp werden drei Faktoren festgelegt:

- Gefährdungsindikator (Exposure Indicator, EI)

- Wahrscheinlichkeit eines Schadensfalles (Probability of Loss Event, PE)
- Verlusthöhe im Schadensfall (Loss Given that Event, LGE)

Das Risiko errechnet sich als erwarteter Verlust (Expected Loss, EL) aus der Multiplikation dieser drei Faktoren.

$$EL = EI * PE * LGE$$

Die Wahrscheinlichkeit eines Schadensfalles und die Verlusthöhe sollen auf Basis einer Verlust-Datenbank errechnet werden. Zusätzlich fordert das Konsultationspapier ein unabhängiges Management- und Kontrollverfahren, die systematische Erfassung und Dokumentation der Risiken sowie die Einbeziehung der obersten Managementebenen.

Die Ausführungen zum operationellen Risiko befinden sich nach herrschender Meinung allerdings noch in der Entwicklungsphase. Eine Arbeitsgruppe beim Bundesverband Öffentlicher Banken Deutschlands e. V. (VÖB) hat im Rahmen der Konsultationsphase beispielsweise einen eigenen Vorschlag für die Definition und Kategorisierung operationaler Risiken erarbeitet. Danach wird unter dem operationalen Risiko „das Risiko eines unerwarteten direkten oder indirekten Verlustes verstanden, der durch menschliches Verhalten, Prozess- und Kontrollschwächen, technologisches Versagen, Katastrophen und durch externe Einflüsse hervorgerufen wird" [VöB201]. Ausgehend von dieser Definition hat die Arbeitsgruppe einen vorläufigen Katalog mit folgenden Risikokategorien vorgelegt:

- Mensch (z.B. gesetzwidrige Handlungen durch interne Mitarbeiter, Verkaufspraktiken, unautorisierte Handlungen und Transaktionen)
- Technologie (z.B. Hardware, Software, Systemsicherheit, Haustechnik, Gebäude)
- Prozesse und Projektmanagement (Management-, Kontroll- und Prozessschwächen, Projektmanagement) sowie
- externe Einflüsse (gesetzwidrige Handlungen durch Externe, Lieferanten, Outsourcing, Infrastrukturstörungen, Naturkatastrophen).

Die Risiken, die mit einem Scheitern von IT-Projekten verbunden sind, gehören bei diesem Vorschlag damit explizit zu den mit Eigenkapital zu unterlegenden, operationellen Risiken.

## 3.2    Best Practice

Best Practice-Vorgehensweisen für das Risikomanagement in IT-Projekten können sowohl aus allgemein anwendbaren Methoden zur Bewertung von Softwareentwicklungsprozessen (z.B. CMM, BOOTSTRAP, SPICE) als auch aus Leitfäden zur Durchführung von IT-Projekten (z.B. PMBOK) und speziellen Anleitungen für das Risikomanagement in IT-Projekten (z.B. DIN 62198, CCTA Risk Handbook), die von verschiedenen Institutionen entwickelt und veröffentlicht worden sind, abgeleitet werden.

Im Folgenden sind einige der wichtigsten Industriestandards, insbesondere hinsichtlich ihrer Aussagen zum Risikomanagement, sowie einige spezielle Veröffentlichungen zum Thema Risikomanagement in IT-Projekten kurz skizziert. Bei aller Vielfalt wird deutlich, dass Risikomanagement in IT-Projekten in den letzten Jahren erheblich an Bedeutung gewonnen hat.

## 3.2.1   CMM

Das Capability Maturity Model (CMM) ist das bekannteste und älteste Referenzmodell zur IT-Prozessoptimierung. CMM wurde Ende der 80er Jahre vom Software Engineering Institute (SEI) der Carnegie Mellon University in Pittsburgh für das amerikanische Verteidigungsministerium zur Auswahl von Software-Lieferanten entwickelt [HuSw87]. Es ermöglicht die Ermittlung des Reifegrades (Maturity Level) für IT-Prozesse. Als Reifegrad wird dabei das Ausmaß verstanden, in dem die IT-Prozesse definiert, dokumentiert, geplant, gesteuert und kontrolliert werden.

CMM ordnet die Softwareentwicklungsprozesse in Reifestufen von eins (initial) bis fünf (optimizing) ein. Mit steigendem Reifegrad steigt die Produktivität der Softwareentwicklung sowie die Vorhersagbarkeit von Terminen, Kosten und Qualität bei IT-Projekten. Gleichzeitig sinkt mit zunehmendem Reifegrad das Risiko, dass IT-Projekte ihr Ziel nicht erreichen.

Die Level vier und fünf werden in der Praxis nur von Unternehmen erreicht, die sich auf die Entwicklung von kritischer Software spezialisiert haben. Den Level fünf haben beispielsweise Motorola für das Satelliten-Kommunikationsnetz Iridium und das Rüstungsunternehmen Loral Corp. (früher IBM) für die Bordsoftware des Space Shuttle erhalten.

Die meisten bewerteten Organisationen erreichen nur den Level eins. Die Softwareentwicklung zeichnet sich in dieser Stufe dadurch aus, dass Änderungen in den Anforderungen oder im Programm ohne ausreichende Koordination und Dokumentation erfolgen. Insofern sind vor allem die in Level zwei und drei definierten Prozessziele für alle Unternehmen, die Softwareentwicklung betreiben, erstrebenswerte Ziele, um die Qualität und Effizienz der Softwareentwicklung und -wartung zu verbessern.

CMM hat für jeden Level wichtige Prozessbereiche (key process areas) definiert, auf die sich ein Unternehmen fokussieren sollte, um einen gewünschten Level zu erreichen. Für die Reifestufe zwei (repeatable) sind beispielsweise folgende Prozessbereiche definiert [Jal00]:

*Tab. 3.2*   *CMM-Prozessbereiche der Reifestufe zwei*

| Prozessbereich | Kurzbeschreibung der Ziele |
|---|---|
| Requirement Management | Anforderungen an die Software sind kontrolliert und dienen als konsistente Basis für die Planung und Entwicklung. |
| Software Project Planning | Projektaktivitäten und –verantwortlichkeiten werden geplant und dokumentiert. |
| Software Project Tracking | Arbeitsfortschritt und –ergebnisse werden mit der Planung abgeglichen und bei Abweichungen werden korrigierende Maßnahmen eingeleitet. |
| Software Subcontract Management | Generalunternehmer und Lieferanten verpflichten sich zu einem gemeinsamen Ziel und Vorgehen und kommunizieren regelmäßig miteinander. Der Generalunternehmer kontrolliert den Arbeitsfortschritt und die Ergebnisse des Lieferanten. |
| Software Quality Assurance | Aktivitäten zur Softwarequalitätssicherung sind geplant und Softwareprodukte und –aktivitäten halten sich an die jeweils festgelegten Standards und Verfahren. |
| Software Configuration Management | Aktivitäten zum Software-Konfigurationsmanagement sind geplant und Softwareprodukte sind eindeutig identifiziert, kontrolliert und verfügbar. |

Alle Prozessbereiche der Reifegradstufe zwei finden sich in den Projektkontrollzielen der später dargestellten Methodik des IT-Projektrisikomanagements wieder.

Risikomanagement selbst ist im CMM-Reifemodell Bestandteil des Prozessbereiches „Integrated Software Management" (ISM) auf der Reifestufe drei (defined). Der Prozessbereich ISM hat zum Ziel, auf Basis des Standard-Softwareentwicklungsprozesses einen für das IT-Projekt individuell angepassten Softwareentwicklungsprozess festzulegen und das IT-Projekt entsprechend zu planen und durchzuführen. Eine Anforderung an den projektindividuellen Softwareentwicklungsprozess ist ein definierter Prozess für das Projektrisikomanagement.

## 3.2.2   BOOTSTRAP

BOOTSTRAP wurde im Rahmen eines ESPRIT-Projektes Anfang der 90er Jahre entwickelt und hat in erster Linie in Europa Verbreitung gefunden. BOOTSTRAP ist eine Methode des Bootstrap Institute zur Analyse und Verbesserung der Qualität des Softwareentwicklungsprozesses und basiert auf CMM als Referenzmodell sowie dem Prozessmodell für Softwareentwicklungsprozesse der European Space Agency. BOOTSTRAP berücksichtigt darüber hinaus weitere wichtige Standards, wie die Qualitätsnormen ISO 9001 und 9000-3, ISO 12207 (Software life cycle processes), und ist kompatibel zu ISO/IEC TR 15504 (SPICE).

BOOTSTRAP verwendet – im Gegensatz zu CMM – neue bzw. modifizierte Bewertungskriterien. Auch wird der Reifegrad nicht anhand der Erfüllung aller einem jeweiligen Level zugeordneten Kriterien berechnet, sondern mit Hilfe eines Linearisierungsalgorithmuses aus den Einzelkriterien. Durch detaillierte Stärken-Schwächen-Profile wird nicht nur der Zustand des Softwareentwicklungsprozesses diagnostiziert, sondern auch die Erstellung eines Maßnahmenkataloges (action plan) zur weiteren Verbesserung des Softwareentwicklungsprozesses unterstützt.

BOOTSTRAP gliedert die Softwareprozesse in der jüngsten Version 3.2 in die folgenden Prozesszyklen:

- Organisation
- Technology
- Life cycle dependent
- Process related
- Management
- Support
- Customer/Supplier

Der Prozesszyklus „Management" enthält den Prozess „Risk Management" (MAN.3).

## 3.2.3     ISO 15504 (SPICE)

SPICE (Software Process Improvement and Capability dEtermination) wurde seit 1993 unter Koordination des International Committee on Software Engineering Standards ISO/IEC entwickelt. Der erste Entwurf wurde im Juni 1995 veröffentlicht und Mitte 1998 als Standard ISO/IEC TR 15504:1998 – Software Process Assessment verabschiedet. SPICE hat einerseits die vorhandenen Ansätze wie CMM und ISO 9000 zur Bewertung von Softwareprozessen integriert und vereinheitlicht sowie andererseits zusammen mit Experten aus über 20 Ländern einen erweiterten und unabhängigen, internationalen Standard geschaffen [Sti99].

Bei SPICE dienen die Prozessbeurteilungen sowohl zur Feststellung des Reifegrades als auch zum Ansatz für Prozessverbesserungen. Dabei steht nicht nur die Zertifizierung im Vordergrund, sondern auch die Selbstbewertung. Bei SPICE wird der Reifegrad von Prozessen in sechs Reifegradstufen von null (incomplete) bis fünf (optimizing) bewertet. Jeder Prozess ist einer der folgenden fünf Kategorien zugeordnet:

1. Customer-Supplier
2. Engineering
3. Management
4. Organization
5. Support

In der Prozesskategorie „Management" der ISO 15504 ist der Teilprozess „Manage risks" enthalten.

## 3.2.4    Project Management Institute

Das Project Management Institute (PMI) in Pennsylvania hat in dem Leitfaden „A Guide to the Project Management Body of Knowledge" (PMBOK) die wichtigsten, allgemein akzeptierten Projektmanagementmethoden und –verfahren zusammengefasst [PMBOK00]. Das PMBOK soll die Summe des Wissens innerhalb des Projektmanagementberufs zusammenfassen und umfasst sowohl weit verbreitete und bewährte Verfahren als auch innovative und weiterentwickelte Verfahren. In der jüngsten Ausgabe 2000 des Leitfadens, der auch ein amerikanischer Standard ist (ANSI/PMI 99-001 2000), wurde insbesondere das Kapitel über Projektrisikomanagement (Project Risk Management) neu geschrieben und erheblich erweitert.

Im Kapitel elf über Risikomanagement in Projekten, das aus sechs Unterkapiteln besteht, werden die Prozesse zur Identifikation und Analyse von Projektrisiken sowie zur Reaktion auf und Überwachung von Projektrisiken beschrieben. Risikomanagement in Projekten wird vom PMBOK definiert als „systematischer Prozess zur Feststellung und Analyse von Projektrisiken und zur Festlegung von Reaktionen auf diese Risiken" [PMBOK03]. Ziel des Risikomanagements in Projekten ist, die Wahrscheinlichkeit und Auswirkungen von positiven Ereignissen auf Projektergebnisse zu maximieren und die von negativen Ereignissen zu minimieren.

Im PMBOK werden die folgenden sechs Prozesse für das Projektrisikomanagement beschrieben:

1.  Die Planung des Risikomanagements (risk management planning) umfasst die Definition einer Methode für das Risikomanagement und die Planung der Risikomanagement-Aktivitäten für das Projekt.
2.  Die Identifizierung der Risiken (risk identification) beschreibt die Identifizierung und Dokumentation der Risiken und ihrer Merkmale.
3.  Die qualitative Risikoanalyse (qualitative risk analysis) schlägt Vorgehensweisen für eine qualitative Analyse der Projektrisiken sowie Priorisierungsmöglichkeiten auf Basis der Auswirkungen auf die Projektergebnisse vor. Als Ansätze für die qualitative Risikoanalyse werden die Kategorisierung der Risikowahrscheinlichkeiten und -auswirkungen von sehr hoch bis sehr niedrig, die Risikowahrscheinlichkeits- und -auswirkungsmatrix, die Überprüfung der Projektannahmen sowie die Einschätzung der Brauchbarkeit der Daten für die Risikoanalyse kurz erläutert.
4.  Das Kapitel über quantitative Risikoanalyse (quantitative risk analysis) beschreibt Möglichkeiten für die Messung der Wahrscheinlichkeit und der Auswirkungen von Projektrisiken. Als Methoden für die quantitative Risikoanalyse werden die Schätzmethode für drei Szenarien (optimistisch, wahrscheinlich, pessimistisch), die Sensitivitätsanalyse, die Entscheidungsbaum-Analyse sowie die Simulation (Monte Carlo) kurz erläutert.
5.  Bei der Reaktion auf Risiken (risk response planning) werden die Entwicklung von Maßnahmen sowie Techniken zur Reduzierung von Projektrisiken beschrieben. Als Reaktion auf Risiken werden Maßnahmen zur Risikovermeidung, zum Risikotransfer, zur Risikominderung und zur Risikoakzeptanz vorgeschlagen.

6. Schließlich umfasst die Risikoüberwachung und -verfolgung (risk monitoring and control) die Überwachung der verbleibenden Risiken, die Identifikation neuer Risiken sowie die Ausführung von risikoreduzierenden Maßnahmen und deren Bewertung.

Als Voraussetzungen für den Prozess der Risikoidentifikation (s. Punkt 2) wird, neben einem Projektplan und Informationen über frühere oder ähnliche Projekte, insbesondere eine geeignete Risikokategorisierung angesehen. Diese sollte technische Risiken (wie Verwendung neuer Technologien, unrealistische Qualitäts- und Performance-Ziele), Projektmanagement-Risiken (wie unzureichende Projektplanung), organisatorische Risiken (wie mangelnde Projektpriorisierung) und externe Risiken (wie Gesetzesänderungen) umfassen. Diese Idee der Risikokategorisierung wird von der nachfolgend beschriebenen Methode für das IT-Projektrisikomanagement aufgenommen und erweitert.

## 3.2.5    U.K. Association for Project Management

Analog zum amerikanischen Project Management Institute hat die britische Association for Project Management (apm) einen eigenen Projektmanagement-Leitfaden („The Body of Knowledge") herausgegeben. In diesem Leitfaden ist das Risikomanagement ebenfalls fester Bestandteil.

Zusätzlich hat die U.K. Association for Project Management 1997 einen detaillierten Leitfaden „Project risk analysis and management guide" [APM97] zum Prozess des Risikomanagements veröffentlicht. Nach dieser Publikation umfasst der Risikomanagementprozess die folgenden neun Phasen:

1. In der Definitionsphase (Define) werden Informationen über das Projekt gesammelt, um das Projekt und das Projektumfeld zu verstehen.
2. In der Fokussierungsphase (Focus) werden der Umfang und das Ziel des Projektrisikomanagements sowie die Vorgehensweise festgelegt und die Planung des Risikomanagementprozesses durchgeführt.
3. In der Identifikationsphase (Identify) werden die primären und sekundären Risiken sowie Maßnahmen identifiziert und grob klassifiziert.
4. In der Strukturierungsphase (Structure) werden die Risiken weiter klassifiziert, Abhängigkeiten herausgearbeitet und eine Priorisierung vorgenommen.
5. In der „Eigentümer-Phase" (Ownership) werden die Eigentümer und Verantwortlichkeiten festgelegt.
6. In der Schätzphase (Estimate) wird die Unsicherheit bei den identifizierten Risiken überprüft und die Schätzungen bei Bedarf noch verfeinert, um die wichtigen Risiken und risikomindernden Maßnahmen zu erkennen.
7. In der Bewertungsphase (Evaluate) werden die Risiken zusammengeführt und deren Auswirkungen diagnostiziert, um die risikomindernden Maßnahmen zu bewerten.
8. In der Planungsphase (Plan) werden der Projektplan angepasst und der dazugehörige Risikomanagementplan erstellt.

9. In der Managementphase (Manage) werden schließlich die geplanten Maßnahmen überwacht und fortgeschrieben.

Die Vielzahl der Phasen lassen den Leitfaden etwas unhandlich erscheinen, obwohl alle Phasen auch von der in diesem Buch dargestellten Methodik für ein Risikomanagement in IT-Projekten abgedeckt werden.

## 3.2.6    DIN 62198: Risikomanagement für Projekte

Das Thema „Risikomanagement für Projekte" ist Gegenstand der internationalen Norm IEC 62198:2001 (Project risk management – application guidelines), die unverändert in die deutsche Norm DIN IEC 62198:2002-09 übernommen wurde. Diese Norm gilt in erster Linie für Projekte mit technologischem Inhalt, kann aber auch wie die in diesem Buch nachfolgend dargestellte Vorgehensweise auf andere Projekte angewendet werden. Die Norm gibt eine allgemeine Einführung in das Projektrisikomanagement und stellt Leitlinien bereit. Der Risikomanagementprozess wird dabei in folgende wesentliche Unterprozesse eingeteilt:

- Ermittlung des Kontextes

In diesem Unterprozess werden u.a. die Projektbeteiligten ermittelt, die Ziele und Ergebnisse des Projektes erfragt, Schnittstellen zu anderen Projekten sowie die Projektrahmenbedingungen erhoben.

- Risikoidentifizierung

Die Identifizierung von Projektrisiken ist grundlegend für ein wirksames Risikomanagement. Entsprechend sollte die Risikoidentifizierung ein systematischer Prozess sein, der durch Methoden unterstützt werden kann und alle verfügbaren Informationsquellen nutzen sollte. Risikobereiche ändern sich mit den verschiedenen Projektphasen, so dass eine phasenbezogene Risikoidentifizierung angeraten wird. Auch die Erstellung einer organisationsspezifischen Checkliste wird als sinnvoll erachtet.

- Risikobeurteilung

Die Risikobeurteilung umfasst die Analyse, Bewertung und Akzeptanz der Risiken. Die Risikoanalyse zur Bestimmung der Eintrittswahrscheinlichkeiten, Auswirkungen und Abhängigkeiten kann qualitativ oder quantitativ durchgeführt werden, wobei sich eine qualitative Analyse anbietet, solange keine sicheren oder nur wenige Daten vorliegen. Eine spätere Ergänzung der qualitativen Analyse um eine quantitative wird in diesem Falle vorgeschlagen. Die Analyse kann dabei von Analyseverfahren (z.B. statistische Verfahren, Ereignisbaumanalyse) unterstützt werden. Die Risikobewertung vergleicht das Risikoniveau mit der projektindividuellen Risikotoleranz und legt die Priorität für die nachfolgende Risikosteuerung und -bewältigung fest.

- Risikosteuerung und -bewältigung

In diesem Unterprozess werden Maßnahmen festgelegt, um Risiken tolerierbar zu machen. Dabei ist für jede Maßnahme eine verantwortliche Person zu benennen. Neben der vollstän-

digen Risikovermeidung durch Projektabbruch werden die Verringerung der Wahrscheinlichkeit, die Begrenzung der Folgen, die Risikoteilung sowie die Strategie zur Wiederherstel-
lung des Zustandes vor Eintritt des Risikos als Risikosteuerungs- und -bewältigungsoptionen
vorgeschlagen.

- Risikoprüfung und -überwachung

Dieser Unterprozess soll über den Lebenszyklus eines Projektes lückenlos sicherstellen, dass
der Risikosteuerungs und -bewältigungsprozess wirksam durchgeführt wird und neue Risiken
in den Risikomanagementprozess aufgenommen werden. Nach Abschluss des Projektes sollten die Erfahrungen aus dem Projekt zur Verbesserung des Projektrisikomanagementprozes-
ses für zukünftige Projekte genutzt werden.

Die DIN 62198 deckt wie die Leitfäden des PMI und der apm die wesentlichen Risikomana-
gementprozesse ab, bleibt jedoch naturgemäß in vielen Bereichen allgemein und unverbindlich. Entsprechend wird auch eine Zertifizierung des Projektrisikomanagement als unange-
messen angesehen, da die Norm immer an das jeweils spezifische Projekt anzupassen ist.

## 3.2.7    COBIT

COBIT (**C**ontrol **Ob**jectives for **I**nformation and Related **T**echnology) ist ein Modell von
generell anwendbaren und international akzeptierten IT-prozessbezogenen Kontrollzielen, die
in einem Unternehmen beachtet und umgesetzt werden sollten, um eine verlässliche Anwendung der Informationstechnologie zu gewährleisten. Die Idee dahinter: Erst wenn Daten,
Anwendungen, Anlagen, die Technologie und das Personal richtig „organisiert" sind, werden
die Geschäftsprozesse die an sie gestellten Anforderungen erfüllen.

Die Struktur der Kontrollziele lehnt sich an ein prozessorientiertes Geschäftsmodell an. Dieses unterscheidet innerhalb der Informationstechnologie 34 zentrale IT-Prozesse, welche in
den vier Bereichen

- Planung & Organisation,
- Beschaffung & Implementation,
- Betrieb & Unterstützung sowie
- Überwachung

zusammengefasst werden. Für jeden dieser IT-Prozesse formuliert COBIT ein übergeordne-
tes Kontrollziel und zwischen drei und 30 Detailziele. Werden die über 300 in COBIT enthal-
tenen Kontrollziele konsequent umgesetzt, kann damit eine geordnete Planung, Beschaffung
und Überwachung aller eingesetzten IT-Ressourcen sichergestellt werden.

COBIT wurde von internationalen Gremien des Verbandes der IT-Prüfer (ISACA – Information Systems Audit and Control Association) seit 1993 entwickelt und als erste Version Ende
1995 veröffentlicht. Im Mai 1998 erschien dann eine komplett überarbeitete und erweiterte
Version. Der Standard wurde anfänglich hauptsächlich in der internen und externen Revision
verwendet, da COBIT dem IT-Revisor für das ganze Spektrum der IT-Aktivitäten eine voll-

ständige Palette von homogenen Kontrollzielen anbietet, welche er als Sollvorstellungen zur Beurteilung der Situation in der geprüften Einheit verwenden kann. Nach Erscheinen der zweiten Auflage 1998 haben die Unternehmen COBIT zunehmend auch als Leitfaden bei der Implementierung des internen Kontrollsystems in der Unternehmens-IT als auch für die Durchführung von „Self Assessments" oder „Health Checks" angewandt.

Im Juli 2000 wurde COBIT in der dritte Auflage vor allem um Aspekte des IT-Governance durch die sog. „Management Guidelines" erweitert. COBIT stellt damit nun nicht nur eine umfassende und weltweit anerkannte IT-Governance-Richtlinie dar, sondern enthält auch eine eigenständige Anleitung für das Management, um den Status und die Effektivität des eigenen Unternehmens im Hinblick auf die 34 übergeordneten Kontrollbereiche beurteilen zu können [COBIT00].

In den „Management Guidelines" werden gängige Management-Messgrößen wie Zielerreichungsindikatoren, kritische Erfolgsfaktoren, Performance-Indikatoren und Reifegradmodelle aufgeführt. Damit wurden in COBIT Kriterien integriert, um dem Management zu ermöglichen, den Status der IT-Governance im Unternehmen festzustellen, einen Soll-Zustand zu definieren und die notwendigen Schritte zur Erreichung des gewünschten Soll-Zustandes festzulegen.

COBIT wurde inzwischen sowohl von namhaften Unternehmen in das eigene Interne Kontrollsystem integriert (u.a. von DaimlerChrysler, Philips International BV) als auch von Behörden (u.a. vom amerikanischen Verteidigungsministerium) und anderen Institutionen (u.a. META-Group) als Standard empfohlen. Als offener Standard steht ein Großteil von COBIT zum kostenfreien Download auf der Webseite des IT Governance Institutes (www.itgovernance.org) und auf der Webseite des ISACA (www.isaca.org/cobit) bereit.

COBIT definiert für jeden IT-Prozess sowohl die Geschäftsziele, die durch diesen Prozess unterstützt werden sollen, als auch die Kontrollziele, die für diesen Prozess erreicht werden sollen. Als Unterstützung zur Erreichung einer Project Governance enthält COBIT im Bereich „Planung und Organisation" das Ziel, über den Prozess „Manage Projects" ausreichende Kontrolle zu haben. Die entsprechenden Geschäftsziele sind, Prioritäten zu setzen sowie das Projektergebnis termin- und budgetgerecht zu liefern. Um dieses Kontrollziel und die damit verbundenen Geschäftsziele zu erreichen, müssen die in der Organisation vorhandenen und geplanten Projekte identifziert und in Abstimmung mit den Geschäftszielen priorisiert werden sowie solide Projektmanagementpraktiken eingeführt und angewandt werden. Für den Prozess „Manage Projects" definiert COBIT 13 Kontrollziele:

1. Richtlinien für das Projektmanagement
2. Beteiligung der Fachbereiche bei Projektbeginn
3. Projektteam-Mitgliedschaft und Verantwortung
4. Projektdefinition
5. Projektfreigabe
6. Freigabe der einzelnen Projektphasen
7. Projektmasterplan
8. Qualitätssicherungsplan

9.   Planung der einzelnen Qualitätssicherungsmaßnahmen
10.  Projektrisikomanagement
11.  Testplan
12.  Schulungsplan
13.  Planung der Prüfung nach Einführung

Zum Kontrollziel Nr. 10 „Projektrisikomanagement" wird ausgeführt, dass das Management ein formelles Projektrisikomanagementprogramm einführen sollte, um die mit den Projekten zusammenhängenden Risiken zu eliminieren oder zu minimieren.

In der dritten Version von COBIT wurde auch der Prozess „Manage Projects" in den „Management Guidelines" um Reifegrade, um kritische Erfolgsfaktoren sowie Faktoren zur Messung der Leistung und der Zielerreichung ergänzt.

Kritische Erfolgsfaktoren umfassen die wichtigsten Themen und Maßnahmen für das Management, um eine ausreichende Kontrolle über den IT-Prozess zu gewinnen. Als kritischer Erfolgsfaktor für den Prozess „Manage Projects" wird in COBIT u.a. die verbindliche Anwendung einer unternehmensweiten Methode zur frühzeitigen Identifikation von Projektrisiken gesehen.

Leistungsindikatoren (key performance indicators) definieren Maße um festzustellen, wie gut der IT-Prozess die Zielerreichung unterstützt und geben daher einen Hinweis, mit welcher Wahrscheinlichkeit die Ziele erreicht werden oder nicht. Zielerreichungsindikatoren (key goal indicators) geben dagegen Auskunft, ob ein IT-Prozess die an ihn gestellten geschäftlichen Anforderungen erfüllt hat. Als Leistungsindikatoren dienen Größen wie die durchschnittliche Anzahl Jahre an Erfahrung der Projektmanager oder der Umfang der Einbeziehung der Projektbetroffenen (stakeholder), während Zielerreichungsindikatoren beispielsweise die erhöhte Anzahl von Projekten, die termin- und budgetgerecht fertiggestellt wurden, oder eine verbesserte Zeitnähe bei der Projektrisikoidentifikation sein können. Der Zusammenhang, welche Leistungsindikatoren welche Zielerreichungsindikatoren in welcher Stärke beeinflussen, kann übersichtlich in einer Matrix dargestellt werden. Beispielsweise würde ein Leistungsindikator über die Anzahl der Projekte, in denen ein systematisches Risikomanagement stattfindet, eine starke Beziehung zu dem Zielerreichungsindikator der verbesserten Zeitnähe bei der Identifikation von Projektrisiken haben. Daneben wäre ein mit diesem Zielerreichungsindikator eng verbundener kritischer Erfolgsfaktor die verbindliche Anwendung einer unternehmensweiten Methode zur frühzeitigen Identifikation von Projektrisiken.

Das COBIT-Reifegradmodell unterscheidet sechs Reifegrad-Stufen von null (non-existent) bis fünf (optimized). Ein Bewusstsein für Projektrisiken wird in diesem Reifegradmodell bereits auf der Stufe eins (initial/ad hoc) gefordert. Für das Erreichen der Stufe vier (managed and measurable) ist Risikomanagement als Teil des Projektmanagementprozesses durchzuführen. Außerdem müssen die Chancen und Risiken vor, während und nach Abschluss des Projektes bewertet und gesteuert werden.

Die in diesem Buch vorgestellte Methodik für ein IT-Projektrisikomanagement berücksichtigt vor allem die COBIT-Kontrollziele als auch die Leistungsindikatoren aus dem Prozess „Manage Projects". Die Methode erweitert die Kontrollziele und Leistungsindikatoren jedoch in Sinne einer ganzheitlicheren Projektsicht; teilweise werden dabei auch Kontrollziele und Leistungsindikatoren aus anderen COBIT-Prozessen genutzt.

## 3.2.8    SEI Risk Taxonomy

Das Software Engineering Institute (SEI) der Carnegie Mellon University in Pittsburgh hat 1993 eine Taxonomie für die Risikoidentifikation bei Softwareprojekten entwickelt [SEI93]. Dabei werden innerhalb der drei Hauptbereiche Produktentwicklung, Entwicklungsumgebung und Projektrestriktionen die folgenden Kategorien unterschieden, zu denen jeweils spezifische Risikofragen gestellt werden:

*Tab. 3.3*   *Hauptbereiche der SEI Risk Taxonomy*

| Hauptbereich | Kurzbeschreibung der Kategorien mit Beispielen |
|---|---|
| Produktentwicklung | • Anforderungen (z.B. Vollständigkeit, Klarheit)<br>• Design (z.B. Schnittstellen, Performance)<br>• Realisierung und Modultest (z.B. Umsetzbarkeit und Test)<br>• Integration und Test (z.B. Produkt, System)<br>• Sonderfälle (z.B. Sicherheit, Wartbarkeit) |
| Entwicklungsumgebung | • Entwicklungsprozess (z.B. Formalisierung, Vertrautheit)<br>• Entwicklungssystem (z.B. Benutzbarkeit, Zuverlässigkeit)<br>• Managementprozess (z.B. Planung, Projektorganisation)<br>• Managementmethoden (z.B. Überwachung, Qualitätssicherung)<br>• Arbeitsumgebung (z.B. Kooperation, Kommunikation) |
| Projektrestriktionen | • Ressourcen (z.B. Mitarbeiter, Budget)<br>• Vertrag (z.B. Vertragstyp, Vertragsbeschränkungen)<br>• Projektschnittstellen (z.B. Kunden, Lieferanten) |

Die Taxonomie wird durch ein Prozessmodell ergänzt, das Projektrisikomanagement als kontinuierlichen Prozess mit Kommunikation als zentralem Baustein sieht.

Auch die SEI-Kategorien finden sich in der nachfolgend vorgestellten Methode für das IT-Projektrisikomanagement als Kontrollziele wieder. Die sehr technische Sicht der SEI-Taxonomie muss jedoch für ein umfassendes Projektrisikomanagement erweitert werden.

# 3.2.9    CCTA Risk Handbook

Die Central Computer and Telecommunication Agency (CCTA) gehört zum britischen Office of Government Commerce (OGC) und ist eine Behörde der englischen Regierung, deren Aufgabe es ist, andere Regierungsstellen im effektiven Umgang mit Informationstechnologie zu unterstützen.

Die CCTA hat ein Risiko-Handbuch für die öffentliche Verwaltung als Leitfaden zum Risikomanagement herausgegeben [CCTA00]. Danach müssen Risiken auf eine integrierte Art und Weise auf vier Ebenen betrachtet werden:

1.   Strategische Risiken
Diese Risiken betreffen das Überleben sowie die Wettbewerbs- und Wachstumschancen des Unternehmens. Beispiele für strategische Risiken sind politische, finanzielle oder kulturelle Risiken.

2.  Programme Risiken
Diese Risiken betreffen gegenseitige Abhängigkeiten zwischen Projekten und das geschäftliche Umfeld. Beispiele für Programme Risiken sind Projekt-, Organisations- oder Qualitätsrisiken.

3.  Projektrisiken
Projektrisiken sind Risiken, die eine Planabweichung im Projektverlauf verursachen können. Beispiele für diese Risiken sind personelle, technische oder qualitätsbedingte Risiken.

4.  Operative Risiken
Diese Risiken betreffen die Abläufe im Unternehmen. Beispiele für operative Risiken sind das Risiko des Versagens der Infrastruktur, der Lieferanten oder der Notfallplanung.

Zusätzlich gibt das Risiko-Handbuch der CCTA einen generischen Risikomanagement-Prozess vor, der aus den Phasen Risikoidentifikation, Risikobeurteilung, Risikotoleranz, Risikomaßnahmen und Risikoüberwachung besteht.

Für die Risikobewertung von IT-Projekten bietet die OGC ein sog. „Project Profile Model" (PPM) an, das in der aktuellen Version eine sehr einfache Risikobewertung anhand von Kriterien in den Kategorien „Business Impact", „Technical Impact" und „Client-side Organisation" vornimmt. In dem Modell werden 13 Einzelkriterien, die den jeweiligen Kategorien zugeordnet sind, bewertet und am Ende eine Gesamtpunktzahl ermittelt, die Auskunft über den Risikogehalt des IT-Projektes geben soll.

*Tab. 3.4*   *Kriterien des CCTA Project Profile Model*

| PPM-Kriterium | Kategorie | Bewertungsansatz |
|---|---|---|
| Gesamtwert des geschäftlichen Nutzens | Business Impact | Bewertungsspanne reicht von <10 Millionen englische Pfund für niedrige Bewertungszahl bis zu >100 Millionen englische Pfund für hohe Bewertungszahl |
| Gesamtwert der geschäftlichen Aufwendungen (ohne IT) | Business Impact | Bewertungsspanne reicht von von <5 Millionen englische Pfund für niedrige Bewertungszahl bis zu >50 Millionen englische Pfund für hohe Bewertungszahl |
| Anzahl der betroffenen internen Mitarbeiter | Business Impact | Bewertungsspanne reicht von <1.000 Mitarbeiter für niedrige Bewertungszahl bis zu >10.000 Mitarbeiter für hohe Bewertungszahl |
| Auswirkung auf Geschäftsprozesse | Business Impact | Bewertungsspanne reicht von keinen Einfluß auf vorhandene Geschäftsorganisation bis zur Neugestaltung aller Prozesse |
| Auswirkung auf andere Regierungsstellen bei Implementation | Business Impact | Bewertungsspanne reicht von Projektauswirkungen, die sich auf die durchführende Organisation beschränken bis zu Auswirkungen auf weite Teile des öffentlichen und behördlichen Bereiches |
| Einfluss auf andere Projekte | Business Impact | Bewertungsspanne reicht von Stand alone-Projekt bis zur Unterstützung der EU sowie abteilungs- oder länderübergreifende Initiative |
| Gesamtkosten IT | Technical Impact | Bewertungsspanne reicht von <10 Millionen englische Pfund für niedrige Bewertungszahl bis zu >100 Millionen englische Pfund für hohe Bewertungszahl |
| Anzahl der IT-Mitarbeiter | Technical Impact | Bewertungsspanne reicht von <50 IT-Mitarbeitern für niedrige Bewertungszahl bis zu >100 IT-Mitarbeiter für hohe Bewertungszahl |
| Innovationsgrad | Technical Impact | Bewertungsspanne reicht von stabiler und erprobter Technologie bis zu neuer Technologie, mit der keine Erfahrung vorhanden ist |
| Auswirkung auf Altsysteme und Daten | Technical Impact | Bewertungsspanne reicht von „Greenfield"-Entwicklung bis zu starker Einbindung in bestehende Architektur über Schnittstellen/ Datenkonvertierung |
| Umfang der IT-Unterstützung durch Externe | Technical Impact | Bewertungsspanne bewertet additiv die Bereitstellung von Infrastruktur, von Standardsoftware, von Individualsoftware, von Geschäftsprozessen, von Programmpaketen sowie von IT-Mitarbeitern |
| Komplexität der Organisationsstruktur | Client-side Organisation | Bewertungsspanne reicht von einem Geschäftsfeld innerhalb einer Abteilung bis zu abteilungsübergreifendem Projekt |
| Komplexität der Lieferantenstruktur | Client-side Organisation | Bewertungsspanne reicht von einem internen Lieferanten bis zu mehreren externen Lieferanten ohne Generalunternehmer |

Das Project Profile Model soll vor allem dem Auftraggeber bei der Risikoeinschätzung eines IT-Projektes helfen.

Die aufgeführten Projektrisiken finden sich als Risikofaktoren in der nachfolgend beschriebenen Methode für ein IT-Projektrisikomanagement wieder. PPM ist jedoch stark auf Behörden zugeschnitten und berücksichtigt auch keine vorhandenen Kontrollen.

## 3.2.10    DriveSPI

DriveSPI ist ein europäisches Rahmenwerk zur Verbesserung des Softwareentwicklungsprozesses, das insbesondere Elemente des Risikomanagements integriert [DriveSPI97]. Als
Methode für das Risikomanagement wird dabei RISKMAN verwendet. RISKMAN wurde
von zwei Software- und Beratungsfirmen im Rahmen des EU-Projektes EUREKA (EU530)
entwickelt.

DriveSPI lehnt sich an die acht Einzelschritte des SPICE-Vorgehens zur Verbesserung des
Softwareentwicklungsprozesses an und integriert in diesen Prozess das Risikomanagement.
Im ersten Schritt des SPICE-Vorgehens zur Verbesserung des Softwareentwicklungsprozes-
ses werden beispielsweise die Anforderungen des Unternehmens an die Verbesserung der
Kundenzufriedenheit und der Wettbewerbsfähigkeit analysiert. DriveSPI ergänzt diesen
Schritt um die Identifikation der „high level"-Risiken. Zur Unterstützung der Risikoidentifi-
kation schlägt DriveSPI in dieser Phase die RISKMAN-Methode mit den folgenden zwölf
Risikoklassen vor, die den gesamten Softwarelebenszyklus abdecken sollen.

1. Strategische Risiken
2. Marketingrisiken
3. Planungsrisiken
4. Vertragliche Risiken
5. Finanzielle Risiken
6. Definitionsrisiken
7. Prozessrisiken
8. Produktrisiken
9. Organisationsrisiken
10. Betriebsrisiken
11. Wartungsrisiken sowie
12. externe Risiken.

Im dritten Schritt des SPICE-Vorgehens werden die Prozesse bewertet. DriveSPI unterstützt
in diesem Schritt u.a. die Bewertung des Risikomanagementprozesses durch einen Fragebogen mit sieben Zielen, die durch Aufgaben weiter detailliert sind. Die sieben Prozessziele
sind

1. Definition des Umfanges und der Strategie des Risikomanagements
2. Identifikation, Dokumentation und Klassifikation von Risiken
3. Definition von Risikomaßen
4. Analyse und Priorisierung von Risiken
5. Entwicklung von Strategien zur Risikovermeidung/-verminderung
6. Überwachung und Kontrolle der Risiken
7. Verbesserung des Risikomanagement-Prozesses

Dieses Vorgehen wurde auch von BOOTSTRAP ab Version drei übernommen.

Die sieben Prozessziele finden sich nachfolgend in der Beschreibung der in diesem Buch
vorgestellten Methodik für ein Risikomanagement in IT-Projekten wieder.

# 3.3    Real Practice

Neben gesetzlichen Anforderungen und diversen Standards gibt es auch einfach betriebswirt-schaftliche Gründe für ein Risikomanagement in IT-Projekten. Schließlich machen die IT-Projektkosten einen erheblichen Anteil des IT-Budgets aus. Stellvertretend für die zahlrei-chen Studien zu diesem Thema werden die Chaos-Studie der Standish Group sowie einige aktuelle Studien angeführt.

Die betriebswirtschaftliche Notwendigkeit eines Risikomanagements in IT-Projekten wird auch sehr anschaulich durch Schilderungen von gescheiterten IT-Projekten verdeutlicht [s.a. Gau96, Gla98]. So gab Ende Februar 2001 eine Schweizer Privatbank bekannt, dass sie ihr Internet-Bank-Projekt nach einem Jahr einstellt. Als Begründung wurde ein nicht realisierba-rer Kosten- und Zeitrahmen angeführt. Das Projekt hatte die Bank für das abgelaufene Ge-schäftsjahr bereits 151 Millionen Schweizer Franken gekostet und für 2001 rechnete die Bank mit einem weiteren Aufwand in Höhe von 100 Millionen Schweizer Franken. Rein rechnerisch hätte damit jeder Tag, den die Bank das IT-Projekt (z.B. aufgrund eines konse-quenten Risikomanagements) früher aufgegeben hätte, der Bank – selbst unter Abzug sub-stantieller fixer Kosten – mehrere hunderttausend Schweizer Franken gespart [BZ401]. Risikomanagement in IT-Projekten ermöglicht in solchen Situationen, die Projektrisiken frühzeitig zu erkennen und dadurch Projektsteuerungsmaßnahmen (bis zum Projektabbruch) rechtzeitig zu ergreifen [KeMa97].

In diesem Beispiel wird auch eine wichtige psychologische Komponente von Projektfehlläu-fern deutlich: die Befangenheit des Managements durch die ursprüngliche Projektentschei-dung, ein gewisser Zweckoptimismus der Projektbeteiligten sowie die Überwindung, ein Scheitern des Projektes zuzugeben, lassen Projekte häufig über ihren offensichtlichen Tod-punkt hinaus weiterleben [SaD603]. Niemand trifft gerne die Entscheidung, ein Projekt ab-zubrechen und Menschen neigen dazu, an etwas zu glauben – in diesem Fall an den Erfolg des Projektes. Probleme werden als temporär und überwindbar wahrgenommen und irgend-wie hatte es in der Vergangenheit ja auch immer funktioniert. Projektbegleitendes Risikoma-nagement und die damit verbundene Etablierung eines Frühwarnsystems sowie Projektreviews durch unabhängige Dritte können diese psychologischen Hürden überwinden helfen. Einige Autoren empfehlen sogar, einen sog. „exit champion" zu benennen. Der „exit champion" hat die – leider oftmals undankbare – Aufgabe, eine zweite Sicht auf das Projekt zu entwickeln und bei Bedarf auch das Einstellen eines Projektes zu fordern. Diese Forde-rung beruht auf der Erfahrung mit Projekten, in denen die gesamte Organisation eine Art gemeinsamen Glauben an den Projekterfolg entwickelt hat und beispielsweise selbst die dramatische Verkürzung von Testzeiten zur Einhaltung des Zeitplanes keine Alarmglocken hat schrillen lassen [RoI203].

## 3.3.1    Chaos-Studie

The Standish Group International Inc. hat 1994 für den erstmals im Januar 1995 veröffent-
lichten „CHAOS Report„ 365 IT-Verantwortliche aus den unterschiedlichsten amerikanischen Unternehmen zum Erfolg ihrer IT-Projekte befragt [Chaos95].

Danach wurden 31,1 % aller IT-Projekte vorzeitig beendet, ohne das Projektziel erreicht zu
haben (failed). 52,7 % der IT-Projekte haben die Ziele des magischen Dreieckes Zeit, Kosten
und Funktionalität/Qualität nicht erreicht (challenged). Entsprechend wurden nur 16,2 % aller
IT-Projekte erfolgreich abgeschlossen (succeed). In Großunternehmen sieht die Lage noch
schlechter aus. Dort wurden sogar lediglich 9 % aller Softwareprojekte innerhalb des vorgegebenen Zeit- und Kostenrahmens realisiert.

Nach Schätzungen der Standish Group kosteten allein die fehlgeschlagenen Softwareent-
wicklungsprojekte (31,1 %) die amerikanischen Unternehmen und Behörden im Jahr 1995
rund 81 Milliarden US-Dollar [CW2595].

Die Untersuchung der Standish Group wurde 1996, 1998 und 2000 wiederholt. In der Zusammenschau der Studien ergibt sich folgendes Bild:

*Tab. 3.5   Verteilung der IT-Projektergebnisse in amerikanischen Unternehmen [SM1299][JJ0302]*

| Projektergebnis | 1994 | 1996 | 1998 | 2000 |
|---|---|---|---|---|
| Succeed | 16 % | 27 % | 26 % | 28 % |
| Challenged | 53 % | 33 % | 46 % | 49 % |
| Failed | 31 % | 40 % | 28 % | 23 % |

Obwohl die Anzahl der Projektfehlläufer immer noch sehr hoch ist, lässt sich doch eine Verbesserung insbesondere gegenüber der Studie aus 1994 feststellen. Entsprechend sind beispielsweise auch die Kosten für Projektfehlläufer von 81 Milliarden US-Dollar in 1995 auf
75 Milliarden US-Dollar in 1998 leicht gesunken.

Die Standish Group führt die Verbesserung der Projektergebnisse insbesondere auf einen
Trend zu kleineren Projekten sowie auf verstärkte Management- und Nutzereinbindung zurück [IWE0698]. Insbesondere die Projektgröße ist neben der Projektdauer und Teamgröße
eine der drei wichtigsten messbaren Erfolgsfaktoren für IT-Projekte.

*Tab. 3.6   Zusammenhang zwischen Projektgröße und Projekterfolg [SM1299]*

| Projektgröße (in Tausend US-Dollar) | Projektteamgröße | Projektdauer | Erfolgsquote |
|---|---|---|---|
| < 750 | 6 | 6 Monate | 55 % |
| 750 – 1.500 | 12 | 9 Monate | 33 % |
| 1.500 – 3.000 | 25 | 12 Monate | 25 % |
| 3.000 – 6.000 | 40 | 18 Monate | 15 % |
| 6.000 – 10.000 | >250 | >24 Monate | 8 % |
| > 10.000 | >500 | >36 Monate | 0 % |

## 3.3.2      TechRepublic-Studie

Im Jahr 2000 hat die Tochter der Gartner Group, TechRepublic Inc., 1.375 nordamerikani-
sche IT-Spezialisten von Unternehmen unterschiedlichster Größe und Branchen befragt
[WSJ1100]. Die Auswertung der Befragung ergab, dass rund 40 % aller internen IT-Projekte
scheiterten. Die gescheiterten Projekte wurden im Durchschnitt nach 14 Wochen beendet und
hatten zu diesem Zeitpunkt im Schnitt bereits eine Millionen US-Dollar verschlungen.

In der Studie wurde auch festgestellt, dass viele Projektmitarbeiter bereits vor der Entscheidung des Managements, das Projekt zu beenden, wussten, dass das Projekt scheitern wird.
Trotzdem wurden die IT-Projekte im Schnitt noch sechs Wochen weitergeführt.

TechRepublic Inc. empfiehlt als Ergebnis seiner Studie, die Projektmanager besser auszubilden und zu fördern sowie eine Kontrollinstanz (sog. „project oversight group") für Projekte
einzurichten. Als Beispiel für die erfolgreiche Umsetzung dieser Maßnahme wird IBM angeführt, deren Projekte deutlich erfolgreicher verlaufen, seitdem IBM ein strukturiertes Pro-
jektmanagement-Training eingeführt hat.

## 3.3.3      IT-Kosten und IT-Performance 2002

In der Schweiz wurde von einer Wirtschaftsprüfungsgesellschaft eine Studie bei 100 ausgewählten IT-Verantwortlichen von Schweizer Unternehmen durchgeführt, die sich unter ande-
rem auch mit dem Management von IT-Projekten beschäftigt hat [ITKOST02].

Die Studie kam zu dem Ergebnis, dass im Durchschnitt weniger als 50 Prozent der Projekte
erfolgreich abgeschlossen werden. In der Studie wurde der Anteil der erfolgreichen, sich in
Schwierigkeiten befindlichen oder abgebrochenen Projekte nach Projektgröße weiter unterteilt. Dabei wurde festgestellt, dass kleinere Projekte (unter CHF 1 Mio.) mit 68 % über-
durchschnittlich erfolgreich sind, während vor allem mittlere Projekte (zwischen CHF 1 und
3 Mio.) mit nur 29 % unterdurchschnittlich erfolgreich sind.

Der Erfolg von IT-Projekten hängt nach den Ergebnissen dieser Studie auch vom Anteil der
Entwicklungsressourcen ab. IT-Abteilungen, die über mehr als 40 % an Entwicklungsressourcen verfügen, sind relativ am erfolgreichsten, gefolgt von den IT-Abteilungen mit einem
geringen Anteil an Eigenentwicklung. Bei IT-Abteilungen mit 20 bis 40 % Eigenentwicklung
fällt die Projekterfolgsbilanz dagegen am schlechtesten aus.

# 4 Ursachen für Projektfehlläufer und Erfolgsfaktoren

*„Analysis of software project failures in the last decades indicates that most of the problems can be traced back from one or more project high level risk areas." [DriveSPI97]*

Im Folgenden sind einige der zahlreichen Studien zu den Themengebieten IT-Projekt-management und Softwareentwicklung aufgeführt. Zusätzlich werden auch ausgewählte „Expertenmeinungen" angeführt, die nicht immer auf umfangreichen Studien beruhen, aber auch sehr wertvolle Erkenntnisse liefern. Aus den Ursachen für Projektfehlläufer ergeben sich in der Regel auch die Erfolgsfaktoren. Daher werden die Erfolgsfaktoren – soweit untersucht – in den einzelnen Abschnitten direkt mitbehandelt.

Die in den verschiedenen Quellen genannten Ursachen für Projektfehlläufer haben teilweise einen hohen Überdeckungsgrad und stellen damit typische Projektrisiken dar, die in keiner Methode zur Unterstützung der Identifikation von Projektrisiken fehlen sollten.

## 4.1 Studien

Die nachfolgend zitierten Studien (ohne Wertung und in chronologischer Reihenfolge) sind von verschiedenen Organisationen in unterschiedlichen Ländern mit diversen Methoden durchgeführt worden. Obwohl die Ursachen für das Scheitern von IT-Projekten vielfältig sind, ergibt sich aus der Zusammenschau der Studien ein relativ einheitliches Bild der wesentlichen Projektrisiken. Insbesondere die Aspekte unzureichende Anforderungen, mangelnde Planung und fehlende Benutzereinbindung/Managementunterstützung tauchen in den Studien immer wieder auf.

### 4.1.1 KPMG-Studie: „IT Runaway Systems"

KPMG Management Consulting hat 1994 eine Telefonumfrage bei über 1.200 britischen Unternehmen aus verschiedensten Branchen durchführen lassen. Die Befragten wurden im Interview anhand ihrer Erfahrung mit IT-Projekten, der Größe der IT-Projekte in ihren Unternehmen und ihrer Zugehörigkeit weiter selektiert, um nur repräsentative Aussagen in die Studie aufzunehmen.

Die Umfrage basierte schließlich auf 120 kompletten Interviews. Von diesen 120 Befragten hatten 46 (38%) keine Projektfehlläufer angegeben, so dass die nachfolgenden Angaben zu den Ursachen von Projektfehlläufern auf den Aussagen der 74 (62%) verbleibenden Befragten basieren [KPMG94].

Als Ursachen, die zum Scheitern des Projektes führten, wurden am häufigsten angeführt:

**Tab. 4.1**   *Ursachen für Projektfehlläufer lt KPMG-Studie: „IT Runaway Systems"*

| Gründe für Projektfehlläufer | Anteil |
|---|---|
| Projektziele nicht ausreichend definiert | 51 % |
| Schlechte Planung und Schätzung | 49 % |
| Anwendung neuer Technologien | 45 % |
| Unzureichende Projektmanagementmethoden | 42 % |
| Mangel erfahrener Mitarbeiter im Projektteam | 42 % |
| Schlechte Leistung der Lieferanten von Hardware/Software | 42 % |
| Falsche Besetzung der Position des Projektleiters | 35 % |
| Unzureichende Softwareentwicklungsmethoden | 35 % |
| Überehrgeizige Projektziele | 34 % |
| Falsche Besetzung des Projektteams | 34 % |
| Schlechte Kommunikation zwischen Projektmitgliedern | 32 % |
| Fehlende Kenntnis über Projektprobleme beim Management | 30 % |

Die Befragten gaben darüber hinaus folgende Ratschläge, um in Zukunft Projektfehlläufer zu vermeiden:

- Externe Lieferanten nach den Kriterien Zuverlässigkeit und Know-how genauer aussuchen
- Internes IT-Projektteam und Benutzer besser einweisen
- Anwendung von Reviews und Risikoanalyse bei komplexen Projekten in den einzelnen Projektphasen
- Enge Zeitplanung und –kontrolle entlang des kritischen Pfades
- Einbindung des Managements auf angemessener Ebene
- Beurteilung der Technologie im Vorfeld des Projektes
- Genaue Zeit- und Kostenplanung
- Alternativen im Falle von Änderungen der politischen oder strategischen Ausrichtung bedenken

Bemerkenswert ist, dass 55% der Projektfehlläufer nicht einmal irgendeine Form der Risikoanalyse vor oder während des Projektes durchgeführt hatten und von denen, die eine Risikoanalyse durchgeführt hatten, die Hälfte diese während des Projektverlaufes nicht mehr wiederholt hatte.

## 4.1.2      The Standish Group: „Chaos"

The Standish Group International Inc. hat im Januar 1995 erstmals die Studie „CHAOS"
veröffentlicht [Chaos95]. Die Untersuchung basierte auf der Befragung von 365 amerikanischen IT-Managern aus den unterschiedlichsten Branchen sowie zahlreichen persönlichen
Interviews (s.a. Kapitel 3.3.1). Ziel der Studie war, sowohl die Gründe für das Scheitern von
IT-Projekten als auch die Erfolgsfaktoren für IT-Projekte zu ermitteln.

Die sieben am häufigsten genannten Gründe für das Scheitern von IT-Projekte waren:

*Tab. 4.2*    *Ursachen für Projektfehlläufer lt. Standish Group-Studie: „Chaos"*

| Gründe für Projektfehlläufer | Anteil |
|---|---|
| Unvollständige Anforderungen | 13,1 % |
| Fehlende Benutzereinbindung | 12,4 % |
| Mangel an Ressourcen | 10,6 % |
| Unrealistische Erwartungen | 9,9 % |
| Fehlende Unterstützung durch das Management | 9,3 % |
| Änderung der Anforderungen und Spezifikationen | 8,7 % |
| Mangelnde Planung | 8,1 % |

Als Erfolgsfaktoren für IT-Projekte wurden genannt:

*Tab. 4.3*    *Erfolgsfaktoren für IT-Projekte lt. Standish Group-Studie: „Chaos"*

| Erfolgsfaktoren für IT-Projekte | Anteil |
|---|---|
| Einbindung der Benutzer | 15,9 % |
| Unterstützung durch das Management | 13,9 % |
| Eindeutige Anforderungen | 13,0 % |
| Richtige Projektplanung | 9,6 % |
| Realistische Erwartungen | 8,2 % |
| Kleinere Meilensteine | 7,2 % |
| Kompetente Mitarbeiter | 7,2 % |

Die deutliche Höhergewichtung der Einbindung der Benutzer und des Managements als Erfolgsfaktoren gegenüber der Gewichtung als Ursache für Projektfehlläufer unterstreicht die
Wichtigkeit dieser beiden weichen Faktoren.

## 4.1.3      KPMG-Studie: „What went wrong?"

KPMG Strategic and Technology Services hat im April 1997 an die größten 1.450 öffentlichen und privaten Unternehmen in Kanada einen Fragebogen zu gescheiterten IT-Projekten versandt. 176 Unternehmen haben innerhalb der vorgegebenen Zeit geantwortet und wurden ausgewertet.

Die Studie ergab [KPMG97], dass 87 % der betrachteten gescheiterten IT-Projekte den ursprünglich geplanten Zeitrahmen um mehr als dreißig Prozent überschritten, 56 % das ursprünglich geplante Budget in der gleichen Größenordnung überzogen und 45 % der betrachteten IT-Projekte nicht den geplanten Nutzen erbringen konnten.

Aus dieser KPMG-Studie wurden drei Hauptgründe für das Scheitern von IT-Projekten abgeleitet:

- Unzureichende Projektplanung
- Schwacher Zusammenhang mit Geschäftsstrategie
- Mangelnde Einbeziehung und Unterstützung durch das Management

Die unzureichende Projektplanung betrifft insbesondere auch Schwächen beim Projektrisikomanagement. Die Studie empfahl daher, dass Projektrisikomanagement insbesondere bei größeren Unternehmen zunehmend an Bedeutung gewinnen sollte.

## 4.1.4      Computerwoche-Befragung

*„Nach meinen Erfahrungen investieren die Unternehmen möglichst wenig in die Vorbereitung und gehen schnell in die Realisierung...." (Georg Winkelhofer, Geschäftsführer der Projekt-Management-Akademie)*

Die Fachzeitschrift Computerwoche hat im August 1997 rund 3.500 Fragebögen zum Thema „Projektmanagement" an deutsche Unternehmen versandt und den Rücklauf (182 Fragebögen) von der Projekt-Management-Akademie auswerten lassen [CW1097].

In dem Fragebogen wurden auch die häufigsten Probleme bei IT-Projekten erfragt. Aus 14 Problemfeldern wurden die Probleme auf einer Skala von eins (geringe Probleme) bis vier (große Probleme) gewichtet. Die am höchsten bewerteten Probleme waren (arithmetischer Mittelwert in Klammern):

- Unklare Anforderungsanalyse (2,97)
- Zu zeitaufwendige Realisierung (2,91)
- Unklarer Projektauftrag (2,76)
- Fehlende Erfahrung in neuen Vorgehensweisen (2,61)
- Ungünstige Teambesetzung bzw. Aufgabenverteilung (2,46)
- Fehlendes Projektplanungs-Know-how (2,24)

Drei der am höchsten bewerteten Probleme betreffen somit Fehler in der Projektvorbereitung. Hier werden lt. der Untersuchung „Ziele nicht klar definiert, Bedingungen nicht genau festgelegt und das Untersuchungsfeld nicht ordentlich abgegrenzt".

## 4.1.5     Daily Telegraph-Studie

Nach einer Umfrage des Daily Telegraph aus dem Jahr 1998 in Großbritannien liefern 90 % aller IT-Projekte nicht den geplanten Nutzen in der geplanten Zeit und mit dem geplanten Budget [CW1298]. 40 % aller IT-Projekte scheitern sogar vollständig. Als Hauptgründe für das Scheitern wurden genannt:

- Unzureichend definierte Projektziele
- Fehlen von Prioritäten
- Unklare Verantwortlichkeiten für IT und Business
- Verfügbarkeit und Qualität der Mitarbeiter
- Unternehmenspolitik
- Änderungen während des Projektes
- Unternehmenskultur der Schuldzuweisung
- Fehlende Unterstützung für den Projektmanager
- Schlechte Kommunikation

Die Untersuchung nannte im Gegenzug die folgenden kritischen Erfolgsfaktoren für IT-Projekte:

- Klare Priorität des Projektes im Unternehmen
- Gute Einschätzung des magischen Dreiecks aus Zeit, Kosten und Qualität
- Klare Verantwortlichkeit beim Management
- Vorhandensein eines IT-Projektmanagementverfahrens
- Verabschiedete Geschäftsstrategie, die dem Projekt zugrunde liegt
- Klare, detaillierte und abgestimmte Anforderungen
- Durchführen einer Projektrisikoanalyse
- Überprüfung und Genehmigung aller Vertragspartner/Lieferanten
- Messbare und klare Meilensteine
- Kompetente Projektmitarbeiter, insbesondere für die Test- und Abnahmephase
- Breite Unterstützung für den Projektmanager

Mit Gründen wie Unternehmenspolitik, Unternehmenskultur und schlechte Kommunikation wurden bei dieser Studie auffallend viele weiche Faktoren als Hauptgründe für das Scheitern von Projekten genannt.

## 4.1.6     Forsa-Befragung

Das forsa-Institut hat 1998 im Auftrag von Time/system 501 Führungskräfte von deutschen Großunternehmen u.a. nach Störfaktoren bei der Umsetzung von Projektzielen befragt [CW698]. Die sieben am meisten genannten Störfaktoren waren:

***Tab. 4.4***  *Störfaktoren beim Projektmanagement lt. forsa-Institut-Umfrage*

| Störfaktoren beim Projektmanagement | Anteil |
|---|---|
| Unrealistische Zeitschiene | 55 % |
| Externe Einflüsse | 50 % |
| Fehleinschätzung von Projektrisiken | 50 % |
| Unrealistische Ressourcenplanung | 46 % |
| Unternehmensinterne Widerstände | 46 % |
| Personelle Fehlbesetzungen | 42 % |
| Unklare Zieldefinition | 42 % |

Die Einschätzung des sehr allgemeinem Störfaktors „Fehleinschätzung von Projektrisiken" unterstreicht die Bedeutung eines Projektrisikomanagements.

## 4.1.7     Softwareentwicklung in Deutschland

Das Bundesministerium für Bildung und Forschung (BMBF) hat die GfK Marktforschung GmbH in Zusammenarbeit mit den Fraunhofer-Instituten für Experimentelles Software Engineering (IESE) und für Systemtechnik und Innovationsforschung (ISI) beauftragt, eine Untersuchung zur „Analyse und Evaluation der Softwareentwicklung in Deutschland" durchzuführen. Für die Untersuchung wurden 920 Vertreter von repräsentativ ausgewählten Unternehmen telefonisch befragt und zusätzlich 55 Expertengespräche durchgeführt.

Im Rahmen dieser Studie [BMBF00] wurden auch die Prozesse in der Softwareentwicklung betrachtet. Im Bereich Methoden wurden folgende wesentlichen Probleme erkannt:

• Unzureichende Analyse und Management von Anforderungen
• Zeitprobleme bei der Abwicklung von Entwicklungsprojekten
• Probleme bei der Qualitätssicherung bzw. beim Testen

Im Bereich Qualitätssicherung wurde bei vielen Unternehmen sowohl eine zunehmende Einbeziehung des Kunden in die verschiedenen Phasen der Softwareentwicklung, als auch das Bewusstsein, dass Probleme in der Anforderungsphase zu Defiziten in der Qualität des Produktes führen, ausgemacht. Trotz dieser positiven Entwicklung dominierten in der Praxis jedoch weiterhin „Kosten- und Terminvorgaben über Qualitätsanforderungen".

## 4.1.8     Droege & Comp.-Befragungen

Die Beratungsgesellschaft Droege & Comp. hat im Jahr 2002 164 deutsche Großunternehmen, davon ein Drittel aus dem DAX 100, zum Thema Projekte befragt. Danach erreichen
über die Hälfte (54,9 %) aller geplanten Projekte ihr Ziel nicht und rund ein Drittel überschritten den geplanten Zeitrahmen erheblich. Lediglich 15 % der Projekte wurden erfolgreich und innerhalb des vorgesehenen Zeitraumes beendet. Droege & Comp. schätzt den
Verlust aus abgebrochenen oder nicht termingerecht abgeschlossenen Projekten auf 41 Milliarden Euro (inkl. Kosten für entgangene und verspätete Verbesserungen, jedoch ohne Wert-
verlust). Bei Einbeziehung der entgangenen Wertsteigerungen der Unternehmen läge dieser
Betrag bei rund 375 Milliarden Euro [FAZ902].

Die fünf bedeutendsten Gründe für das Scheitern von Projekten auf einer Skala von eins
(unbedeutend) bis zehn (höchste Bedeutung) waren:

***Tab. 4.5***   *Gründe für das Scheitern von Projekten lt. Droege & Comp.-Befragung*

| Gründe für das Scheitern von Projekten | Bedeutung |
| --- | --- |
| kein Projektcontrolling | 6,3 |
| keine Topmanagement-Unterstützung | 5,8 |
| mangelnder Mitarbeitereinsatz | 5,4 |
| nicht quantifizierte Projektziele | 4,8 |
| unstrukturierte Projektorganisation | 4,2 |

Erstaunlich ist die hohe Bewertung des fehlenden Projektcontrollings bei dieser Umfrage,
zumal Projektcontrolling eine nachgelagerte Kontrolle darstellt.

Bei einer weiteren Umfrage von Droege & Comp. aus dem Jahr 2003 bei 481 Managern aus
deutschen Konzernen und mittelständischen Unternehmen antworteten bemerkenswert hohe
81 % auf die Frage „Waren Ihre Projekte erfolgreich?“ mit Nein [Cap1903]. Nur zwei der
Teilnehmer der Umfrage gaben an, ihre Projektziele zu einhundert Prozent erreicht zu haben.
Zeitverzug wurde als einer der Hauptgründe für den fehlenden Projekterfolg angeführt. 13
Prozent der Befragten nannten Verzögerungen von mehr als 50 Prozent, die Hälfte kam auf
25 bis 50 Prozent [FAZ703].

## 4.1.9     KPMG: „Programme Management Survey"

KPMG hat im Jahr 2002 124 internationale Unternehmen über Projekt- und Programmmana-
gement und den Einfluss von Projektbüros auf den Projekterfolg befragt. Danach haben mehr
als die Hälfte (56 %) der befragten Unternehmen mind. ein gescheitertes Projekt in den letzten 12 Monaten erlebt [KPMG203].

Die Befragten nannten bei dieser KPMG-Umfrage als Hauptgründe für das Scheitern von IT-Projekten:

- Fehlende Unterstützung durch das Management
- Unzureichendes Anforderungsmanagement
- Unzureichende und/oder zu ehrgeizige Projektplanung
- Fehlende Ressourcen
- Ungenügende Kommunikation zwischen IT und Geschäftsbereichen
- Fehlender Zusammenhang mit der Geschäftsstrategie
- Schlechte Qualität der gelieferten Software

Als Hauptgründe für den Erfolg von IT-Projekten nannten die Befragten:

- Unterstützung durch das Management
- Gründliche Vorbereitung und Planung
- Gute und klare Anforderungen
- Qualitätssicherung
- Übermenschliche Anstrengungen

Der letzte Punkt unterstreicht sicherlich die Bedeutung des menschlichen Faktors für den Projekterfolg.

## 4.2     Expertenmeinungen

Die nachfolgenden Expertenmeinungen stammen aus unterschiedlichsten Quellen. In der Aussagekraft mit Studien vergleichbar sind die Erkenntnisse von NCR und Infosys. Sie basieren jedoch ausschließlich auf unternehmensinternen Erfahrungen. Übergreifender Natur und teilweise subjektiv sind die Erkenntnisse von McKinsey Global Institute, McConnell und Boehm. Vor allem die beiden letztgenannten Autoren haben sich aber intensiv mit der Thematik beschäftigt und stellen die Themen sehr gut und umfassend dar.

### 4.2.1     Erfahrungen eines externen IT-Dienstleisters

Magerl hat 16 Projektrisikoeinschätzungen bei NCR aus den Jahren 1997 – 2000 analysiert [Mag01]. NCR ist u.a. ein IT-System- und Dienstleistungsunternehmen, das als Auftragnehmer für Kunden IT-Projekte durchführt. Die untersuchten Projekte fanden in verschiedenen Ländern in Europa, in Afrika und im Mittleren Osten statt. Insgesamt wurden bei diesen Projektrisikoeinschätzungen 182 Risiken identifiziert, die nach Risikotypen und Risikoursachen kategorisiert wurden. Die am häufigsten aufgetretenen Risikotypen waren:

- Anforderungen sind nicht ausreichend definiert
- Anforderungen können nicht erfüllt werden

- Mitarbeiter sind nicht verfügbar (insbesondere Mitarbeiter mit dem notwendigen Anforderungsprofil)
- Fehlende Verträge mit Kunden oder Lieferanten
- Kunde oder Lieferant kann seine Verpflichtungen nicht erfüllen
- Fehlender Projektmanager/fehlendes Projektmanagement
- Schwierigkeiten bei der technischen Integration

Die verschiedenen Risikotypen werden bei Magerl zu Risikoursachen zusammengefasst. Die mit Abstand am häufigsten aufgetretenen Risikoursachen waren:

- Kundenbedingte Ursachen (insbesondere durch die Risikotypen „mangelnde Erfüllung seiner Verpflichtungen" sowie „Bereitstellung von geeignetem Personal")
- Interne Ursachen (insbesondere durch die Risikotypen „fehlende Verfügbarkeit von geeigneten Mitarbeitern" sowie „unzureichende Planung")
- Anforderungen/Projektumfang (insbesondere durch die Risikotypen „mangelnde Definition der Anforderungen" sowie „Schwierigkeiten, die Anforderungen an das IT-System, vor allem Anforderungen an die Performance, zu erfüllen")
- Technische Ursachen (insbesondere durch die Risikotypen „Schwierigkeiten bei der Systemintegration über Schnittstellen", „Schwierigkeiten bei der Anwendung neuer Technologien" sowie „Schwierigkeiten bei der Performance")
- Lieferanten (insbesondere durch den Risikotyp „fehlende Verträge", da Verträge mit Lieferanten häufig erst nach Abschluss des Kundenvertrages geschlossen werden)

## 4.2.2    Projektrisiken bei einem CMM Level 4-Unternehmen

Jalote hat die zehn größten IT-Projektrisiken der Firma Infosys, einem Unternehmen, das den CMM-Reifegrad vier erreicht hat, in seinem Buch über CMM veröffentlicht [Jal00]. Beim Risikomanagement von IT-Projekten wird bei Infosys eine Risikoliste verwendet, die nach den häufigsten IT-Projektrisiken sortiert ist. Diese lauten:

1. Mangel an technisch-versierten Mitarbeitern
2. Zu viele Änderungen der Anforderungen
3. Unklare Anforderungen
4. Überbeanspruchung der Mitarbeiter
5. Externe Entscheidungen
6. Verfehlen der Anforderungen an Performance
7. Unrealistische Zeitplanung
8. Neue Technologie
9. Unzureichendes Fachwissen (business knowledge)
10. Mangelnde Zusammenarbeit zwischen Kunde und Softwarelieferant

## 4.2.3    Prinzipien erfolgreicher Großprojekte

Eine Studie des McKinsey Global Institute hatte im Jahr 2002 mit der These Aufsehen erregt, dass die enormen Produktivitätsfortschritte der amerikanischen Wirtschaft nach 1995 in erster Linie keine Folge der Informationstechnologie waren, sondern durch Faktoren wie Innovation, neue Geschäftsmodelle und zyklische Nachfrage verursacht worden sind [WeSe02]. Eine mögliche Erklärung für die insgesamt enttäuschende Wirkung der steigenden IT-Ausgaben auf die Produktivitätssteigerung sah McKinsey in der schlechten Erfolgsquote bei großen IT-Projekten, da solche Projekte häufig lanciert werden, obwohl

- die tatsächliche Wertschöpfung unsicher ist,
- ein klarer strategischer Kontext für das Projekt fehlt,
- die Projekte zu groß dimensioniert sind (mit entsprechend hoher Komplexität) oder
- die Kommunikation zwischen Business Units und IT mangelhaft ist.

Damit neue Technologien und IT ihren Beitrag zum Produktivitätsfortschritt leisten, haben die Berater in einem die Studie erläuternden Beitrag vier Grundprinzipien erfolgreicher Großprojekte aufgestellt [WeSe02]:

- Ausgestaltung einer wirksamen Schnittstelle zwischen Business und IT
Die Ausgestaltung der Schnittstelle umfasst sowohl die Kommunikation als auch die Kontrolle. Das IT-Projekt-Portfolio sollte zu jedem Zeitpunkt die strategischen Prioritäten des Unternehmens widerspiegeln.

- Vorhandensein eines umfassenden Business Case
Zentrales Entscheidungskriterium bei der Beurteilung, Priorisierung und Finanzierung von Initiativen sollte, neben der eigentlichen „Geschäftsidee", der Business Case sein. Dieser muss alle operativen Kosten dem erwarteten Nutzen gegenüberstellen. Die IT-Investition muss von einem „Projektsponsor" aus den Reihen des Topmanagements getragen werden.

- Verbesserung der Kommunikation zwischen den Geschäftseinheiten und der IT
Die Vertreter der geschäftlichen Seite müssen detaillierte Business-Anforderungen an das Projekt formulieren, wobei die Entwickler optimalerweise bereits in diesen Prozess einbezogen werden. Die technischen Spezifikationen sollten vor Beginn der Programmierarbeit von der Business-Seite abgenommen werden, um sicherzustellen, dass die Anforderungen richtig verstanden wurden.

- Frühe Lieferung von Ergebnissen
Vor allem bei langen Projekten empfehlen die Berater, in den ersten 12 Monaten einen Teil der Lösung zu liefern, der bereits genutzt werden kann, bevor die Gesamtlösung zur Verfügung steht. Bei Projekten von längerer Dauer sollte die Erstellung eines Prototyps in Erwägung gezogen werden.

Obwohl diese Grundprinzipien an sich nicht neu sind, fällt die Betonung der Zusammenarbeit von Geschäftsbereichen und IT durch die Belegung von zwei der vier Grundprinzipien mit diesem Thema auf.

# 4.2.4 Zwölf klassische Projektfehler und zehn Erfolgsfaktoren

McConnell hat die Essenz aus eigener Erfahrung und verschiedenen Studien in zwei Artikeln in IEEE Software zusammengefasst. Danach scheitern Softwareprojekte immer wieder aus den gleichen Gründen, obwohl Projektmanager mit entsprechender Sensibilisierung bestimmte Fehler, an denen bereits Dutzende von IT-Projekten vorher gescheitert sind, leicht vermeiden könnten [McC96]. Die zwölf klassischen Projektfehler aus seiner Sicht sind:

- Motivationsmangel

Die Motivation der Mitarbeiter hat mit den größten Einfluss auf die Produktivität und die Qualität der Software. Maßnahmen zur Erhöhung der Motivation werden aber nur selten in der Projektplanung berücksichtigt, insbesondere weil Motivation nur schwer messbar ist.

- Problemmitarbeiter

Die fehlende Behandlung von Problemmitarbeitern ist einer der häufigsten Kritikpunkte der Mitglieder von Projektteams über ihre Führungskräfte. Die Krux an diesem klassischen Fehler ist, dass sich die Mitglieder des Projektteams oftmals nicht offen gegenüber der Führungskraft über Problemmitarbeiter äußern, und damit ohne erkennbare Ursache die Moral und Motivation des gesamtes Teams nachlässt.

- Laute und enge Arbeitsplätze

Zur Einsparung von Büromieten die Entwickler unter engen und lauten Arbeitsbedingungen arbeiten zu lassen, zahlt sich am Ende nicht aus. Entwickler in kleinen und ruhigen Büros haben in der Regel eine deutliche höhere Produktivität als ihre Kollegen in lauten Großraumbüros.

- Aufgabe der Projektplanung unter Zeitdruck

Nach den ersten Zeitüberschreitungen wird die Projektplanung aus Zeitgründen häufig nicht mehr durch neue Planungen ersetzt. Ohne eine konsequente Projektplanung tendieren Softwareprojekte jedoch dazu, ineffizient und chaotisch zu werden.

- Vernachlässigung von Analyse und Design

Projektteams, die an Aktivitäten in frühen Phasen sparen, müssen die gleiche Arbeit in späteren Projektphasen zu 10-100 mal höheren Kosten nachholen [BoPa88]. Budget- oder Zeitkürzungen in den Analyse- und Designphasen führen zu programmtechnischen Schnellschüssen („jumping into coding"), die am Ende nicht brauchbar sind oder überarbeitet werden müssen.

- Vernachlässigung der Qualitätssicherung

Das Weglassen eines Tages an Qualitätssicherung in einer frühen Projektphase kostet 3-10 zusätzliche Tage im weiteren Projektverlauf [Jon94]. Auch in diesem Bereich stellt sich durch Budget- oder Zeitkürzungen häufig nicht der gewünschte Effekt ein.

- Fehlende Änderungskontrolle

Bei einem durchschnittlichen Projekt ändern sich nach Abnahme des Fachkonzeptes noch 25 % der Anforderungen [Jon94]. Vielen Softwareprojekten gelingt es nicht, die Zahl der nachträglichen Anforderungen auf das absolut notwendige Minimum zu reduzieren.

- Einführung neuer Entwicklungsmethoden

In Softwareprojekten werden häufig vielversprechende, neue Entwicklungsmethoden oder Entwicklungstools eingesetzt. Die Erfahrung lehrt jedoch, dass solche Neuerungen selten die versprochenen Produktivitätssteigerungen bewirken, sondern meist sogar einen anfänglichen Produktivitätsverlust bedingen.

- Zeitverlust bei der Projektinitiierung

Mit der Zeit vor Projektstart, die insbesondere für die notwendigen Genehmigungen gebraucht wird, wird häufig großzügiger umgegangen als mit der Zeit nach Projektstart. Der Zeitverbrauch vor Projektstart sollte aber nicht zu Lasten der Projektzeit gehen.

- Unzureichende Nutzereinbindung

Projekte ohne frühzeitige und enge Einbindung von Nutzervertretern scheitern häufig daran, dass die Projektanforderungen nicht richtig verstanden worden sind.

- Ehrgeizige Zeitplanung

Übermäßiger Termindruck bewirkt häufig, daß frühe Aktivitäten im Softwareentwicklungszyklus vernachlässigt werden und später teuer nachgeholt werden müssen. Auch wirken sich enge Termine auf Dauer negativ auf die Motivation der Entwickler aus.

- Drastische Personalaufstockung

Softwareprojekte, die hinter dem Zeitplan sind, mit mehr Personal auszustatten, bringt selten den erwarteten Effekt. Das neue Personal kostet in der Regel mehr Produktivität des existierenden Personals als es selbst zur Steigerung der Produktivität beiträgt.

Ein halbes Jahr später hat McConnell auch die zehn Erfolgsfaktoren der Softwareentwicklung in einem Artikel zusammengefasst [McC97]. Diese sind aus seiner Sicht:

1. Vorhandensein einer Produktspezifikation als Kompass des IT-Projektes. Ohne eine solche Spezifikation ist die Zielrichtung des Projektes unklar.
2. Vorhandensein eines Prototypen für die Benutzerschnittstelle, da ein Fachkonzept das „look and feel" eines Softwareproduktes nicht angemessen beschreiben kann.
3. Ein realistischer Zeitplan stellt die Basis für einen adäquaten Mitarbeitereinsatz, angemessene Qualitätssicherungsmaßnahmen sowie für alle anderen Planungen dar.
4. Das Setzen von definierten Prioritäten hilft einem IT-Projekt, sich auf die wesentlichen Inhalte zu konzentrieren.
5. Aktives Risikomanagement als Kernkomponente erfolgreicher Softwareprojekte.
6. Ein Qualitätssicherungsplan, um Fehler frühzeitig, d.h. noch in der Konzeptions- oder Designphase, zu erkennen.
7. Detaillierte Aktivitätenpläne mit Einzelaufgaben, die wenige Tage dauern.
8. Konfigurationsmanagement für eine geregelte Softwareentwicklung und ein kontrolliertes Änderungsmanagement.
9. Softwareentwicklung im Einklang mit einer Softwarearchitektur, so dass die zukünftige Weiterentwicklung und Wartung erleichtert wird.
10. Ein Integrationsplan für ein kontrolliertes Zusammenspiel der einzelnen Softwarekomponenten.

# 4.2.5     Grundprinzipien der Softwareentwicklung

Boehm hat bereits 1983 sieben Grundprinzipien der Softwareentwicklung formuliert und begründet [Boe83]. Diese sieben Grundprinzipien können als die ersten Erfolgsfaktoren für ein IT-Projekt betrachtet werden:

1. Verwendung eines phasenweisen Entwicklungsplanes (a phased life-cycle plan)
2. Permanente Durchführung von Validierungen
3. Bewahrung der Kontrolle über das Softwareprodukt
4. Verwendung moderner Programmiermethoden
5. Klare Ergebnisverantwortung
6. Einsatz weniger und guter Mitarbeiter
7. Verpflichtung zur ständigen Prozessverbesserung

1991 hat B.W.Boehm [Boe91] auch zehn Hauptrisiken bei der Softwareentwicklung formuliert, die Ursachen für Projektfehlläufer darstellen können. Diese sind:

1. Mangel an Personal
2. Unrealistische Zeit- und Budgetpläne
3. Entwicklung falscher Funktionalitäten und Eigenschaften
4. Entwicklung falscher Benutzerschnittstellen
5. Entwicklung von Zusatzfunktionalität („Gold-plating")
6. Ständiger Strom neuer Anforderungen
7. Mängel in extern gelieferten Komponenten
8. Mängel in extern durchgeführten Aufgaben
9. Performancemängel
10. Überschätzung der technischen Möglichkeiten

# 5 Kurzdarstellung der Vorgehensweise

*„Verschwendung, Verschwendung, Verschwendung. Verschwendung und Risiko gehen meiner Meinung nach Hand in Hand. Der wirklich vergeudete Anteil der Projektarbeit ist immer die direkte Folge eines auftretenden Risikos. So entstehen die Vergeudungen, die Sie wirklich zurückwerfen. Deshalb würde ich mich in aller erster Linie für das Risikomanagement stark machen. Ich würde jedes Projekt managen, indem ich die Risiken manage, mit denen das Projekt konfrontiert ist. Software-Entwicklung ist ein riskantes Geschäft, und Management ist in dieser Branche vor allem und zuallererst eine Übung in Risikomanagement."* (Dr. Rizzoli zu Mr. Tompkins in [DeM98])

Die in diesem Buch vorgestellte Vorgehensweise berücksichtigt sowohl in ihrer Methodik als auch in ihrem Inhalt zahlreiche praktische und theoretische Erkenntnisse aus verschiedenen Informationsquellen. Die wichtigste Informationenquelle ist meine eigene Erfahrung als Projektmanager und Projektreviewer sowie die Erfahrung vieler Kollegen im internationalen KPMG-Verbund aus Standortbestimmungen und projektbegleitenden sowie projektnachgelagerten Reviews von IT-Projekten unterschiedlichster Größe. Als weitere Informationsquellen dienten sowohl diverse Studien über Erfolgsfaktoren für das Gelingen und über Gründe für das Scheitern von IT-Projekten (s. insbesondere Kapitel 4) als auch die international verfügbare Literatur zum Thema Risikomanagement in IT-Projekten (s. insbesondere Kapitel 3).

## 5.1 Methodik

Die nachfolgend vorgestellte Vorgehensweise für ein Risikomanagement in IT-Projekten hat als primäres Ziel, Projektrisiken, deren Auswirkungen erst später im Projektverlauf auftreten, frühzeitig zu erkennen, um geeignete und wirksame Projektsteuerungsmaßnahmen ergreifen zu können. Zu diesem Zweck beruht die Vorgehensweise methodisch auf einem Risikomanagement-Kreislauf, der mit der Risikoerkennung beginnt. Der Risikomanagement-Kreislauf soll sicherstellen, dass die Methode kontinuierlich und einheitlich angewandt werden kann. Der für das Risikomanagement von IT-Projekten verwendete Kreislauf besteht aus den folgenden fünf Schritten:

1. Projektrisiken erkennen und beurteilen
2. Projektkontrollen aufnehmen und beurteilen

3.   Verbleibende Projektrisiken analysieren
4.   Maßnahmen bewerten und umsetzen
5.   Projektrisiken und -maßnahmen überwachen

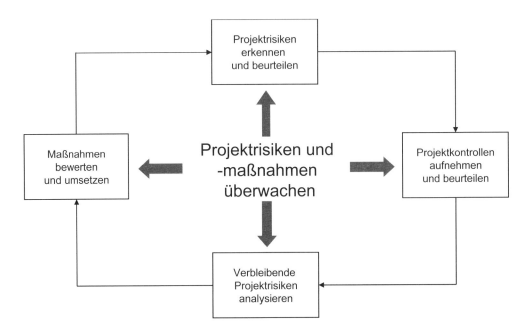

**Abb. 5.1**    *Projektrisikomanagement-Kreislauf*

Ein wichtiges Unterscheidungsmerkmal des obigen Projektrisikomanagement-Kreislaufs zu
dem in Kapitel 2.1.4 vorgestellten Risikomanagement-Kreislauf ist die klare Trennung zwischen Risiken und Kontrollen. Ausgehend von den inhärenten Projektrisikofaktoren ergeben
sich erst nach Abgleich mit den vorhandenen Projektsteuerungs- und -kontrollverfahren die
verbleibenden Projektrisiken. Erst diese Vorgehensweise ermöglicht ein effizientes Vorgehen
für die Risikoanalyse bei IT-Projekten, da in IT-Projekten durch Projektmanagement-, Quali-
tätssicherungs-, Konfigurationsmanagement- und Softwareentwicklungsverfahren bereits
regelmäßig zahlreiche Projektsteuerungs- und -kontrollverfahren implementiert sind. Ziel
eines effizienten Projektrisikomanagements ist, die Anzahl der verbleibenden Projektrisiken,
die einer intensiven Überwachung bedürfen, möglichst gering zu halten. Ohne eine risikoorientierte Schwerpunktbildung müssten dagegen alle Projektkontrollen detailliert bewertet
werden.

Die in diesem Buch vorgeschlagene Trennung zwischen Risiken und Kontrollen hat sich
auch in anderen Bereichen bewährt. Ein einfaches Beispiel aus dem Bereich der IT-Risiken
soll den Risikomanagement-Kreislauf veranschaulichen: Nehmen wir an, Sie sind der IT-
Leiter eines vertriebsorientierten Unternehmens und betreiben eine wichtige Anwendung für
die Kundenbetreuung. Eine wichtige Anforderung der Geschäftsleitung ist die permanente

Verfügbarkeit der Anwendung arbeitstäglich in der Zeit von 8:30 Uhr bis 17:30 Uhr. Die Auswirkungen einer kurzfristigen Nicht-Verfügbarkeit der Anwendung sind nicht akzeptabel, weil der gute Ruf des Unternehmens dadurch geschädigt werden würde und über 100 Mitarbeiter keine Kundenaufträge bearbeiten könnten.

Offensichtliche Risiken im Hinblick auf diese Zielsetzung sind u.a. ein Stromausfall oder das plötzliche Versagen des Rechners (Risiken erkennen). Das Eintreten beider Risiken hätte auf die Verfügbarkeit erhebliche Auswirkungen, da der Rechner neu gestartet werden müsste. Weiterhin könnten dabei auch Daten verloren gehen oder inkonsistent werden (Risiken beurteilen).

Um einem Rechnerausfall vorzubeugen, haben Sie bereits alle wichtigen Rechnerkomponenten redundant auslegen lassen. Weiterhin haben Sie einen Wartungsvertrag abgeschlossen, der auch die kurzfristige Bereitstellung eines Ersatzrechners umfasst. Sie haben also aus Ihrer Sicht wirksame Kontrollmaßnahmen gegen einen Rechnerausfall implementiert. Um die Auswirkungen eines Stromausfalles zu minimieren, hat Ihr Unternehmen eine unterbrechungsfreie Stromversorgung (USV) installieren lassen. Die unterbrechungsfreie Stromversorgung versorgt bei einem kurzfristigen Stromausfall neben den Arbeitsplätzen und den Netzkomponenten auch den Rechner für mindestens fünf Minuten mit Strom. Beim letzten Stromausfall hatte die USV die Stromversorgung kurzfristig übernommen. Sie haben also bereits eine wirksame Kontrollmaßnahme gegen kurzfristige Stromausfälle implementiert. Allerdings haben Sie keine Kontrollmaßnahmen für das Risiko eines längeren Stromausfalles (Kontrollen aufnehmen und beurteilen).

*Tab. 5.1   Risikoübersicht für die Verfügbarkeit der Anwendung*

| Risiken | Eintrittswahrscheinlichkeit | Kontrollmaßnahmen | Restrisiken |
|---|---|---|---|
| Rechnerausfall | Mittel | konstruktiv wirksam | gering |
| Kurzer Stromausfall | Hoch | konstruktiv wirksam und funktionsgetestet | gering |
| Langer Stromausfall | Mittel | nicht vorhanden (unwirksam) | mittel |

Sie stellen Ihre bisherige Analyse in einer Tabelle übersichtlich dar. Das Risiko, durch einen Rechnerausfall oder durch einen kurzfristigen Stromausfall die Verfügbarkeit der Anwendung zu gefährden, wird von Ihnen angesichts der getroffenen Kontrollmaßnahmen als gering eingeschätzt. Das Risiko durch einen längeren Stromausfall ist deutlich höher, da die Wahrscheinlichkeit für einen längeren Stromausfall nach Ihrer Einschätzung mittel ist und keine Kontrollmaßnahmen bestehen (verbleibende Risiken analysieren). Nach Lektüre des Kapitels 2.1.2 über Risiko haben Sie zwar versucht, die Wahrscheinlichkeit des Ereignisses „Langer Stromausfall" zu ermitteln, allerdings haben Sie nur ungenaue Angaben von Ihrem Stromlieferanten erhalten („In den letzten zwei Jahren hatten wir diesen Fall in Ihrer Gegend nicht."); und diese Aussage berücksichtigt nicht vom Unternehmen durch interne Vorfälle selbst verschuldete Stromausfälle, wie dies bei Montagearbeiten letztes Jahr in Ihrem Unternehmen passiert ist. Sie beschließen daher, dieses Risiko ohne weitere Wahrscheinlichkeitsberechnungen abzusichern.

Um das verbleibende Risiko zu minimieren, können Sie ein Notstromaggregat installieren, so dass die Anwendung auch bei einem längeren Stromausfall durch das Notstromaggregat versorgt werden kann. Allerdings fragen Sie sich nach der Einholung eines Angebotes, ob diese Maßnahme wirtschaftlich ist oder ob andere, kostengünstigere Maßnahmen denkbar sind. Um zu beurteilen, ob eine Maßnahme wirtschaftlich ist, bietet sich eine kostenmäßige Quantifizierung der möglichen Auswirkungen an, es sei denn, dass zum Beispiel der gute Ruf Ihres Unternehmens sowieso verlangt, dass die Systeme permanent verfügbar sein müssen. Sie kalkulieren spontan eine Stunde Personalkosten von 120 Mitarbeitern der Kundenbetreuung, die im Falle des Ereigniseintritts nicht arbeiten können und kommen bei 25 Euro pro Stunde auf 3.000 Euro. Sie überlegen, ob die Auswirkungen wirklich so gering sind. Ist eine Stunde eine realistische Annahme? Was ist mit den anderen Mitarbeitern, die nicht in der Kundenbetreuung arbeiten? Wie ist der Schaden bei den Kunden anzusetzen? Wie hoch ist der entgangene Gewinn? Welche Auswirkungen hat ein solcher Vorfall auf Folgeaufträge?

Sie legen den Taschenrechner wieder beiseite und überlegen, ob Sie Alternativen haben: Sie könnten einen zweiten Stromlieferanten verpflichten oder eine Kooperation mit dem Großunternehmen neben Ihnen schließen, das bereits über ein Notstromaggregat verfügt. Sie entscheiden sich nach einigen Telefonaten und weiterer Schriftwechsel schließlich für die Kooperation (Maßnahmen bewerten und umsetzen).

Um Gewissheit über die Wirksamkeit der vorhandenen Kontrollmaßnahmen im Falle eines Stromausfalles zu erhalten, vereinbaren Sie für das Risiko des Stromausfalles einen Test am Wochenende, bei dem ein längerer Stromausfall simuliert werden soll. Bei diesem Test soll erst die unterbrechungsfreie Stromversorgung und dann das Notstromaggregat aktiviert werden. Sie planen, sich die Anforderung an die permanente Verfügbarkeit einmal im Jahr bestätigen zu lassen und dann den Test jeweils zu wiederholen (Risiken und Maßnahmen überwachen).

# 5.2    Struktur

Die in diesem Buch vorgestellte Vorgehensweise betrachtet das IT-Projekt ganzheitlich, d.h. über die reine Softwareentwicklung hinaus wird das gesamte Projektumfeld in die Risikoanalyse mit einbezogen. Da IT-Projekte einmalige, für die Unternehmen meist neuartige Vorhaben sind, ist das Spektrum der möglichen Projektrisiken sehr groß. Um die Komplexität und Verschiedenartigkeit der Risiken bei IT-Projekten methodisch in den Griff zu bekommen, wurden die Projektrisiken jeweils sechs Projektrisiko- und -kontrollbereichen zugeordnet:

1.  Geschäftliche Ausrichtung
2.  Projektmanagement
3.  Geschäftsprozesse
4.  Anwender
5.  Technologie
6.  Daten

Diese Klassifizierung stellt einerseits die Abdeckung aller wichtigen Risikobereiche eines IT-Projektes sicher und hilft andererseits als Leitfaden bei der Durchführung der Risikoanalyse. So bezieht sich der Bereich „Geschäftliche Ausrichtung" auf die Ausrichtung des Projektes auf die Geschäftsbedürfnisse und die adäquate Einbeziehung des Managements. Dahinter verbirgt sich das wesentliche Projektrisiko des Projektstops durch Veränderungen des geschäftlichen Umfeldes oder durch mangelnde Unterstützung durch das Management. Der Bereich „Projektmanagement" umfasst alle Prozesse zum Projektstart, zum Projektmanagement und zur Projektkontrolle. Hier werden als wesentliche Risiken die ineffiziente Ressourcenverwendung und der Zeitverzug adressiert. Diese beiden Projektrisiko- und -kontrollbereiche sind für alle Projekte zutreffend.

Geschäftsprozesse sind ein weiterer wichtiger Bereich, da IT-Projekte im kaufmännischen Umfeld in der Regel Veränderungen bei den Geschäftsprozessen erzeugen und bei der Identifizierung, der Planung und dem Management von Prozessänderungen häufig Schwächen durch unvollständig oder unzureichend definierte Geschäftsprozesse auftreten. Der Bereich „Anwender" besteht aus den Themengebieten Ausbildung und Schulung sowie der Einstellung zu organisatorischen Veränderungen. Dabei wird vor allem das Risiko der fehlenden Berücksichtigung von Anforderungen zukünftiger Anwender sowie von unzureichenden Schulungen und einer ablehnenden Haltung gegenüber Veränderungen berücksichtigt. Bei IT-Projekten treten ferner häufig erhebliche Veränderungen durch Neueinführung oder Aktualisierung von Technologien auf. Bei einem systematischen Risikomanagement für IT-Projekte muss das Risiko der unzureichenden Unterstützung von Entwicklung und Betrieb durch neue Technologien als eigenständiger Bereich angesprochen werden. Der sechste Bereich „Daten" beschäftigt sich vor allem mit den Anforderungen an Daten und an die Datenqualität sowie an eine ausreichende Spezifikation der Daten für die spätere Systemintegration, da die Fehleinschätzung von Zeit und Kosten der Datenmigration empirisch eines der wesentlichen Projektrisiken darstellt.

Struktur und Methodik lassen sich zusammenfassend folgendermaßen darstellen:

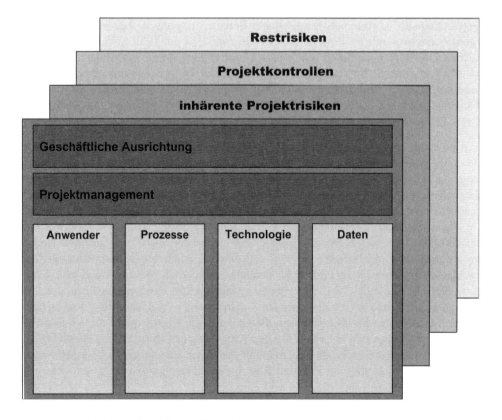

***Abb. 5.2***   *Struktur der Risiko- und Kontrollbereiche*

Innerhalb der oben dargestellten Taxonomie sind nachfolgend die wichtigsten Projektrisikofaktoren und Projektkontrollziele in jedem Projektrisiko- und -kontrollbereich ausführlich
beschrieben. Darüber hinaus werden für jeden Risikofaktor und für jedes Kontrollziel Fragen
bereitgestellt, die in Interviews und Diskussionen als Hilfsmittel dienen können, um den
Interviewten bzw. Teilnehmern Denkanstöße für potentielle, bewusste oder unbewusste Risiken zu liefern. Eine tabellarische Zusammenfassung am Ende eines jeden Projektrisiko- und
-kontrollbereiches erleichtert die Anwendung der dargestellten Vorgehensweise zur Erkennung und Beurteilung der Projektrisiken und -kontrollen.

Die verwendete Taxonomie ist sehr umfassend und für eine große Bandbreite von IT-
Projekten ausgelegt. Einzelne Projektrisikobereiche oder -faktoren sind bei bestimmten IT-
Projekten daher eventuell nicht relevant, gleichzeitig können bestimmte Projektrisikofaktoren
noch nicht ausreichend berücksichtigt sein. Eine Anpassung der Methode auf die unterneh-
mensindividuellen Verhältnisse muss bzw. kann jederzeit vorgenommen werden.

Die Beurteilung der Projektrisiken und –kontrollen erfolgt innerhalb der einzelnen Projektrisiko- und -kontrollbereiche primär qualitativ. Eine Einheitlichkeit der qualitativen Risikobeurteilung wird durch Bewertungshinweise angestrebt. Auch die DIN 62198 schlägt eine qualitative Risikoanalyse vor, solange keine sicheren oder nur wenige Daten vorliegen, was beim Risikomanagement in IT-Projekten in der Regel der Fall ist.

Zur frühen Verbesserung der qualitativen Beurteilung werden bei der vorgestellten Methode zusätzlich für jeden Projektrisiko- und –kontrollbereich Beispiele für quantitative Risikoindikatoren aufgeführt. Diese Risikoindikatoren müssen jedoch unternehmensindividuell auf ihre Eignung und Einstellung überprüft werden. Grundsätzlich sollte beim Risikomanagement einer quantitativen Beurteilung zwar der Vorzug gegeben werden, allerdings ist eine verlässliche quantitative Beurteilung der Risiken von IT-Projekten extrem aufwendig. Die in diesem Buch vorgestellte universell einsetzbare Vorgehensweise stellt daher einen praxisgerechten Kompromiss im Sinne eines Risikomanagements mit sich ergänzenden qualitativen und quantitativen Beurteilungsfaktoren dar.

# 5.3     Anwendung

Risikomanagement in IT-Projekten sollte grundsätzlich von Personen verantwortlich durchgeführt bzw. koordiniert werden, die unabhängig vom IT-Projekt und den Projektmitarbeitern sind. Nur dadurch kann ein offener Dialog ermöglicht werden, in dem alle Projektrisiken objektiv und gleichberechtigt behandelt werden. Eine „freimütige und offene Kommunikation sowohl innerhalb als auch außerhalb der Projektorganisation" wird auch von der DIN 62198 als Voraussetzung für ein wirksames Projektrisikomanagement angesehen. Dies ist sicherlich in vielen Unternehmen einer der Hauptgründe, warum ein effizientes Projektrisikomanagement bisher nicht umgesetzt werden konnte.

Aus psychologischen Gründen besteht bei Projektleitern häufig die Tendenz, Projekte am Anfang zu optimistisch darzustellen („das schaffen wir") bzw. im Projektverlauf an einem scheiternden Projekt zu lange festzuhalten („throw good money after bad"). Mitarbeiter, die auf Risiken hinweisen, werden gelegentlich als Schwarzseher abgestempelt oder es wird gar deren Kompetenz in Frage gestellt. Daher geben interne Mitarbeiter negative Informationen über den Projektstatus häufig nicht ungeschminkt an das Management weiter. Dies hat dann zur Konsequenz, dass die operative Ebene die Anzeichen für das Scheitern eines IT-Projektes teilweise längst erkannt hat, aber die Projektauftraggeber darüber nicht informiert sind [Ke-Ro99]. Daher sollte zumindest die regelmäßige Durchführung einer unabhängigen Risikoanalyse für jedes Projekt verbindlich sein. Abhängig vom Ergebnis dieser Risikoeinschätzung kann die Festlegung der Häufigkeit und Intensität der weiteren Anwendung von Projektrisikomanagementschritten im Projektverlauf erfolgen.

Die erste Risikoanalyse im Sinne des Schrittes eins des im Abschnitt 5.1 dargestellten Kreislaufes für das Projektrisikomanagement sollte frühzeitig durchgeführt werden, da die Unsicherheiten und damit die Risiken bei Projektbeginn naturgemäß am größten sind. Allerdings sollte der Projektauftrag bereits klar umrissen sein, damit die Risikoanalyse nicht zu einem beliebigen Stochern im Nebel verkommt. Danach ist die Risikoanalyse zu wichtigen Meilensteinen während des Projektverlaufes regelmäßig zu wiederholen.

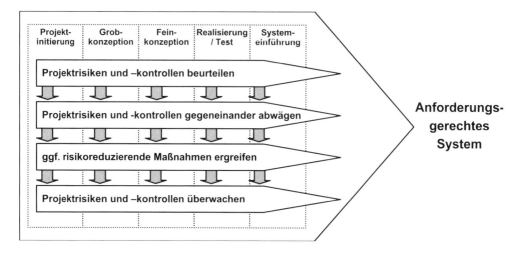

**Abb. 5.3**  *Projektbegleitendes Risikomanagement*

Für Unternehmen, die Software kaufen, sollte die erste Risikoanalyse in der Konzeptphase vor Auswahl des Softwarelieferanten beginnen. Zu diesem Zeitpunkt besteht noch die Möglichkeit, Änderungen am Projektumfang und an der Projektvorgehensweise vorzunehmen oder zu beurteilen, wie der Softwarelieferant plant, mit den erkannten Risiken umzugehen. Für Unternehmen, die Software selbst erstellen, sollte die Risikoanalyse in der Phase der Vorstudie beginnen, da die Ergebnisse dieser Risikoanalyse in der weiteren Projektplanung (z.B. durch Ausweitung der Phasen zur Ermittlung der Systemanforderungen bei Projekten mit hoher Systemkomplexität) berücksichtigt werden können.

Nach der initialen Risikoanalyse kann bereits eine wichtige Weichenstellung für das weitere Risikomanagement erfolgen. Abhängig von der Höhe des erkannten inhärenten Projektrisikos kann nun die Intensität und der Umfang des weiteren Projektrisikomanagements (ab Schritt zwei) für dieses Projekt festgelegt werden. Projekte, die auf das Unternehmen bezogen nur geringe Projektrisiken beinhalten, benötigen kein vollumfassendes Risikomanagement. Damit kann systematisches Risikomanagement in IT-Projekten sehr effektiv und mit wenig Aufwand betrieben werden. Selbstverständlich kann mit der Risikoanalyse auch später im Projektverlauf begonnen werden, allerdings stellt sich der maximale Nutzen nur bei früher Anwendung im IT-Projekt ein.

Ein essentieller Erfolgsfaktor für den Einsatz der hier vorgestellten Methode ist – neben der Unterstützung durch den Projektauftraggeber – die Akzeptanz beim Projektmanager und beim Projektteam. Projektrisikomanagement ist kein Misstrauensanzeichen gegenüber dem Projektleiter und dem Projektteam, sondern aus Auftraggebersicht eine Notwendigkeit, um Projektrisiken steuern und bewältigen zu können. Der Nutzen eines systematischen Risikomanagements in IT-Projekten muss allen Beteiligten bewusst sein, damit die Anfangsinvestition in die Einführung einer Vorgehensweise für das Projektrisikomanagement und die erste Anwendung dieser Vorgehensweise getätigt werden kann. Der Aufwand für das Risikomanagement in IT-Projekten liegt nach einem Initialisierungs- und Implementierungsaufwand innerhalb der Organisation erfahrungsgemäß bei rund 1–3 % des Projektbudgets am Anfang des Projektes und zusätzlich rund 2 % für die Überwachung der Risiken im weiteren Projektverlauf [CCTA00]. Erfahrungen aus dem DriveSPI-Pilotprojekt zeigen einen Aufwand in ähnlicher Höhe [DriveSPI97].

# 6 Projektrisiken erkennen und beurteilen

*„Only those risks that have been identified can be managed." [CCTA00]*

Projektrisiken sind mögliche Bedrohungen für den Erfolg eines Projektes. Diese Projektrisiken können bekannt, unbewusst oder unvorhersehbar sein. Bekannte Projektrisiken sind Risiken, die mindestens einem Projektbeteiligten bewusst sind. Unbewusste Projektrisiken sind solche, die den Projektbeteiligten auffallen, wenn sie die entsprechenden Anregungen, Hinweise oder Informationen erhalten. Die bekannten und unbewussten Risiken systematisch zu erfassen und zu beurteilen, ist das Ziel des ersten Schrittes der hier vorgestellten Methode für das Risikomanagement bei IT-Projekten. Unvorhersehbare Projektrisiken sind Risiken, die per Definition nicht erkannt werden können und unter die Rubrik allgemeines unternehmerisches Risiko fallen [SEI93].

## 6.1 Vorgehensweise

Herzstück eines effizienten Risikomanagements von IT-Projekten ist die systematische Sichtbarmachung und Beurteilung der inhärenten Projektrisiken. Inhärente Risiken sind Risiken, die in einem Prozess grundsätzlich existieren, d.h. bevor Kontrollen eingerichtet worden sind. Bei IT-Projekten hängen diese inhärenten Risiken u.a. von der Art des IT-Projektes, vom Industriezweig und dessen Marktumfeld, von der Struktur und Kultur des Unternehmens sowie von der eingesetzten Technologie ab.

### 6.1.1 Projektrisiken erkennen

*„most project risks are usually known by project personnel" [SEI93]*

Die systematische Identifikation der inhärenten Projektrisiken basiert bei der in diesem Buch vorgestellten Methode auf einem Risikokatalog, der die Erfahrungen aus vergangenen eigenen und fremden IT-Projekten zusammenfasst. Die Vorgabe des Risikokataloges soll dabei keinesfalls eine Beschränkung auf diese Risikofaktoren implizieren, sondern in erster Linie als Vollständigkeitskontrolle und Qualitätssicherung dienen.

Der Risikokatalog ist als Leitfaden mit Fragen gestaltet und soll sowohl der Beurteilung der Projektrisikofaktoren als auch der Erkennung von konkreten Projektrisiken dienen. Durch die Fragetechnik soll die Kreativität bei den am Risikomanagementprozess beteiligten Personen angeregt werden. Die Fragen sind in der Regel als geschlossene Fragen konstruiert, so dass eine Bejahung bzw. Verneinung der Fragen zu einem Risikofaktor grundsätzlich auf ein niedriges Risiko hindeutet. Dies soll dem Leser Hinweise auf die Zielrichtung der Fragen geben. In der praktischen Anwendung sollten die Fragen aber besser offen formuliert werden.

Die Risikoerkennung kann durch unterschiedliche Methoden unterstützt werden:

• Analyse von Projektdokumenten

Eine strukturierte Analyse der vorhandenen Projektdokumente wie Vorstudien oder Projektpläne liefert eine gute Grundlage für die Erkennung der Projektrisiken.

• Durchführung von moderierten Risiko-Workshops

In moderierten Risiko-Workshops können die Projektrisiken systematisch identifiziert und diskutiert werden. Es empfiehlt sich, innerhalb dieser Workshops Kreativitätstechniken wie SWOT-Analyse, Brainstorming oder Brainwriting einzusetzen und die Ergebnisse anschließend anhand der nachfolgend vorgestellten Projektrisikobereiche zu strukturieren und mit den vorgeschlagenen Projektrisikofaktoren abzugleichen. Um eine offene Diskussion zu ermöglichen, bei der alle Projektrisiken ohne Furcht vor Rechtfertigung zur Sprache kommen, kann in Erwägung gezogen werden, jeweils nur gleichrangige Mitarbeiter in einem Workshop zusammenkommen zu lassen. Dabei sollte die Anzahl der Teilnehmer jeweils nicht mehr als fünf betragen.

• Befragung von ausgewählten Mitarbeitern in Interviews

Zusätzlich oder auch alternativ zu den Risiko-Workshops können ausgewählte Mitarbeiter, die am Projekt beteiligt oder vom Projekt betroffen sind, in Einzelinterviews befragt werden. Die Befragung von Mitarbeitern aus unterschiedlichsten Bereichen und aus unterschiedlichsten Hierarchieebenen liefert in der Regel ein gutes Bild von der Risikosituation eines Projektes, da die Probleme im Projektumfeld den Mitarbeitern meistens bekannt sind. Die Hinweise der Mitarbeiter werden in der Praxis aber oftmals ignoriert, weil die Projektverantwortlichen zu sehr an Ergebnissen interessiert sind und insbesondere in der Phase der Projektinitiierung noch zu optimistisch sind [SEI93].

• Befragung von ausgewählten Mitarbeitern mittels Fragebogen

Eine Befragung von ausgewählten Mitarbeitern mittels Fragebogen sollte nur ergänzend und in begründeten Ausnahmefällen (z.B. bei Vielzahl von dezentralen und/oder ausländischen Projektbeteiligten) gewählt werden, da die Qualität der über Fragebogen ermittelten Projektrisiken in der Regel nicht sehr hoch ist.

Ein wichtiger Erfolgsfaktor für die Risikoerkennung auf Basis der letzten drei Methoden ist die repräsentative Auswahl der Teilnehmer mit entsprechender vertikaler und horizontaler Abdeckung. Die vertikale Abdeckung bezieht sich dabei auf die Projekthierarchie, die horizontale Abdeckung auf die Funktionsbereiche der Teilnehmer.

## 6.1.2    Projektrisiken beurteilen

Nach der Identifikation der Projektrisiken müssen die erkannten Risiken beurteilt werden. Die Risikobeurteilung kann dabei entweder unmittelbar mit der Identifikation der Projektrisiken erfolgen oder in einem nachgelagerten Schritt.

Eine nachgelagerte Risikobeurteilung kann wiederum durch unterschiedliche Methoden unterstützt werden. Beispiele sind

* die anonyme, schriftliche Befragung von Experten (Delphi-Methode),
* die Risikosimulation auf Basis der vorhandenen Einzelrisiken, um die Abhängigkeiten zwischen den Einzelrisiken zu ermitteln (Monte-Carlo-Simulation) oder
* die Ermittlung von Kennzahlen für die Wahrscheinlichkeit von Kosten- und Terminverschiebungen auf Basis des Projektplanes (Probabilistic-Event-Analyse).

Bei der in diesem Buch vorgestellten Methode wurde zur Beurteilung der Projektrisiken eine Abwandlung der Delphi-Methode gewählt. Für die einzelnen Projektrisikofaktoren sind auf Erfahrungswissen beruhende Bewertungshinweise für die Beurteilung der Projektrisiken angegeben, die eine einheitliche und vergleichbare Bewertung über mehrere IT-Projekte hinweg ermöglichen. Dabei erfolgt die Risikobewertung in diesem Schritt ausschließlich anhand des Kriteriums der Eintrittswahrscheinlichkeit auf einer Skala von eins (sehr niedrig) bis fünf (sehr hoch), da die Schadenshöhe in der Praxis nur sehr aufwendig zu ermitteln ist und zu diesem Zeitpunkt die Risikobeurteilung in erster Linie zur nachfolgenden, risikoorientierten Beurteilung der Projektkontrollen dient. Um die Komplexität der Risikobewertung gering zu halten, werden in dieser Phase auch noch keine Abhängigkeiten zwischen den einzelnen Projektrisiken berücksichtigt.

*Tab. 6.1*    *Risikobeurteilung für den Projektrisikobereich Daten*

| Projektrisikofaktor | Beurteilung | Gewichtung (optional) | Bewertung nach Gewichtung (optional) |
|---|---|---|---|
| Informationsarchitektur | 5 | 20 % | 1 |
| Datenspeicher | 4 | 30 % | 1,2 |
| Datenqualität | 4 | 50 % | 2 |
| **Projektbereichsrisiko** | **4,3** | | **4,2** |

Die obenstehende Tabelle zeigt am Beispiel des Projektrisikobereiches Daten, wie sich aus einzelnen Risikofaktoren eine Beurteilung des inhärenten Projektrisikos eines Risikobereiches ergeben kann. Dabei werden die Risikofaktoren im einfachsten Fall gleichgewichtig betrachtet. Optional können die Risikofaktoren innerhalb des Projektrisikobereiches gewichtet werden. Eine solche Gewichtung ist jedoch projektspezifisch vorzunehmen.

Auch lässt sich auf dieser Basis bereits eine Entscheidung über die Art und den Umfang des weiteren Risikomanagements im Projekt treffen. Dazu können entweder die sechs Risikobereiche, die Projektrisikofaktoren oder ausgewählte Projektrisiken definiert und bewertet werden, um anschließend eine Summe für das inhärente Gesamtrisiko des Projektes zu erhalten. Abhängig von dieser Summe kann dann festgelegt werden, ob das weitere Projektrisikomanagement allein beim Projektleiter verbleibt oder ob eine unabhängige Stelle in engen Zeitabständen das Projektrisikomanagement übernimmt.

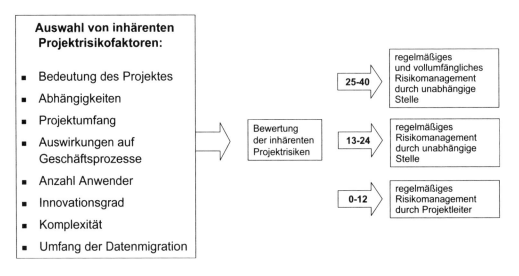

**Abb. 6.1**  *Beispiele für Entscheidungsoptionen nach Risikoidentifizierung und -beurteilung*

Sollte die Vereinfachung, als Schadenshöhe in dieser Phase für jeden Projektrisikofaktor den Aufwand im Falle des Scheiterns des Projektes anzunehmen, nicht ausreichend sein, kann die Vorgehensweise jederzeit um die Bestimmung der Schadenshöhe erweitert werden. Als praxisnahe Methode bietet sich beispielsweise an, eine Einschätzung anhand der Auswirkung des Risikos auf die Faktoren

- Kosten (steigende Kosten),
- Termin (Verspätung),
- Funktionalität (reduzierter Leistungs- und Funktionsumfang) und
- Qualität (reduzierte Zuverlässigkeit, Sicherheit)

vorzunehmen. Als generischer Maßstab kann eine Bewertungstabelle zugrunde gelegt werden, die die Auswirkungen eines Projektrisikos auf einer Skala von eins (=sehr gering) bis fünf (=sehr hoch) definiert. Die folgende Tabelle stellt nur ein Beispiel dar und muss jeweils unternehmensindividuell kalibriert werden [Grav00] [PMBOK00].

*Tab. 6.2*  *Beispiel einer generischen Bewertungsmatrix zur Beurteilung der Auswirkungen von Projektrisiken*

|  | 1 | 2 | 3 | 4 | 5 |
|---|---|---|---|---|---|
| **Kosten** | < 1 % Kostensteigerung | 1 bis 5 % Kostensteigerung | 5 bis 10 % Kostensteigerung | 10 bis 20 % Kostensteigerung | > 20 % Kostensteigerung |
| **Termin** | < 1 % Projektverspätung | 1 bis 5 % Projektverspätung | 5 bis 10 % Projektverspätung | 10 bis 20 % Projektverspätung | > 20 % Projektverspätung |
| **Funktionalität** | Unwesentliche Funktionalitätsreduktion | Reduzierung unkritischer Funktionen | Reduzierung wesentlicher Funktionen | Reduziertes Projektergebnis erfüllt nicht mehr ursprüngliche Anforderungen | Projektergebnis wird unbrauchbar |
| **Qualität** | Unwesentliche Qualitätsreduktion | Qualitätseinbußen bei unkritischen Funktionen | Qualitätseinbußen bei wesentlichen Anforderungen | Qualitätsreduziertes Projektergebnis erfüllt nicht mehr ursprüngliche Anforderungen | Projektergebnis wird unbrauchbar |

Bei einer Risikobewertung der Auswirkungen anhand der vorstehenden Tabelle ist jeweils die höchste ermittelte Risikozahl maßgebend. Sollte also der Ausfall eines Mitarbeiters mit tiefgehenden Kenntnissen in einem benötigten Sachgebiet als Projektrisiko erkannt worden sein und wird damit gerechnet, dass dies zu einem zeitlichen Verzug von rund 20 % führen würde, da ein neuer Mitarbeiter sich erst intensiv einarbeiten müsste, kann anhand der obigen Bewertungsmatrix die vier als Risikokennzahl festgelegt werden. Für die Risikobewertung keine Rolle spielen in diesem Fall die Kosten der Einarbeitung, wenn diese nur auf 10% geschätzt werden.

Als Maßstab für die Beurteilung der Projektrisikofaktoren bzw. Projektrisiken sind auch die möglichen Risikoindikatoren am Ende eines jeden Risikobereiches geeignet. Gleichzeitig können die dort aufgeführten Risikoindikatoren den Einstieg in eine quantitative Risikobewertung und -überwachung erleichtern.

Risikoindikatoren sollten aber immer unternehmens- und projektspezifisch sein. Die besten Projektrisikoindikatoren entstehen aus der Erfahrung bei der Durchführung von Risikomanagement in IT-Projekten und werden permanent überprüft und angepasst. Die in diesem Buch aufgeführten Risikoindikatoren sollen daher nur als Anregung für die Bildung von unternehmens- und projektspezifischen Indikatoren dienen.

# 6.2      Geschäftliche Ausrichtung

In diesem Risikobereich werden vor allem Risiken im Zusammenhang mit Schwächen bei der Abstimmung des IT-Projektes auf die geschäftlichen Ziele und Anforderungen sowie externe Risiken adressiert. Die Analysen von zahlreichen Autoren zum Thema Risiken in der Softwareentwicklung belegen, dass die Unterstützung durch das Top-Management einer der Hauptgründe für das Gelingen oder Scheitern von IT-Projekten ist [JiKlMe00]. Bei Projekten ohne einen „business case" und ohne Unterstützung durch das Management besteht daher ein hohes inhärentes Risiko, dass diese Projekte vorzeitig abgebrochen werden.

In der neueren Literatur wird häufig das Wort „Stakeholder" für die Personen verwendet, die durch das Projekt direkt oder indirekt betroffen sind. Neben dem Top-Management gehören zu den Stakeholdern beispielsweise auch interne Abteilungen, die von den Ergebnissen des Projektes betroffen sind, das Projektteam selbst sowie externe Gruppierungen im weiteren Projektumfeld. Bei allen Stakeholdern gilt zu analysieren, welchen Einfluss sie auf das Projekt – vor allem bei sich ändernden Rahmenbedingungen – haben können.

## 6.2.1     Fehlende geschäftliche Unterstützung

Das Risiko bei der geschäftlichen Unterstützung besteht grundsätzlich darin, dass das IT-Projekt nicht ausreichend durch die Geschäftsbereiche unterstützt wird. Beispielsweise können sich geschäftliche Prioritäten verschieben und das Projekt dadurch nicht mehr die notwendigen Ressourcen erhalten.

Eine sichtbare Unterstützung durch die Geschäftsführung gilt als kritischer Erfolgsfaktor für den Erfolg von IT-Projekten [Kar01]. Auch bei der Chaos-Studie der Standish Group wurden die Einbindung der Benutzer und die Unterstützung durch das Management als die beiden wichtigsten Erfolgsfaktoren für das Gelingen eines IT-Projektes genannt (s. Kapitel 4.1.2). Zu einem ähnlichen Ergebnis kommt die KPMG-Studie „What went wrong?" (s. Kapitel 4.1.3), bei der die mangelnde Einbeziehung und Unterstützung durch das Management als einer der Hauptgründe für das Scheitern von IT-Projekten angeführt wird.

Jedes IT-Projekt sollte sowohl die Geschäftsstrategie unterstützen als auch mit der IT-Strategie des Unternehmens übereinstimmen. Dies ist letztlich auch ein Grundsatz in der IT-Governance Dimension „IT Strategic Alignment". In der bereits zitierten KPMG-Studie von 1997 wurde der schwache Zusammenhang mit der Geschäftsstrategie ebenfalls als einer der Hauptgründe für das Scheitern von IT-Projekten herausgearbeitet. Auch bei einer Umfrage unter SAP- und DV-Verantwortlichen der größten deutschen Industrieunternehmen wurde der Mangel an einer durchdachten Strategie als eine der Hauptursachen genannt, warum drei Viertel aller E-Business-Projekte scheitern [CW3400].

Die Schwierigkeit bei der Ermittlung dieses Risikofaktors ist, dass in vielen Unternehmen die Corporate und IT-Governance noch nicht ausreichend umgesetzt ist und eine schriftlich fixierte Unternehmens- und IT-Strategie überhaupt nicht vorhanden ist. In diesem Fall müssen die Geschäftsziele erst in Gesprächen ermittelt werden.

Unterstützungsfragen für die Einschätzung des inhärenten Projektrisikofaktors „Fehlende geschäftliche Unterstützung" und der zugehörigen Projektrisiken sind:

- Gibt es eine Geschäftsstrategie?
- Unterstützt und operationalisiert das IT-Projekt die Geschäftsstrategie?
- Unterstützt und operationalisiert das IT-Projekt die Ziele der Geschäftsbereiche?
- Gibt es eine IT-Strategie?

- Unterstützt und operationalisiert das IT-Projekt die IT-Strategie?
- Ist die Priorität des IT-Projektes ausreichend hoch? Ist das IT-Projekt den Geschäftsbereichen ausreichend wichtig?
- Ist die Seniorität der Auftraggeber ausreichend hoch?
- Gibt es Vereinbarungen, wie der Erfolg des IT-Projektes gemessen werden soll?

## 6.2.2 Mangelnde Stabilität der Organisation

Das Risiko bei der Stabilität der Organisation besteht grundsätzlich darin, dass sich durch organisatorische Änderungen der Projektumfang erheblich verändert oder das IT-Projekt sogar obsolet wird.

IT-Projekte sind immer besonders gefährdet, wenn sich Unternehmen in einer Phase der Umwälzung befinden, die sowohl durch externe Einflüsse (s. Kapitel 6.2.5) als auch durch interne Umstrukturierungen (z.B. durch neue Geschäftsfelder, Effizienzprogramme, Konsolidierung) bedingt sein können. Dies kann sowohl zur Beendigung des Projektes als auch zu zahlreichen unplanmäßigen Erweiterungen oder Änderungen des Projektumfanges führen. Die Daily Telegraph-Studie (s. Kapitel 4.1.5) nennt daher auch die Unternehmenspolitik als einen der Hauptgründe für das Scheitern von IT-Projekten.

Unsicherheiten in der Strukturorganisation können darüber hinaus auch einen Einfluss auf die Motivation der Mitarbeiter haben.

Unterstützungsfragen für die Einschätzung des inhärenten Projektrisikofaktors „Mangelnde Stabilität der Organisation" und der zugehörigen Projektrisiken sind:

- Gibt es ein strategisches Geschäftskonzept? Gibt es Konsens im Management über die strategische Ausrichtung?
- Sind die Organisationsstruktur und die Berichtswege klar definiert?
- Ist die Struktur der Organisation stabil? Sind organisatorische Änderungen während des Projektes eher unwahrscheinlich?

## 6.2.3 Hohe Dynamik des Marktumfeldes

Das Risiko bei einem dynamischen Marktumfeld besteht ebenfalls grundsätzlich darin, dass sich durch Marktveränderungen der Projektumfang erheblich verändert oder das IT-Projekt sogar obsolet wird. Die Daily Telegraph-Studie von 1998 (s. Kapitel 4.1.5) nennt Änderungen während des Projektes als einen der Hauptgründe für das Scheitern von IT-Projekten.

Ein IT-Projekt hat in der Regel keinen Einfluss auf die Marktentwicklungen (z.B. neue Produkte oder Wettbewerber, verändertes Kundenverhalten). Daher sollte sich vor Projektbeginn ein umfassender Marktüberblick verschafft werden, der sowohl allgemeine Studien und Prognosen als auch die Meinung von Wettbewerbern, Geschäftspartnern und Beratern umfasst. Basis für eine Einschätzung dieses Risikofaktors kann auch eine strategische Analyse des Unternehmens, wie z.B. Porter's 5 Forces oder eine PEST-Analyse, sein [WPH00].

Zusätzlich sollten im weiteren Projektumfeld alle externen Gruppierungen identifiziert werden, die von dem Projekt betroffen sein bzw. Interesse an dem Projekt haben könnten. Der Einfluss solcher Gruppierungen kann sich im Projektverlauf durch Änderungen der gesetzlichen, aufsichtsrechtlichen, politischen oder technologischen Rahmenbedingungen erheblich ändern.

Unterstützungsfragen für die Einschätzung des inhärenten Projektrisikofaktors „Hohe Dynamik des Marktumfeldes" und der zugehörigen Projektrisiken sind:

- Sind die Projektanforderungen aktuell? Wie schnell ist die Verfallszeit der Projektanforderungen?
- Hat das Unternehmen im angestrebten Marktsegment eine gefestigte Position?
- Sind in der Branche Unternehmensverschmelzungen bzw. Übernahmen eher nicht zu erwarten? Wenn ja: Welche Auswirkungen hätte eine Verschmelzung bzw. Übernahme auf das IT-Projekt?
- Sind die Zielkunden bekannt und klar definiert?
- Sind Allianzen bzw. Unternehmensverbindungen von dem Projektergebnis betroffen? Wenn ja: Ist das IT-Projekt mit den betroffenen Geschäftspartnern abgestimmt?
- Liegt ein fundierter Marktüberblick vor? Gibt es Untersuchungen, welche Auswirkungen das Projektergebnis auf die Marktstellung des Unternehmens haben wird?
- Werden neue Produkte bzw. Dienstleistungen durch das IT-Projekt entstehen? Ist sichergestellt, dass es keine Ersatzprodukte bzw. Alternativen für das angestrebte Projektergebnis gibt?
- Gibt es externe Gruppierungen im weiteren Projektumfeld, die von dem Projekt betroffen sein bzw. Interesse an dem Projekt haben könnten?

## 6.2.4    Kritikalität des IT-Systems

Das Risiko bei der Einführung von kritischen IT-Systemen besteht grundsätzlich darin, dass die hohen Anforderungen an die Sicherheit, Performance oder Verfügbarkeit vom IT-System nicht erfüllt werden.

Als kritisch sind IT-Systeme u.a. einzustufen, wenn ein Betrugs- und Vertraulichkeitsrisiko besteht. Das Betrugsrisiko muss insbesondere bei IT-Systemen für den Zahlungsverkehr oder für den Handelsbereich grundsätzlich als hoch angesehen werden, während ein hohes Vertraulichkeitsrisiko vor allem bei IT-Systemen auftritt, die gesetzlich geschützte (z.B. durch das Bundesdatenschutzgesetz) oder geschäftspolitisch als vertraulich eingestufte Daten verarbeiten.

Ein weiterer Aspekt zur Beurteilung der Kritikalität kann das Geschäftsrisiko (z.B. Verlust von Umsatz, Verärgerung von Kunden, ausfallbedingte Mehrarbeit, Verletzung von gesetzlichen und aufsichtsrechtlichen Vorschriften) sein, das aus einer fehlenden Verfügbarkeit oder einer unzureichenden Performance resultiert. Die Verfügbarkeit umfasst dabei sowohl die verspätete Fertigstellung des IT-Systems als auch den Ausfall während des Betriebs (z.B. aufgrund eines Softwarefehlers).

Unterstützungsfragen für die Einschätzung des inhärenten Projektrisikofaktors „Kritikalität des IT-Systems" und der zugehörigen Projektrisiken sind:

- Werden wesentliche oder kritische Geschäftsfunktionen durch das IT-System unterstützt? Sind bei einem Scheitern des IT-Projektes Störungen des Kerngeschäftes zu erwarten?
- Gibt es besondere Qualitätsanforderungen an das IT-System?
- Werden sicherheitskritische oder vertrauliche Daten mit dem IT-System verarbeitet?
- Ist das Implementierungsdatum für das Unternehmen bzw. für die betroffenen Organisationseinheiten zeitkritisch? Gibt es einen besonderen Termindruck (z.B. durch gesetzliche oder aufsichtsrechtliche Anforderungen)?
- Würde die verspätete Inbetriebnahme des IT-Systems spürbare Auswirkungen haben?
- Welche Auswirkungen hat eine Störung der Verfügbarkeit des IT-Systems? Würde ein Ausfall des IT-Systems spürbare Auswirkungen haben?
- Sind die geschäftlichen Auswirkungen im Falle eines Scheitern des IT-Projektes gravierend?

## 6.2.5    Außergewöhnliche Risiken

Das Risiko bei außergewöhnlichen Risiken besteht grundsätzlich darin, dass sich projektexterne Risiken negativ auf das IT-Projekt auswirken können oder das Unternehmen sich nach dem Eintritt des projektexternen Risikos nur noch unzureichend auf das IT-Projekt konzentrieren kann.

Außergewöhnliche Risiken umfassen eine Vielzahl von operativen Risiken, die an sich keine spezifischen Projektrisiken sind, aber durch ihr Schadensausmaß das IT-Projekt negativ beeinflussen können. Beispielsweise können finanzielle Risiken, wie Liquiditäts- oder Ertragsprobleme, letztendlich einen Einfluss auf das Projektbudget haben. Auch Marketingrisiken, wie Reputationsverluste, können die Fluktuation im Unternehmen erhöhen und dadurch wiederum Einfluss auf die personelle Ausstattung des IT-Projektes haben.

Weitere außergewöhnliche Risiken sind unvorhersehbare Risiken, wie Katastrophen aller Art oder volkswirtschaftliche Schieflagen, die jedoch beim Projektrisikomanagement nicht weiter betrachtet werden, sondern allgemeine unternehmerische Risiken darstellen.

Unterstützungsfragen für die Einschätzung des inhärenten Projektrisikofaktors „Außergewöhnliche Risiken" sind:

- Sind finanzielle Risiken vorhanden, die das IT-Projekt negativ beeinflussen können? Gibt es Ertrags- oder Liquiditätsprobleme?
- Sind Rechtsverfahren anhängig, die das IT-Projekt negativ beeinflussen können?
- Sind Reputationsverluste in der jüngeren Vergangenheit aufgetreten?
- Können externe Änderungen (z.B. neue gesetzliche oder aufsichtsrechtliche Anforderungen) Auswirkungen auf das IT-Projekt haben?
- Gibt es Managementrisiken (z.B. auslaufende Verträge), die das IT-Projekt negativ beeinflussen können?

- Gibt es technologische Entwicklungen, die das Unternehmen oder das IT-Projekt negativ beeinflussen können?

## 6.2.6  Projektrisiko-Checkliste

Die folgende Übersicht fasst durch die Formulierung einer Leitfrage die Kernpunkte der einzelnen Projektrisikofaktoren im Risikobereich „Geschäftliche Ausrichtung" zusammen und gibt Bewertungshinweise für die einzelnen Projektrisikofaktoren.

*Tab. 6.3*  *Risiko-Checkliste für den Projektrisikobereich „Geschäftliche Ausrichtung"*

| IT-Projektrisikofaktoren | Leitfrage | Bewertungshinweis |
|---|---|---|
| Fehlende geschäftliche Unterstützung | Unterstützen die Geschäftsbereiche das IT-Projekt ausreichend? | Hoch (5): Das Projekt hat aus Sicht der Geschäftsbereiche eine geringe Priorität und unterstützt nicht die Geschäfts- und IT-Strategie.<br><br>Niedrig (1): Das Projekt wird aktiv von den Geschäftsbereichen mit hoher Priorität begleitet und operationalisiert die vorhandene Geschäfts- und IT-Strategie. |
| Mangelnde Stabilität der Organisation | Stehen Änderungen in der Struktur der Organisation an, die Auswirkungen auf das IT-Projekt haben könnten? | Hoch (5): Die Struktur der Organisation ist unklar und befindet sich im steten Wandel.<br><br>Niedrig (1): Die Struktur der Organisation ist klar und etabliert. |
| Hohe Dynamik des Marktumfeldes | Können neue Produkte oder Dienstleistungen auf den Markt kommen, die Auswirkungen auf das IT-Projekt haben? | Hoch (5): Das Marktumfeld ist dynamisch, schwer vorhersagbar und unzureichend untersucht.<br><br>Niedrig (1): Das Marktumfeld ist stabil und bekannt. Der Bedarf für die durch das IT-Projekt unterstützten Produkte oder Dienstleistungen ist auch in Zukunft vorhanden. |
| Kritikalität des IT-Systems | Bestehen an das IT-System hohe geschäftsbedingte Anforderungen? | Hoch (5): Das IT-System unterstützt Kerngeschäftsprozesse und verarbeitet hohe Volumina von sensiblen Daten.<br><br>Niedrig (1): Das IT-System unterstützt nachgelagerte Geschäftsprozesse von geringer Bedeutung. |
| Außergewöhnliche Risiken | Gibt es außergewöhnliche Unternehmensrisiken, die Auswirkungen auf das IT-Projekt haben können? | Hoch (5): Das Unternehmen steht durch andere Risiken unter Druck, die höchste Priorität haben.<br><br>Niedrig (1): Dem Unternehmen sind keine außergewöhnlichen Risiken bekannt. |

# 6.2.7     Projektrisikoindikatoren

*„Antizipieren Sie für jedes Risiko das allererste Symptom, mit dem es sich vermutlich ankündigen wird." (aus dem Tagebuch von Mr. Tompkins in [DeM98])*

Projektrisikoindikatoren sind Kennzahlen, die einerseits eine einheitliche und objektive Bewertung der Projektrisikofaktoren ermöglichen und andererseits als Frühwarnindikatoren negative Entwicklungen im IT-Projekt und Änderungen der Risikosituation des Projektes frühzeitig zu erkennen helfen. Die für den Risikobereich „Geschäftliche Ausrichtung" nachfolgend vorgeschlagenen Projektrisikoindikatoren sind als Beispiele zu verstehen und müssen vor dem ersten Einsatz auf ihre Eignung für das jeweilige IT-Projekt untersucht werden. Insbesondere muss die Risikoskalierung von eins (=niedrig) bis fünf (=hoch) für die angeführten Projektrisikoindikatoren unternehmensindividuell eingestellt werden.

- **Umsatz des projektbeauftragenden Geschäftsbereiches/Gesamtumsatz**
Dieser Indikator setzt den Umsatzanteil des projektbeauftragenden Geschäftsbereiches ins Verhältnis zum Gesamtumsatz des Unternehmens. Der Indikator kann als Maß für die Bedeutung des Auftraggebers dienen. Weitere Varianten dieses Indikators wären: Gewinnanteil des projektbeauftragenden Geschäftsbereiches oder Marktanteil des projektbeauftragenden Geschäftsbereiches.

- **Gesamtwert des geschäftlichen Nutzens**
Dieser Indikator kann eine einheitliche Bewertung der Bedeutung des Projektergebnisses für die Geschäftsbereiche unterstützen. Eine mögliche Bewertungsgliederung für Behörden [CCTA00] wäre:

    (1)     $\leq$ 10 Mio.
    (2)     $\leq$ 50 Mio.
    (3)     $\leq$ 100 Mio.
    (4)     $\leq$ 200 Mio.
    (5)     > 200 Mio.

- **Gesamtwert des geschäftlichen Aufwendungen (ohne IT)**
Dieser Indikator kann eine einheitliche Bewertung der Bedeutung der Projektkosten für die Geschäftsbereiche unterstützen. Eine mögliche Bewertungsgliederung für Behörden [CCTA00] wäre:

    (1)     $\leq$ 5 Mio.
    (2)     $\leq$ 25 Mio.
    (3)     $\leq$ 50 Mio.
    (4)     $\leq$ 100 Mio.
    (5)     > 100 Mio.

- **Geplante Projektkosten**

Dieser Indikator kann eine einheitliche Bewertung der Bedeutung des IT-Projektes für die Geschäftsbereiche unterstützen. Eine mögliche Bewertungsgliederung für Großunternehmen [Tac00] wäre beispielsweise:

| | |
|---|---|
| (1) | ≤ 250.000 € |
| (2) | ≤ 500.000 € |
| (3) | ≤ 1.000.000 € |
| (4) | ≤ 2.000.000 € |
| (5) | > 2.000.000 € |

- **Geplante Projektkosten/geplanter Jahresgewinn vor Steuern**

Dieser Indikator setzt die Projektkosten ins Verhältnis zur finanziellen Leistungskraft des Unternehmens. Weitere Varianten der Bezugsgröße wären: Eigenkapital, Umsatz, durchschnittlicher Jahresgewinn der letzten drei Jahre, etc.

- **Potential des betrügerischen Missbrauchs**

Dieser Indikator kann eine einheitliche Bewertung für das Missbrauchspotential beim Risikofaktor „Kritikalität des IT-Systems" unterstützen. Eine mögliche Bewertungsgliederung könnte sein:

| | |
|---|---|
| (1) | kein Betrugspotential |
| (2) | ≤ 50.000 € |
| (3) | ≤ 500.000 € |
| (4) | ≤ 5.000.000 € |
| (5) | > 5.000.000 € |

- **Durchschnittliche Transaktionssumme**

Dieser Indikator kann ebenfalls eine einheitliche Bewertung für das Missbrauchspotential beim Risikofaktor „Kritikalität des IT-Systems" unterstützen. Eine mögliche Bewertungsgliederung für diesen Indikator wäre:

| | |
|---|---|
| (1) | kein Betrugspotential |
| (2) | ≤ 10.000 € |
| (3) | ≤ 100.000 € |
| (4) | ≤ 1.000.000 € |
| (5) | > 1.000.000 € |

- **Direkter Schaden bei Verletzung der Vertraulichkeit**

Dieser Indikator kann eine einheitliche Bewertung für das Vertraulichkeitsrisiko beim Risikofaktor „Kritikalität des IT-Systems" unterstützen. Für diesen Indikator wäre folgende Bewertungsgliederung denkbar:

(1)     kein Geldverlust
(2)     ≤ 10.000 €
(3)     ≤ 100.000 €
(4)     ≤ 1.000.000 €
(5)     > 1.000.000 €

- **Verfügbarkeitsanforderung an das IT-System**

Dieser Indikator kann eine einheitliche Bewertung für das Verfügbarkeitsrisiko beim Risiko-faktor „Kritikalität des IT-Systems" unterstützen. Folgende Bewertungsgliederung könnte für diesen Indikator vorgenommen werden:

(1)     > 72 Stunden
(2)     48 bis 72 Stunden
(3)     24 bis 48 Stunden
(4)     1 bis 24 Stunden
(5)     < 1 Stunde


# 6.3      Projektmanagement

In diesem Risikobereich werden vor allem Projektrisiken im Zusammenhang mit besonderen Herausforderungen für das Projektmanagement adressiert. Unter Projektmanagement wird das organisatorische Instrumentarium zur Durchführung eines Projekts [GAB88] verstanden. DIN 69901 definiert Projektmanagement als die Gesamtheit der Führungsaufgaben, -organisation, -techniken und -mittel für die Abwicklung eines Projektes. Danach umfasst das Projektmanagement folgende Teilaufgaben [RePo97]:

- Projektdefinition abstimmen
- Projektorganisation festlegen
- Vorgehensmodell bestimmen
- Projektplanung erstellen
- Projektüberwachung etablieren
- Projektsteuerung
- Projektkontrolle durchführen

Ein unzureichendes Projektmanagement birgt das Risiko, dass die vorgegebenen Projektziele für Termine, Kosten und Qualität nicht eingehalten werden können.

## 6.3.1     Fehlende Erfahrung und Sachkenntnis

*„Use better and fewer people" (B.W.Boehm)*

Das Risiko bei unzureichender Erfahrung und Sachkenntnis besteht grundsätzlich darin, dass eine Organisation nicht in der Lage ist, ein IT-Projekt einer gewissen Art und Komplexität erfolgreich durchzuführen.

Erfahrung und Sachkenntnis gehören zu den wichtigsten Erfolgsfaktoren für IT-Projekte. Erfahrung und Sachkenntnis ist insbesondere auch ein wichtiger Einflussfaktor auf die Produktivität von Programmierteams. In einer frühen Untersuchung von Walston und Felix stammen vier der folgenden sechs Hauptfaktoren für erfolgreiche IT-Projekte aus diesem Bereich [WaFe77]:

1.   Komplexität der Schnittstelle mit dem Auftraggeber
2.   Erfahrung mit der Programmiersprache
3.   Allgemeine Erfahrung und Sachkenntnis
4.   Entwurfsänderungen durch Auftraggeber
5.   Erfahrung des Auftraggebers im Anwendungsgebiet
6.   Erfahrung mit Anwendungen ähnlicher Größe und Komplexität

Auch in der zitierten KPMG-Studie „IT Runaway Systems" (s. Kapitel 4.1.1) war der Mangel an erfahrenen Mitarbeitern im Projektteam eine der am häufigsten genannten Gründe für Projektfehlläufer. Ebenso deuten die Untersuchungen der TechRepublic Inc. darauf hin, dass insbesondere eine bessere Ausbildung der Projektmanager zu deutlich erfolgreicheren Projektverläufen führt. In diesem Bereich können Erfahrung und Sachkenntnis neben gezielten Schulungsmaßnahmen auch durch „job rotation" oder „secondments" gefördert bzw. gezielt vermittelt werden.

Bei der Einschätzung des inhärenten Projektrisikofaktors „Fehlende Erfahrung und Sachkenntnis" und den dazugehörigen Projektrisiken können folgende Fragen unterstützen:

- Verfügt das Management über ausreichend Erfahrung und Sachkenntnis?
- Sind ausreichend technische Sachkenntnisse bei den Projektmitarbeitern vorhanden? Ist Erfahrung mit den im IT-Projekt angewandten, neuen Technologien vorhanden? Gibt es projektrelevante Teilbereiche, in denen die notwendigen Kenntnisse fehlen?
- Werden den Mitarbeitern durch gezielte Maßnahmen die notwendigen Kenntnisse vermittelt?
- Besteht das Projektteam aus Mitarbeitern aus unterschiedlichen Bereichen mit unterschiedlichen Fähigkeiten, die sich gegenseitig ergänzen?
- Sind Mitarbeiter mit Erfahrung und Sachkenntnis aus früheren, erfolgreich abgeschlossenen Projekten Mitglieder des Projektteams?
- Hat das Projektteam bereits erfolgreich zusammengearbeitet?
- Ist das Projektgebiet gut dokumentiert? Sind vorausgehende Projekte, auf denen das Projekt aufsetzt, gut dokumentiert?

## 6.3.2     Mangelnde Ressourcen

*Experienced and skilled project managers are available (Critical Success Factor für den COBIT-Prozess „Manage Projects")*

Das Risiko bei unzureichenden Ressourcen besteht grundsätzlich darin, dass ein IT-Projekt durch fehlende Projektmitarbeiter oder unzureichende Budgets die vorgegebenen Ziele nicht erreichen kann. Die bereits zitierte Daily Telegraph-Studie (s. Kapitel 4.1.5) nennt die fehlende Verfügbarkeit und Qualität der Mitarbeiter als einen der Hauptgründe für das Scheitern von IT-Projekten. Auch bei der Forsa-Befragung (s. Kapitel 4.1.6) war eine unrealistische Ressourcenplanung einer der am häufigsten genannten Störfaktoren beim Projektmanagement.

Bei der Projektgenehmigung sollte bereits die Verfügbarkeit geeigneter Personalressourcen sowohl im IT-Bereich als auch im Geschäftsbereich geklärt sein. Schlüsselpersonal, wie der Projektleiter und das Kernteam, sollten möglichst bereits benannt und freigestellt sein. Weiterhin ist im Projektgenehmigungsprozess die Verfügbarkeit der finanziellen Ressourcen zu prüfen.

Bei der Einschätzung des inhärenten Projektrisikofaktors „Mangelnde Ressourcen" und den zugehörigen Projektrisiken können folgende Fragen unterstützen:

- Werden IT-Projekte auf Unternehmensebene unter Berücksichtigung der Ressourcenverfügbarkeit priorisiert?
- Ist der Geschäftsbereich bereit, die notwendigen finanziellen und personellen Ressourcen für das IT-Projekt bereitzustellen?
- In welchem Umfang werden die Mitarbeiter dem IT-Projekt zur Verfügung gestellt?
- Gibt es einen technischen und/oder fachlichen Projektleiter mit entsprechender Projekterfahrung? Ist dieser offiziell benannt und freigestellt?
- Sind die wesentlichen technischen und fachlichen Projektmitarbeiter benannt und freigestellt?
- Werden ausreichend finanzielle Ressourcen bereitgestellt? Gibt es ein ausreichendes und genehmigtes Projektbudget?

## 6.3.3     Projektumfang

*„Kleinere Projekte haben größere Aussicht auf Erfolg" (Jim Johnson, President des Marktforschungsunternehmens The Standish Group)*

Das Risiko bei umfangreichen Projekten besteht grundsätzlich darin, dass die Kontrolle über die Projektorganisation, den Projektfortschritt und die Projektergebnisse und deren Abhängigkeiten nicht mehr sichergestellt werden kann.

Der Entwicklungsaufwand bei IT-Projekten wächst bekanntlich überproportional mit der Größe eines Softwareproduktes. Dies kann u.a. auf die zunehmende Kommunikation, auf die Komplexität der Systemintegration, auf die Abhängigkeiten zwischen den verschiedenen

Projektaufgaben sowie auf die zunehmenden Änderungen der Anforderungen zurückzuführen sein.

Viele Firmen (u.a. Cisco Systems) gehen angesichts der Dynamik der Märkte dazu über, IT-Projekte nur noch in kurzen Teilprojekten abzuwickeln, die eine Höchstdauer von sechs Monaten haben. Auch das Marktforschungsunternehmen The Standish Group vermarktet als Erfolgsrezept, dass ein Projekt nicht länger als sechs Monate dauern und höchstens sechs Leute einbinden soll [CW5298]. Projektgröße ist nach ihren Studien neben der Projektdauer und Teamgröße eine der drei wichtigsten messbaren Erfolgsfaktoren für IT-Projekte.

Projektumfang ist aber nicht nur durch die Projektdauer und Projektgröße determiniert, sondern auch über die Anzahl der beteiligten Organisationseinheiten, die Komplexität der Projektaufgabe sowie den Umfang der Auswirkungen des Projektergebnisses auf bestehende Strukturen.

Ein weiterer, nicht zu unterschätzender Risikofaktor ist eine geographische Aufteilung des Projektes. Eine Studie des Bundesministeriums für Bildung und Forschung zur Softwareentwicklung in Deutschland [BMBF00] stellt dazu fest, dass der Umgang mit verteilten Standorten zur Softwareentwicklung (insbesondere im internationalen Umfeld) weder durch gängige Methoden noch durch Werkzeuge ausreichend unterstützt werden kann. Kulturelle Aspekte, bedingt durch verteilte Standorte des Entwicklungsteams oder Kunden aus anderen Kulturkreisen, führen immer wieder zu Missverständnissen und Schwierigkeiten.

Bei der Einschätzung des inhärenten Projektrisikofaktors „Projektumfang" und den zugehörigen Projektrisiken können folgende Fragen unterstützen:

- Ist die Projektdauer und/oder Projektgröße ungewöhnlich für das Unternehmen?
- Ist die Projektaufgabe ungewöhnlich komplex für das Unternehmen?
- Umfasst das Projekt mehrere, geographisch verteilte Standorte? Sind die Projektmitarbeiter oder Entwickler auf mehrere Standorte verteilt?
- Sind an dem Projekt mehrere Geschäftsbereiche beteiligt?
- Wird das Projektergebnis von verschiedenen Lieferanten erstellt?
- Bedingt das Projekt organisatorische Veränderungen im Unternehmen?
- Bedingt das Projekt die Einführung neuer Geschäftsprozesse im Unternehmen?
- Bedingt das Projekt die Einführung neuer Technologien im Unternehmen?

## 6.3.4    Abhängigkeiten

Das Risiko bei Abhängigkeiten besteht grundsätzlich darin, dass bei IT-Projekten der Projekterfolg von anderen Projekten, Aktivitäten und Ereignissen oder Mitarbeitern und externen Firmen abhängig ist.

In Unternehmen werden heutzutage eine Vielzahl von Projekten abgewickelt. Bei umfangreicheren IT-Projekten ergeben sich zwangsläufig Abhängigkeiten aufgrund der Schnittstellen zu anderen Projekten, insbesondere wenn abgegrenzte Projektteilaufgaben in eigenständige Projekte ausgelagert werden. Auch externe Ereignisse, wie die endgültige Verabschiedung eines Gesetz- oder Richtlinienentwurfs, können Abhängigkeiten darstellen. Zusätzlich besteht immer die Gefahr, dass Schlüsselpersonen und Wissensträger, das Projekt oder das Unternehmen dauerhaft verlassen.

Abhängigkeiten sind meistens Projektrisiken, die als Annahmen für den Projekterfolg bereits bei Projektgenehmigung benannt gehören (z.B. dass der Gesetzentwurf so umgesetzt wird) und die daher auch in die Risikoliste aufgenommen werden müssen.

Bei der Einschätzung des inhärenten Projektrisikofaktors „Abhängigkeiten" und den zugehörigen Projektrisiken können folgende Fragen unterstützen:

- Ist das IT-Projekt von anderen Projekten oder Aktivitäten im Unternehmen abhängig? Hat das IT-Projekt Einfluss auf die Projekte oder Aktivitäten, von den es abhängig ist?
- Ist das IT-Projekt von externen Ereignissen abhängig?
- Hat das IT-Projekt Abhängigkeiten zu anderen IT-Projekten (z.B. in Form von Schnittstellen)?
- Bestehen Abhängigkeiten zu externen Produkten oder Dienstleistungen?
- Bestehen Abhängigkeiten zu internen oder externen Mitarbeitern?
- Ist das Projekt von wenigen Schlüsselpersonen abhängig?

## 6.3.5     Glücklose Projekthistorie

Das Risiko bei einer Historie von Projektfehlläufern besteht grundsätzlich darin, dass diese Organisationen häufig allgemein Schwierigkeiten mit der Projektarbeit haben. Dies kann zum Beispiel durch eine Unternehmenskultur bedingt sein, in der die Äußerung schlechter Nachrichten im Sinne einer kritischen Projekteinschätzung sanktioniert wird. Die bereits zitierte Daily Telegraph-Studie (s. Kapitel 4.1.5) nennt u.a. eine Unternehmenskultur der Schuldzuweisung als einen der Hauptgründe für das Scheitern von IT-Projekten.

Der historische Faktor darf nicht unterschätzt werden, zumal die Ursachen aus dem Projekt heraus oftmals sehr schwer zu erkennen sind. Aus vergangenen Fehlern zu lernen setzt einen hohen Reifegrad des Unternehmens voraus. Entsprechend muss eine Historie von Projektfehlläufern als gewichtiger Risikofaktor betrachtet werden.

Bei der Einschätzung des inhärenten Projektrisikofaktors „Glücklose Projekthistorie" und den zugehörigen Projektrisiken können folgende Fragen unterstützen:

- Sind IT-Projekte in der Vergangenheit gescheitert oder sind IT-Projekte von den Geschäftsbereichen abgebrochen worden?
- Wurden IT-Projekte in der Vergangenheit häufig zu spät oder mit überzogenem Budget abgeschlossen?
- Waren die Anwender mit dem Verlauf und den Ergebnissen vergangener IT-Projekte zufrieden?
- War die Fluktuation in IT-Projekten in der Vergangenheit hoch?
- Hat das Unternehmen aus gescheiterten Projekten in der Vergangenheit gelernt und Konsequenzen gezogen?

## 6.3.6     Vielzahl externer Auftragnehmer

Das Risiko bei einer Vielzahl von externen Auftragnehmern besteht grundsätzlich darin, dass sich die Überwachung der Leistung einer Vielzahl von externen Auftragnehmern häufig schwierig gestaltet und dass auch die Zusammenarbeit zwischen externen Auftragnehmern (auch im Sinne einer anderen Unternehmenseinheit) und internen Mitarbeitern sowie zwischen externen Auftragnehmern und anderen externen Auftragnehmern nicht funktioniert. In der bereits zitierten KPMG-Studie „IT Runaway Systems" (s. Kapitel 4.1.1) war die schlechte Leistung der Lieferanten einer der am häufigsten genannten Gründe für Projektfehlläufer.

Formale Basis der Zusammenarbeit ist gewöhnlich ein Vertragswerk, das verschiedene Ausprägungen haben kann (z.B. Werkvertrag, Festpreisprojekt, Dienstleistungsvertrag). Der Projekterfolg ist jedoch in der Regel weniger vom Vertragstyp, sondern von der effizienten Zusammenarbeit zwischen den beteiligten Partnern abhängig. Wenn Auftraggeber und Auftragnehmer im Projektverlauf bemerken, dass zahlreiche Missverständnisse und unterschiedliche Ansichten über die jeweiligen Aufgaben bestehen, wird die Kompromiss- und Kooperationsbereitschaft der Beteiligten zum ausschlaggebenden Erfolgsfaktor.

Beim Einsatz von externen Software-Lieferanten besteht außerdem immer das Risiko, dass die Kompetenz und der Reifegrad des beauftragten Unternehmens den Anforderungen des Auftraggebers nicht genügen. Der Auftraggeber hat in der Regel keinen ausreichenden Überblick über die Entwicklungs- und Qualitätsprozesse beim Lieferanten und auch nur eingeschränkten Einfluss auf diese Prozesse während der Entwicklung. Auch auf viele Informationen und prozessbegleitende Dokumente bestehen für den Auftraggeber keine Zugriffsmöglichkeiten. Die Kompetenz und der Reifegrad des Software-Lieferanten kristallisiert sich für den Auftraggeber häufig erst im Projektverlauf heraus.

Bei der Einschätzung des inhärenten Projektrisikofaktors „Vielzahl externer Auftragnehmer" und den zugehörigen Projektrisiken können folgende Fragen unterstützen:

*   Sind externe Auftragnehmer in das IT-Projekt eingebunden?
*   Wie ist das Auftragsverhältnis mit dem externen Auftragnehmer geregelt?
*   Bestehen Konflikte zwischen Auftragnehmer und Auftraggeber? Bestehen Konflikte zwischen den verschiedenen Auftragnehmern?
*   Verfügt der Auftragnehmer über angemessene Kenntnisse und Methoden im Bereich des Software-Engineerings?
*   Verfügt der Auftragnehmer über ausreichende Kapazitäten für die beauftragten Aufgaben?
*   Hat der Auftragnehmer in der Vergangenheit termin- und qualitätsgerecht geliefert?

## 6.3.7     Projektrisiko-Checkliste

Die folgende Übersicht fasst durch die Formulierung einer Leitfrage die Kernpunkte der einzelnen Projektrisikofaktoren im Risikobereich „Projektmanagement" zusammen und gibt Bewertungshinweise für die einzelnen Projektrisikofaktoren.

**Tab. 6.4**  *Risiko-Checkliste für den Projektrisikobereich „Projektmanagement"*

| IT-Projektrisikofaktoren | Leitfrage | Bewertungshinweis |
|---|---|---|
| Fehlende Erfahrung und Sachkenntnis | Sind ausreichend Erfahrung und Sachkenntnis im Unternehmen verfügbar, um ein IT-Projekt dieser Art und Komplexität durchzuführen? | Hoch (5): Das Unternehmen hat noch nie ein IT-Projekt dieser Art und Größe durchgeführt. Die Projektmitglieder verfügen nicht über ausreichende Projektmanagement-Kenntnisse sowie Prozess- und IT-Erfahrung.<br><br>Niedrig (1): Das Unternehmen hat bereits erfolgreich mehrere IT-Projekte dieser Art durchgeführt. Erfahrene Mitarbeiter stehen dem IT-Projekt zur Verfügung. |
| Mangelnde Ressourcen | Sind ausreichend Ressourcen verfügbar, um das IT-Projekt erfolgreich durchzuführen? | Hoch (5): Das Unternehmen verfügt nicht über ausreichend finanzielle und personelle Ressourcen. Die Projektmitglieder sind noch nicht benannt und freigestellt.<br><br>Niedrig (1): Das Unternehmen verfügt über ausreichend finanzielle und personelle Ressourcen. Die Projektmitglieder sind benannt und freigestellt. |
| Projektumfang | Wie groß und komplex ist das Projekt? | Hoch (5): Der Projektumfang ist sehr groß. Der Projekterfolg ist vom Zusammenspiel zahlreicher Lokationen, Geschäftsbereiche und Lieferanten abhängig.<br><br>Niedrig (1): Der Projektumfang ist überschaubar. Alle Projektbeteiligten sind an einer Lokation und können leicht miteinander kommunizieren. |
| Abhängigkeiten | Ist der Projekterfolg von anderen Projekten, Aktivitäten oder Ereignissen abhängig? | Hoch (5): Der Projekterfolg ist vom Gelingen anderer Projekte bzw. von anderen Aktivitäten oder Ereignissen abhängig.<br><br>Niedrig (1): Das Projekt kann unabhängig von anderen Projekten bzw. von anderen Aktivitäten oder Ereignissen durchgeführt werden. |
| Glücklose Projekthistorie | Sind in dem Unternehmen in der Vergangenheit IT-Projekte gescheitert? | Hoch (5): Mehrere IT-Projekte sind in der Vergangenheit gescheitert.<br><br>Niedrig (1): Alle bisherigen IT-Projekte waren erfolgreich. |
| Vielzahl externer Auftragnehmer | Sind in größerem Umfang externe Auftragnehmer in das IT-Projekt eingebunden? | Hoch (5): Das Unternehmen hat eine Vielzahl von Projektaufgaben an externe Auftragnehmer ausgelagert. Die Auslagerung wird nicht aktiv überwacht.<br><br>Niedrig (1): Das Unternehmen hat keine Projektaufgaben an externe Auftragnehmer ausgelagert. |

## 6.3.8      Projektrisikoindikatoren

Die für den Projektrisikobereich „Projektmanagement" nachfolgend vorgeschlagenen Projektrisikoindikatoren sind wieder als Beispiele zu verstehen. Die Indikatoren und deren Risikoskalierung, die wiederum von eins (=niedrig) bis fünf (=hoch) erfolgt, müssen vor dem ersten Einsatz auf ihre Eignung für die Organisation und für das jeweilige IT-Projekt untersucht werden.

- **Umfang der benannten und freigestellten Projektleiter und -mitarbeiter**

Dieser Indikator kann eine einheitliche Bewertung der Ausstattung des IT-Projekts mit Personalressourcen beim Risikofaktor „Mangelnde Ressourcen" unterstützen. Eine mögliche Bewertungsgliederung für diesen Indikator wäre:

(1)      Projektleiter und Projektmitglieder sind benannt und freigestellt
(2)      Projektleiter und Projektmitglieder sind nur zu 75 % benannt bzw. freigestellt
(3)      Projektleiter und Projektmitglieder sind nur zu 50 % benannt bzw. freigestellt
(4)      Projektleiter und Projektmitglieder sind nur zu 25 % benannt bzw. freigestellt
(5)      Projektleiter und Projektmitglieder sind nicht benannt bzw. freigestellt

- **Projekterfahrung der benannten und freigestellten Projektleiter und -mitarbeiter**

Dieser Indikator kann eine einheitliche Bewertung der Projekterfahrung des Projektpersonals beim Risikofaktor „Fehlende Erfahrung und Sachkenntnis" unterstützen. Für diesen Indikator wäre folgende Bewertungsgliederung denkbar:

(1)      Projektleiter und Projektmitglieder haben bereits > 5 IT-Projekte durchgeführt
(2)      Projektleiter und Projektmitglieder haben bereits > 3 IT-Projekte durchgeführt
(3)      Projektleiter und Projektmitglieder haben bereits > 2 IT-Projekte durchgeführt
(4)      Projektleiter und Projektmitglieder haben bereits >= 1 IT-Projekt durchgeführt
(5)      Projektleiter und Projektmitglieder haben noch kein IT-Projekt durchgeführt

- **Summe der relevante Berufserfahrung der benannten und freigestellten Projektleiter und -mitarbeiter/Gesamtanzahl Mitarbeiter**

Dieser Indikator kann eine einheitliche Bewertung der Berufserfahrung des Projektpersonals beim Risikofaktor „Fehlende Erfahrung und Sachkenntnis" unterstützen. Für diesen Indikator wäre folgende Bewertungsgliederung denkbar:

(1)      > 5 Jahre relevante Berufserfahrung
(2)      3–5 Jahre relevante Berufserfahrung
(3)      2–3 Jahre relevante Berufserfahrung
(4)      1–2 Jahre relevante Berufserfahrung
(5)      < 1 Jahr relevante Berufserfahrung

- **Projektlaufzeit in Monaten**

Dieser Indikator kann eine einheitliche Bewertung für die Projektdauer beim Risikofaktor „Projektumfang" unterstützen. Eine mögliche Bewertungsgliederung wäre:

| | |
|---|---|
| (1) | 3 Monate |
| (2) | 6 Monate |
| (3) | 12 Monate |
| (4) | 24 Monate |
| (5) | > 24 Monate |

Der Risikoindikator Projektlaufzeit kann ggf. noch weiter in Entwicklungszeit und Einführungszeit unterteilt werden.

• **Gesamtwert der IT-Aufwendungen**
Dieser Indikator kann eine einheitliche Bewertung des Kostenaufwandes beim Risikofaktor „Projektumfang" unterstützen. Eine mögliche Bewertungsgliederung für Behörden [CCTA00] wäre:

| | |
|---|---|
| (1) | $\leq$ 5 Mio. |
| (2) | $\leq$ 25 Mio. |
| (3) | $\leq$ 50 Mio. |
| (4) | $\leq$ 100 Mio. |
| (5) | > 100 Mio. |

• **Projektumfang in Anzahl Personenmonate**
Dieser Indikator kann eine einheitliche Bewertung des Personalaufwandes beim Risikofaktor „Projektumfang" unterstützen. Eine mögliche Bewertungsgliederung für projekterfahrene Großunternehmen [Hau00] wäre:

| | |
|---|---|
| (1) | 25 Personenmonate |
| (2) | 100 Personenmonate |
| (3) | 250 Personenmonate |
| (4) | 500 Personenmonate |
| (5) | > 500 Personenmonate |

• **Anzahl der Projektmitarbeiter**
Dieser Indikator kann eine einheitliche Bewertung des personellen Projektumfanges beim Risikofaktor „Projektumfang" unterstützen. Folgende Bewertungsgliederung [KPMG92] könnte vorgenommen werden:

| | |
|---|---|
| (1) | 1–10 Projektmitarbeiter |
| (2) | 11–20 Projektmitarbeiter |
| (3) | 21–30 Projektmitarbeiter |
| (4) | 31–60 Projektmitarbeiter |
| (5) | über 60 Projektmitarbeiter |

• **Anzahl der Projektstandorte**
Dieser Indikator kann eine einheitliche Bewertung der Komplexität des IT-Projektes beim Risikofaktor „Projektumfang" unterstützen. Eine mögliche Bewertungsgliederung wäre:

(1)        1 Projektstandort
(2)        2 Projektstandorte
(3)        3 Projektstandorte
(4)        4–5 Projektstandorte
(5)        über 5 Projektstandorte

- **Anzahl der betroffenen Benutzergruppen**

Dieser Indikator kann eine einheitliche Bewertung der Komplexität des IT-Projektes beim Risikofaktor „Projektumfang" unterstützen. Zur Bewertung dieses Indikators wäre folgende Einteilung [KPMG92] denkbar:

(1)        1 projektbeteiligte Benutzergruppe
(2)        2 projektbeteiligte Benutzergruppen
(3)        3 projektbeteiligte Benutzergruppen
(4)        4–5 projektbeteiligte Benutzergruppen
(5)        über 5 projektbeteiligte Benutzergruppen

Eine Variante dieses Indikators wäre die Anzahl der unterschiedlichen betroffenen Standorte.

- **Anteil externer Mitarbeiter**

Dieser Indikator kann eine einheitliche Bewertung des Anteils externer Mitarbeiter beim Risikofaktor „Abhängigkeiten" unterstützen. Folgende Bewertungsgliederung könnte für diesen Indikator vorgenommen werden:

(1)        bis 10 % externe Mitarbeiter
(2)        10–30 % externe Mitarbeiter
(3)        30–50% externe Mitarbeiter
(4)        50–70% externe Mitarbeiter
(5)        über 70% externe Mitarbeiter

- **Umfang der IT-Unterstützung durch Externe**

Dieser Indikator kann eine einheitliche Bewertung für den Umfang der externen Unterstützung beim Risikofaktor „Abhängigkeiten" unterstützen. Eine mögliche Bewertungsgliederung wäre [CCTA00]:

(1)        Bereitstellung Infrastruktur
(2)        Bereitstellung Standardsoftware
(3)        Bereitstellung Individualsoftware
(4)        Bereitstellung neuer Geschäftsprozesse
(5)        Bereitstellung von Programmpaketen aus Standard- und Individualsoftware

- **Anzahl der gescheiterten IT-Projekte/Anzahl der durchgeführten IT-Projekte**

Dieser Indikator setzt die Anzahl der gescheiterten IT-Projekte ins Verhältnis zur Anzahl der durchgeführten IT-Projekte des Unternehmens. Der Indikator kann eine einheitliche Bewertung der historischen Projektfehlläufer beim Risikofaktor „Glücklose Projekthistorie" unterstützen. Als Basis kann beispielsweise die Anzahl der in den letzten drei Jahren gescheiterten bzw. durchgeführten IT-Projekte dienen.

- **Anzahl der beteiligten, externen Partner**

Dieser Indikator kann eine einheitliche Bewertung der Komplexität der Lieferantenstruktur beim Risikofaktor „Vielzahl externer Auftragnehmer" unterstützen. Eine Bewertungsgliederung könnte folgendermaßen aussehen [CCTA00]:

(1)    kein externer Auftragnehmer
(2)    ein externer Auftragnehmer
(3)    1–3 externe Auftragnehmer
(4)    über drei externe Auftragnehmer mit Generalunternehmer
(5)    über drei externe Auftragnehmer ohne Generalunternehmer

# 6.4      Geschäftsprozesse

In diesem Risikobereich werden vor allem Projektrisiken im Zusammenhang mit Schwächen bei der Aufnahme der Geschäftsprozesse sowie bei der Planung und organisatorischen Einführung der zukünftigen Geschäftsprozesse adressiert.

Unter einem Geschäftsprozess (z.B. Orderabwicklung bei einer Direktbank) wird ein Bündel von Aktivitäten verstanden, das eine Leistung oder ein Ergebnis erbringt und damit einen Mehrwert für das Unternehmen bzw. den Kunden [Fed00] darstellt. Ein Geschäftsprozess wird dabei durch ein auslösendes Ereignis (z.B. Ordereingang über das Internet) in Gang gesetzt und hat ein oder mehrere Ergebnisse (z.B. Orderbestätigung). Weiterhin können Geschäftsprozessen auch die Leistungsmerkmale Zeit, Kosten und Qualität zugeordnet werden. Dies ist insbesondere für den wirtschaftlichen Vergleich von Ist- und Soll-Prozessen wichtig.

Eine saubere und verständliche Aufnahme der vorhandenen und zukünftigen Geschäftsprozesse beispielweise mit Hilfe von Prozessmodellen erleichtert allen Projektbeteiligten das Verständnis für die betriebswirtschaftlichen Anforderungen und ist eine solide Basis für die spätere technische Realisierung.

## 6.4.1      Fehlendes Verständnis der vorhandenen Geschäftsprozesse

Das Risiko bei vorhandenen Geschäftsprozessen besteht grundsätzlich darin, dass die Geschäftsprozesse nicht ausreichend im Hinblick auf die Implementierung eines neuen IT-Systems verstanden worden sind.

Ein IT-System kann heutzutage nicht losgelöst von den Geschäftsprozessen betrachtet werden. IT-Systeme unterstützen im wesentlichen Umfang die Geschäftsprozesse und beeinflussen sogar häufig deren Gestaltung. Die Dokumentation und das Verständnis der vorhandenen Geschäftsprozesse sind die Grundlage für das Verständnis der zukünftigen Anforderungen.

Als Unterstützungsfragen für die Beurteilung des inhärenten Projektrisikofaktors „Fehlendes Verständnis der vorhandenen Geschäftsprozesse" und der damit verbundenen Projektrisiken können folgende Fragen hilfreich sein:

- Sind wichtige Geschäftsprozesse von dem IT-Projekt betroffen?
- Sind die betroffenen Geschäftsprozesse komplex? Sind die vorhandenen Geschäftsprozesse fehleranfällig oder zeitaufwendig?
- Sind die durchführenden Organisationseinheiten komplex strukturiert?
- Sind die Geschäftsprozesse dokumentiert?
- Gibt es genügend Anwender oder fremde Dritte, die die Geschäftsprozesse kennen?

## 6.4.2    Auswirkungen auf zukünftige Geschäftsprozesse

Das Risiko bei zukünftigen Geschäftsprozessen besteht grundsätzlich darin, dass die betroffenen Organisationseinheiten nicht in der Lage sind, ihre Geschäftsprozesse für die Implementierung eines neuen IT-Systems zu ändern. Auch das Project Profile Model des britischen Office of Government Commerce (OGC) enthält als einen von 13 Einzelkriterien zur Bewertung des Risikos von IT-Projekten die Auswirkungen auf die Geschäftsprozesse (s. Kapitel 3.2.9).

Die Anpassungen der Geschäftsprozesse als Ergebnis eines IT-Projektes müssen lange vor der Einführung des IT-Systems ausreichend bedacht und entsprechende Maßnahmen geplant werden. Neue Geschäftsprozesse erfordern teilweise auch eine höhere Datenqualität oder sogar Daten, die bisher nicht vorhanden sind (s.a. Kapitel 6.7).

Als Unterstützungsfragen für die Beurteilung des inhärenten Projektrisikofaktors „Auswirkungen auf zukünftige Geschäftsprozesse" und den damit verbundenen Projektrisiken können folgende Fragen hilfreich sein:

- Müssen wichtige Geschäftsprozesse – bedingt durch das IT-Projekt – umgestaltet werden? Sind auch bereichsübergreifende Prozesse betroffen?
- Haben die Organisationseinheiten Erfahrung beim Umgang mit Veränderungen der Geschäftsprozesse?
- Wie schwierig wird aus der Erfahrung und Historie die Einführung der Veränderungen sein (z.B. Übertragung von Verantwortlichkeiten für Datenerfassung, Datenpflege und Datenkontrolle)?
- Ist die Quantität und Qualität der vorhandenen Geschäftsdaten ausreichend, um die zukünftigen Geschäftsprozesse zu versorgen?

## 6.4.3　Projektrisiko-Checkliste

Die folgende Übersicht fasst durch die Formulierung einer Leitfrage die Kernpunkte der einzelnen Projektrisikofaktoren im Risikobereich „Geschäftsprozesse" zusammen. Bewertungshinweise für die einzelnen Risikofaktoren geben eine Hilfestellung für eine einheitliche Beurteilung.

*Tab. 6.5*   *Risiko-Checkliste für den Projektrisikobereich „Geschäftsprozesse"*

| IT-Projektrisikofaktoren | Leitfrage | Bewertungshinweis |
|---|---|---|
| Fehlendes Verständnis der vorhandenen Geschäftsprozesse | Sind die vorhandenen, relevanten Geschäftsprozesse vollständig und umfassend erfasst und verstanden? | Hoch (5): Das IT-Projekt betrifft eine hohe Anzahl von Geschäftsprozessen, die nicht umfassend erfasst und verstanden worden sind.<br><br>Niedrig (1): Die betroffenen Geschäftsprozesse sind klar dokumentiert und verstanden. |
| Auswirkungen auf zukünftige Geschäftsprozesse | Werden die betroffenen Organisationseinheiten in der Lage sein, ihre Geschäftsprozesse zu ändern? | Hoch (5): Die Änderung der Geschäftsprozesse wird eine große Umwälzung für die betroffenen Organisationseinheiten bedeuten.<br><br>Niedrig (1): Die Änderungen der Geschäftsprozesse sind nicht durchgreifend und werden von den Organisationseinheiten positiv gesehen. |

## 6.4.4　Projektrisikoindikatoren

Die nachfolgend vorgeschlagenen Projektrisikoindikatoren für den Projektrisikobereich „Geschäftsprozesse" sind als Anregungen zu verstehen. Auch hier der Hinweis, vor der ersten Anwendung die Indikatoren und deren Risikoskalierung auf ihre Eignung für die Organisation und das jeweilige IT-Projekt zu untersuchen.

- **Anzahl der betroffenen Geschäftsprozesse**
Dieser Indikator kann eine einheitliche Bewertung der Auswirkungen des IT-Projektes auf die Geschäftsprozesse beim Risikofaktor „Fehlendes Verständnis der vorhandenen Geschäftsprozesse" unterstützen. Eine Variante wäre: Anzahl der betroffenen bereichsübergreifenden Geschäftsprozesse

- **Anzahl fehlerhafter Transaktionen/Anzahl der gesamten Transaktionen**
Dieser Indikator setzt die Anzahl fehlerhafter Transaktionen ins Verhältnis zur Anzahl der gesamten Transaktionen bei den betroffenen Geschäftsprozessen. Der Indikator kann eine einheitliche Bewertung der Fehlerquote oder des Reifegrads beim Risikofaktor „Fehlendes Verständnis der vorhandenen Geschäftsprozesse" unterstützen. Eine Variante wäre die Reklamationsquote über die Anzahl der reklamierten Transaktionen.

- **Anzahl der betroffenen internen Mitarbeiter**

Dieser Indikator kann eine einheitliche Bewertung der Auswirkungen auf die Geschäftsprozesse beim Risikofaktor „Auswirkungen auf zukünftige Geschäftsprozesse" unterstützen. Eine mögliche Bewertungsgliederung für Behörden [CCTA00] wäre:

(1)     $\leq$ 1.000 Mitarbeiter
(2)     $\leq$ 2.500 Mitarbeiter
(3)     $\leq$ 5.000 Mitarbeiter
(4)     $\leq$ 7.500 Mitarbeiter
(5)     > 10.000 Mitarbeiter

- **Anzahl der betroffenen Geschäftsbereiche**

Dieser Indikator kann eine einheitliche Bewertung für die Komplexität der Organisationsstruktur beim Risikofaktor „Auswirkungen auf zukünftige Geschäftsprozesse" unterstützen. Folgende Bewertungsgliederung wäre für diesen Indikator denkbar [CCTA00]:

(1)     Einführung des Systems in einem Geschäftsbereich
(2)     Einführung des Systems in 2-4 Geschäftsbereichen
(3)     Einführung des Systems in 5-6 Geschäftsbereichen
(4)     Einführung des Systems in 7-9 Geschäftsbereichen
(5)     Einführung des Systems in > 9 Geschäftsbereichen

- **Anzahl der zukünftigen Anwender**

Dieser Indikator kann eine einheitliche Bewertung für die Komplexität der Soll-Prozesse beim Risikofaktor „Auswirkungen auf zukünftige Geschäftsprozesse" unterstützen.

- **Anzahl der Hierarchieebenen der zukünftigen Anwender**

Dieser Indikator kann eine einheitliche Bewertung für die Komplexität der Soll-Prozesse beim Risikofaktor „Auswirkungen auf zukünftige Geschäftsprozesse" unterstützen. Typische Hierarchieebenen sind Sachbearbeiter, Teamleiter, Abteilungsleiter, Bereichsleiter, Vorstand.

# 6.5     Anwender

In diesem Risikobereich werden vor allem Projektrisiken im Zusammenhang mit dem Management der personell-organisatorischen Veränderungen adressiert. Das Risiko besteht in erster Linie darin, dass die Anwender das neue IT-System nicht akzeptieren, sei es aufgrund von Unsicherheiten im Umgang mit einem neuen IT-System, sei es aufgrund starker Arbeitsbelastung und fehlender Zeit für die Einarbeitung oder sei es aufgrund anderer Widerstände.

# 6.5.1    Starre Organisationskultur

Das Risiko bei einer unflexiblen Organisationskultur besteht grundsätzlich darin, dass die betroffenen Organisationseinheiten sich nicht an Veränderungen anpassen können oder wollen. Unflexible Organisationskulturen haben ihre Ursache nicht nur in einer historisch stabilen Vergangenheit, wie dies bei den sprichwörtlichen Behörden der Fall sein mag. Auch bei Unternehmen, die bereits zahlreiche Organisationsänderungen hinter sich haben, kann eine Art Änderungsmüdigkeit auftreten, die sich z.B. in einer gewissen Gleichgültigkeit bei den Anwendern äußert.

Grundsätzlich gilt, dass das Verhalten der an einem IT-Projekt beteiligten bzw. von einem IT-Projekt betroffenen Menschen nicht immer rational und damit schwer kalkulierbar ist. Änderungen, wie neue Technologien und veränderte Geschäftsprozesse, werden aus vielfältigen Gründen von den Anwendern nicht akzeptiert. In einigen Organisationen stehen die Mehrzahl der Mitarbeiter Veränderungen sehr skeptisch gegenüber und sind nur bedingt bereit, neues Know-how zu erwerben oder sich neue Verhaltensweisen anzueignen.

Auch Fragen der Mitbestimmung können sich als Projektrisiken erweisen. Das Betriebsverfassungsgesetz hat für die Gestaltung von Arbeitsplatz, Arbeitsablauf und Arbeitsumgebung in § 90ff. BetrVG bestimmte Unterrichtungs- und Beratungsrechte sowie Mitbestimmungsrechte festgelegt, die frühzeitig im Projekt bedacht werden sollten.

Der inhärente Projektrisikofaktor „Starre Organisationskultur" und die zugehörigen Projektrisiken können durch die Diskussion über die folgenden Fragen beurteilt werden:

* Haben die betroffenen Organisationseinheiten eher eine traditionelle Kultur, die auf bewährte Strukturen, Verfahren und Methoden basiert?
* Sind in der jüngeren Vergangenheit bereits Umstrukturierungen erfolgt? Sind diese Umstrukturierungen inzwischen bereits etabliert?
* Sind kulturelle Widerstände gegenüber den projektbedingten Änderungen zu erwarten? Wie stark ist die politische Kultur bei den betroffenen Organisationseinheiten ausgeprägt?
* Sind Fragen der Mitbestimmung für das IT-Projekt relevant? Wurde der Betriebsrat in das IT-Projekt involviert?
* Gibt es projektbedingte Änderungen, auf die die betroffenen Organisationseinheiten vermutlich negativ reagieren werden?
* Gibt es nur wenige projektbedingte Änderungen, auf die die betroffenen Organisationseinheiten vermutlich positiv reagieren werden?

# 6.5.2    Mangelnde Zielübereinstimmung

*Every time a system is installed, somebody gains and somebody looses power. (Tom deMarco auf dem SQM-Kongress 2001)*

Das Risiko bei einer mangelnden Zielübereinstimmung besteht grundsätzlich darin, dass die Mitarbeiter und Führungskräfte in den betroffenen Organisationseinheiten unterschiedliche

Ziele verfolgen und diese Ziele nicht zwangsläufig mit den Projektzielen übereinstimmen. Bei der bereits zitierten Forsa-Befragung (s. Kapitel 4.1.6) waren unternehmensinterne Widerstände einer der am häufigsten genannten Störfaktoren beim Projektmanagement.

Die an einem IT-Projekt beteiligten Mitarbeiter und die von einem IT-Projekt betroffenen Mitarbeiter befürchten oftmals persönliche Nachteile aus dem Projektergebnis. Diese persönlichen Nachteile können ganz unterschiedlicher Art sein. Sie reichen vom Verlust von Privilegien über die Angst vor dem Wechsel des Arbeitsumfeldes bis zur Angst um den Arbeitsplatz. Auch die Befürchtung, in Zukunft stärker kontrollierbar zu sein und mehr oder gründlicher Arbeiten zu müssen, erzeugt Widerstände bei den Beteiligten und Betroffenen. Diese Widerstände werden häufig nicht offen zur Schau gestellt, was eine Risikoerkennung erschwert.

Der inhärente Projektrisikofaktor „Mangelnde Zielübereinstimmung" und die zugehörigen Projektrisiken können durch die Diskussion über die folgenden Fragen beurteilt werden:

- Sollen durch das IT-Projekt zukünftig Aufgabengebiete verlagert werden?
- Werden sich durch das IT-Projekt Aufgabenzuordnungen und Verantwortungsbereiche ändern?
- Stimmen die Projektziele mit den Unternehmenszielen und den persönlichen Zielen der Führungskräfte in den betroffenen Organisationseinheiten überein? Werden die Führungskräfte in den betroffenen Organisationseinheiten an diesen Zielen gemessen?

## 6.5.3    Projektrisiko-Checkliste

Die Kernpunkte der einzelnen Projektrisikofaktoren im Risikobereich „Anwender" werden in der folgenden Übersicht zusammengefasst. Die Bewertungshinweise sollen bei einer einheitlichen Beurteilung der Projektrisikofaktoren unterstützen.

*Tab. 6.6*   *Risiko-Checkliste für den Projektrisikobereich „Anwender"*

| IT-Projektrisikofaktoren | Leitfrage | Bewertungshinweis |
|---|---|---|
| Starre Organisationskultur | Ist die Organisationskultur offen für Änderungen? | Hoch (5): Die Abläufe in den Organisationseinheiten waren in der Vergangenheit sehr stabil. Die geplanten Veränderungen werden als negativ empfunden.<br><br>Niedrig (1): Die Organisationseinheiten haben Änderungen in der Vergangenheit erfolgreich bewältigt und sehen den geplanten Änderungen positiv entgegen. |
| Mangelnde Zielübereinstimmung | Gibt es bei den Mitarbeitern und Führungskräften in den betroffenen Organisationseinheiten sich widersprechende operative oder politische Ziele, die mit den Projektzielen in Konflikt geraten können? | Hoch (5): Die Mitarbeiter und Führungskräfte in den betroffenen Organisationseinheiten haben divergierende Ziele.<br><br>Niedrig (1): Alle am IT-Projekt beteiligten und vom IT-Projekt betroffenen Personen arbeiten zusammen auf ein gemeinsames und bekanntes Ziel hin. |

## 6.5.4     Projektrisikoindikatoren

Die nachfolgend vorgeschlagenen Projektrisikoindikatoren für den Projektrisikobereich „Anwender" sind als Vorschläge zu verstehen. Auch hier der obligatorische Hinweis, dass die Eignung der Indikatoren und deren Risikoskalierung (1–5) vor der ersten Anwendung zu untersuchen ist.

- **Anzahl der geplanten Schulungstage**
Dieser Indikator kann eine einheitliche Bewertung des Aufwandes zur organisatorischen Einführung beim Risikofaktor „Starre Organisationskultur" unterstützen. Varianten dieses Indikators wären: Anzahl der geplanten Schulungstage pro Mitarbeiter

- **Geplanter Schulungsaufwand/geplanter Projektgesamtaufwand**
Dieser Indikator setzt den geplanten Schulungsaufwand ins Verhältnis zum geplanten Projektgesamtaufwand. Der Indikator kann eine einheitliche Bewertung des Umfangs der durch die Einführung eines IT-Systems notwendigen Änderungen beim Risikofaktor „Starre Organisationskultur" unterstützen. Voraussetzung zur Ermittlung dieses Indikators ist allerdings das Vorliegen eines Projektplanes, in dem der Schulungsaufwand solide geschätzt worden ist. Eine mögliche Bewertungsgliederung für diesen Indikator [Tac00] wäre:

(1)     Schulungsaufwand < 1 % des Projektgesamtaufwandes
(2)     Schulungsaufwand < 3 % des Projektgesamtaufwandes
(3)     Schulungsaufwand < 5 % des Projektgesamtaufwandes
(4)     Schulungsaufwand < 10 % des Projektgesamtaufwandes
(5)     Schulungsaufwand > 10 % des Projektgesamtaufwandes

## 6.6     Technologie

In diesem Risikobereich werden sowohl Projektrisiken im Zusammenhang mit der Einführung neuer Technologien als auch mit der Verwendung bestehender Technologien adressiert. Die Risiken können sich im ersten Fall aus der Neuartigkeit der anzuwendenden Technologien und aus der Integration dieser Technologien in die bestehende IT-Infrastruktur ergeben. Im zweiten Fall bestehen die Risiken vor allem in der Komplexität der technischen Bestandteile des IT-Projektes.

## 6.6.1     Innovative bzw. neue Technologie

Das Risiko beim Einsatz innovativer bzw. neuer Technologie besteht grundsätzlich darin, dass die neue Technologie noch nicht ausgereift ist und im Projektverlauf unerwartete Probleme auftreten. In der bereits zitierten KPMG-Studie „IT Runaway Systems" (s. Kapitel 4.1.1) war die Anwendung neuer Technologien einer der am häufigsten genannten Gründe für Projektfehlläufer. Auch in der Risikoliste der häufigsten IT-Projektrisiken der Firma Infosys (s. Kapitel 4.2.2) belegen neue Technologie bzw. der Mangel an entsprechend technisch versierten Mitarbeitern die Plätze acht bzw. eins.

Für Anwendungen mit neuer Technologie ist in der Regel mit einem höheren Aufwand zu rechnen als bei Anwendungen mit einer bestehenden Technologie. Als Beispiel für eine neue Technologie sei der zunehmende Trend zur objektorientierten und komponentenbasierten Entwicklung genannt. Dabei müssen sich die Entwickler komplett umstellen, was mit dem Verlust ihrer bisher erworbenen Fähigkeiten einhergeht und daher starke Widerstände hervorrufen kann. Auch muss die veränderte Vorgehensweise in der Planung der einzelnen Projektphasen berücksichtigt werden, wobei die im Unternehmen angewandten Techniken zur Projektmethodik und zur Aufwandsschätzung nur noch teilweise anwendbar sind.

Bei Standardsoftware bzw. beim Aufbau einer technischen Infrastruktur bestehen insbesondere Risiken, wenn die Software bzw. IT-Technik bisher nur bei deutlich kleineren Kunden oder in einem anderen Umfeld eingesetzt worden ist.

Folgende Fragen können bei der Beurteilung des inhärenten Projektrisikofaktors „Innovative bzw. neue Technologie" unterstützen und die Identifikation von konkreten Projektrisiken anregen:

- Kommen in dem IT-Projekt innovative bzw. neue Technologien zu Einsatz?
- Haben sich die zum Einsatz kommenden Technologien bereits anderswo bewährt? Sind diese Referenzen vergleichbar?
- Ist die Organisation mit den zum Einsatz kommenden Technologien vertraut? Haben die IT-Mitarbeiter die notwendigen Kenntnisse, um die Technologie zu unterstützen?
- Sind die IT-Mitarbeiter in der Lage, den Umgang mit den neuen Technologien rechtzeitig zu erlernen, um den Anforderungen des IT-Projektes gerecht zu werden und gleichzeitig die vorhandenen Technologien zu unterstützen?
- Sind die Technologie-Lieferanten und IT-Produkte am Markt etabliert? Kann der Technologie-Lieferant eine ausreichende Unterstützung über die gesamte Projektlaufzeit sicherstellen?

## 6.6.2      Komplexität des IT-Systems

Das Risiko bei einer hohen Komplexität des IT-Systems besteht grundsätzlich darin, dass komplexe Systeme nur schwer beherrschbar sind.

Der Komplexitätsgrad einer Software lässt sich relativ leicht anhand von Kennzahlen (s. Kapitel 6.6.5) ermitteln. Weitere Anhaltspunkte für die Komplexität sind die verwendete Programmiersprache und –methode.

Einen zusätzlichen Komplexitätsfaktor kann die Verwendung von Standardsoftware als Baustein in einem IT-Projekt darstellen. Für den Bezieher der Standardsoftware besteht in der Regel ein hohes Risiko im Hinblick auf die Qualität und Wartbarkeit der Fremdsoftware (Black box-Sicht). Probleme entstehen typischerweise, wenn die Standardsoftware sehr komplex und nicht ausreichend dokumentiert ist. Dadurch kann beispielsweise jede Änderung an der Standardsoftware und jede neue Schnittstelle zu anderen IT-Systemen ein risikoträchtiges Unterfangen werden. Auch die Integration späterer Upgrades in das IT-System kann zu unerwarteten Problemen führen, ebenso wie Performancemängel oder Fehler in der Standardsoftware.

In der Studie des Bundesministeriums für Bildung und Forschung über die Softwareentwicklung in Deutschland [BMBF00] wurde ebenfalls festgestellt, dass die Integration von Standardsoftware als Komponenten bei der Entwicklung großer Anwendungssysteme gegenwärtig nur unzureichend verstanden und unterstützt wird.

Folgende Fragen können bei der Beurteilung des inhärenten Projektrisikofaktors „Komplexität des IT-Systems" unterstützen und die Identifikation von konkreten Projektrisiken anregen:

- Hat das neue IT-System einen hohen Komplexitätsgrad (z.B. Anzahl Programmzeilen, Funktionen, Objekte)?
- Wird das neue IT-System zahlreiche Schnittstellen zu anderen existierenden oder geplanten IT-Systemen besitzen?
- Besteht das IT-System aus Standardsoftware, fremdentwickelten und eigenentwickelten Komponenten?

## 6.6.3    Komplexität der Systemimplementation

Das Risiko bei der Systemimplementation besteht grundsätzlich darin, dass die neue Technologie sich nicht reibungslos in die bestehende Technologie integrieren lässt. Schwierigkeiten bei der technischen Integration wurden auch bei NCR als einer der am häufigsten auftretenden Risikotypen beobachtet (s. Kapitel 4.2.1).

IT-Systeme haben in der Regel zahlreiche Schnittstellen zu vorhandenen IT-Komponenten, die bei der Implementation des Systems aufeinander abgestimmt und getestet werden müssen. Mit einem neuen IT-System kann auch der Betrieb zusätzlicher oder neuer Hardware oder einer neuen Kommunikationsinfrastruktur verbunden sein, der wiederum eigene Risiken birgt.

Folgende Fragen können bei der Beurteilung des inhärenten Projektrisikofaktors „Komplexität der Systemimplementation" unterstützen und die Identifikation von konkreten Projektrisiken anregen:

- Ersetzt das neue IT-System ein bestehendes IT-System? Ist dabei eine „big bang"-Implementation unvermeidlich?
- Wird das neue IT-System neue Hardware nutzen, die bisher vom Unternehmen nicht eingesetzt wurde? Werden neue oder bessere Kommunikationsnetze für die Systemimplementation benötigt?
- Sind die Schnittstellen und Hilfsprogramme, um das neue IT-System in die bestehende IT-Landschaft zu integrieren, zahlreich und komplex?
- Wird ein bestehendes IT-System, das eine Schnittstelle mit dem neuen IT-System hat, in der nächsten Zeit in größerem Umfang geändert?

## 6.6.4      Projektrisiko-Checkliste

Die folgende Tabelle gibt wieder einen Überblick über die einzelnen Projektrisikofaktoren im Risikobereich „Technologie" mit Leitfrage und Bewertungshinweisen.

*Tab. 6.7    Risiko-Checkliste für den Projektrisikobereich „Technologie"*

| IT-Projektrisikofaktoren | Leitfrage | Bewertungshinweis |
|---|---|---|
| Innovative bzw. neue Technologie | Hängt der Projekterfolg von Technologien ab, die neuartig sind und/oder mit denen im Unternehmen wenig Erfahrung vorhanden ist? | Hoch (5): Der Projekterfolg hängt wesentlich von neuartigen Technologien und Entwicklungsprozessen ab, die das Unternehmen erstmals als Pilotanwender einsetzt.<br><br>Niedrig (1): Das Projekt setzt auf bewährte Technologien und Entwicklungsprozesse, die das Unternehmen bereits erfolgreich anwendet. |
| Komplexität des IT-Systems | Ist das IT-System komplex? | Hoch (5): Das geplante IT-System umfasst mehr als 100.000 LoC oder mindestens sieben Schnittstellen.<br><br>Niedrig (1): Das neue IT-System umfasst weniger als 2.000 LoC und hat keine Schnittstellen zu anderen Anwendungen. |
| Komplexität der Systemimplementation | Ist die Implementierung des neuen IT-Systems in die bestehende IT-Infrastruktur komplex? | Hoch (5): Das neue IT-System erfordert zur Integration mit den vorhandenen IT-Systemen zahlreiche und komplexe Programme/Schnittstellen.<br><br>Niedrig (1): Um das neue IT-System in die bestehenden IT-Systeme einzubinden, ist nur geringer Aufwand erforderlich. |

## 6.6.5      Projektrisikoindikatoren

Die nachfolgend vorgeschlagenen Projektrisikoindikatoren für den Projektrisikobereich „Technologie" sind als Beispiele zu verstehen und hinsichtlich Eignung und Risikoskalierung, die in dieser Methodik durchgehend von eins (=niedrig) bis fünf (=hoch) erfolgt, an die Organisation und das jeweilige IT-Projekt anzupassen.

- **Anzahl IT-Mitarbeiter**
Dieser Indikator kann eine einheitliche Bewertung der Entwicklungskomplexität beim Risikofaktor „Komplexität des IT-Systems" unterstützen. Eine mögliche Bewertungsgliederung für Behörden [CCTA00] wäre:

(1)      ≤ 5 IT-Mitarbeiter
(2)      ≤ 20 IT-Mitarbeiter
(3)      ≤ 50 IT-Mitarbeiter
(4)      ≤ 100 IT-Mitarbeiter
(5)      > 100 IT-Mitarbeiter

- **Anzahl der verwendeten Programmiersprachen**

Dieser Indikator kann eine einheitliche Bewertung der Entwicklungskomplexität beim Risikofaktor „Komplexität des IT-Systems" unterstützen. Zur Bewertung dieses Indikators könnte folgende Einteilung als Basis genommen werden:

(1)     Eine verwendete Programmiersprache
(2)     Zwei verwendete Programmiersprachen
(3)     Drei verwendete Programmiersprachen
(4)     Vier verwendete Programmiersprachen
(5)     Fünf verwendete Programmiersprachen

- **Anzahl der verwendeten Hardware-Plattformen**

Dieser Indikator kann eine einheitliche Bewertung der Systemkomplexität beim Risikofaktor „Komplexität des IT-Systems" unterstützen. Eine mögliche Bewertungsgliederung wäre:

(1)     Eine verwendete Hardware-Plattform
(2)     Zwei verwendete Hardware-Plattformen
(3)     Drei verwendete Hardware-Plattformen
(4)     Vier verwendete Hardware-Plattformen
(5)     > 4 verwendete Hardware-Plattformen

- **Anzahl der Programmzeilen (Lines of Code)**

Die Anzahl der Programmzeilen oder Lines of Code (LoC) kann als Indikator für eine einheitliche Bewertung der Entwicklungs- und Systemkomplexität beim Risikofaktor „Komplexität des IT-Systems" dienen. Dieser Indikator könnte anhand der folgenden Einteilung bewertet werden:

(1)     $\leq$ 2.000 Programmzeilen
(2)     $\leq$ 20.000 Programmzeilen
(3)     $\leq$ 50.000 Programmzeilen
(4)     $\leq$ 100.000 Programmzeilen
(5)     > 100.000 Programmzeilen

Weitere Beispiele für Indikatoren, die eine einheitliche Bewertung der Entwicklungs- und Systemkomplexität beim Risikofaktor „Komplexität des IT-Systems" unterstützen, sind:

- **Anzahl neuer Komponenten**

- **Anzahl Function Points**

- **Produktkomplexität (z.B. zyklomatische Zahl nach McCabe)**

- **Anzahl der Objekte**

- **Anzahl der Kommunikationsverbindungen**

- **Anzahl der Schnittstellen zu anderen Anwendungen**

Dieser Indikator kann eine einheitliche Bewertung der Systemkomplexität beim Risikofaktor „Komplexität der Systemimplementation" unterstützen. Folgende Bewertungsgliederung [KPMG92] wäre für diesen Indikator denkbar:

(1)     Keine Schnittstellen zu anderen Anwendungen
(2)     1–2 Schnittstellen zu anderen Anwendungen
(3)     3–5 Schnittstellen zu anderen Anwendungen
(4)     über 6 Schnittstellen zu anderen Anwendungen
(5)     größere, noch nicht genau definierte Anzahl von Schnittstellen zu anderen Anwendungen

# 6.7     Daten

In diesem Risikobereich werden vor allem Projektrisiken im Zusammenhang mit einem der wichtigsten Produktionsfaktoren der Informationsgesellschaft adressiert. Risiken ergeben sich dabei, wenn der Projekterfolg von der Datenqualität abhängig ist, keine durchgängige Informationsarchitektur vorhanden ist oder die Qualität der Daten und Datendefinitionen unzureichend ist.

Der Risikobereich Daten wird in IT-Projekten häufig unterschätzt. Die Gartner Group stellte im April 1993 in ihrem Magazin „Inside Gartner Group This Week" fest, dass schlechte Datenqualität einer der Hauptgründe ist, warum Projekte scheitern [Lig93]. J.Celko unterstützt diese These in dem Artikel „Don't Warehouse Dirty Data" durch die Feststellung, dass über 50 % der Kosten für die Einführung eines Datenhaushaltes auf schlechte Datenqualität zurückzuführen sind [Cel95]. Das Data Warehouse Institute hat den jährlichen Schaden, der durch mangelhafte Datenqualität der US-Wirtschaft entsteht, jüngst auf 600 Milliarden Dollar beziffert [CZ0104]. Die Einführung eines Datenhaushaltes ist heutzutage aber Bestandteil der meisten IT-Projekte.

Larry English, einer der bekanntesten Autoren zum Thema Datenqualität, beschreibt in seinem Buch zahlreiche Fälle von schlechter Datenqualität. Beispielsweise sind bei Überprüfungen der Datenbestände von Kundendatenbanken im Schnitt 15 bis 20 % der Datenwerte fehlerhaft [Engl99]. Die Kosten- und Imageauswirkungen, z.B. bei Mailings im Rahmen eines Database Marketings, lassen sich leicht hochrechnen.

Einleitend sollen die Begriffe „Daten", „Information" und „Qualität" kurz erläutert werden. Daten und Informationen sind verwandte Begriffe. Nach DIN ISO/IEC 2383-1 sind Daten eine zur Kommunikation, Interpretation oder Verarbeitung geeignete, formalisierte Darstellung von Information. Information ist dagegen als Kenntnis über Objekte (wie z.B. Personen, Geschäftsvorfälle) definiert, die im gegebenen Zusammenhang eine bestimmte Bedeutung hat. Anders ausgedrückt sind Daten nur Repräsentationen von Fakten. Diese werden erst im Kontext zu Information, da erst dann die Fakten bedeutungsvoll werden.

Qualität ist nach DIN ISO 8402 „die Gesamtheit von Merkmalen einer Einheit bezüglich ihrer Eignung, festgelegte und vorausgesetzte Erfordernisse zu erfüllen." Die Qualität von Daten muss entsprechend als Grad der Eignung von Daten für einen bestimmten Verwendungszweck beurteilt werden.

Ob eine Information sinnvoll im Sinne der Erreichung der Unternehmensziele eingesetzt werden kann, hängt im wesentlichen von drei Datenqualitätsmerkmalen ab [Engl99]:

- Qualität der Datendefinition

Datendefinitionen sind mit Wörterbüchern vergleichbar. Ohne Wörterbücher könnten wir unbekannte Wörter nicht verstehen und richtig anwenden. Wenn die Bedeutung von Daten nicht bekannt ist, können Daten schnell wertlos werden.

Die Qualität der Datenspezifikation ist das Maß, inwieweit die Datendefinition die Bedeutung der Daten klar, verständlich, präzise und vollständig beschreibt. Dies betrifft insbesondere die erlaubten Datenwerte und die anwendbaren Geschäftsregeln.

- Qualität der Datenwerte

Unter inhaltlicher Datenqualität (content quality) versteht man die Korrektheit der Datenwerte. Diese umfasst die Vollständigkeit, die Eindeutigkeit im Sinne einer fehlenden Redundanz (non-duplication), die Konformität der Datenwerte zu den definierten und überprüften Geschäftsregeln (business rules) sowie die Genauigkeit und Fehlerfreiheit des Datenwertes (accuracy).

- Qualität der Datendarstellung

Unter der Qualität der Datendarstellung wird die Verständlichkeit des Datenformats sowie die Aktualität subsummiert. Eine ausreichende Präsentationsqualität ist gegeben, wenn die Daten dem Nutzer in einer brauchbaren und verständlichen Form zeitnah zur Verfügung gestellt werden können. Dazu gehören sowohl die rechtzeitige Datenbereitstellung (timeliness) als auch die Zugriffsmöglichkeiten (accessibility) auf die Daten, d.h. die Daten müssen – wenn sie benötigt werden – bereitgestellt oder abrufbar sein.

## 6.7.1    Fehlende Informationsarchitektur

Das Risiko einer unzureichenden Informationsarchitektur besteht insbesondere bei IT-Projekten, deren Bestandteil die Einführung oder Übernahme von Datenhaushalten sind, darin, dass die benötigten Daten in den Unternehmen nur sehr aufwendig zu beschaffen sind.

Die Informationsarchitektur umfasst das physische und logische Datenmodell des Unternehmens. Die Qualität der Informationsarchitektur lässt sich daran messen, wie gut das physische und logische Datenmodell die Informationsanforderungen des Unternehmens abdecken kann. Dies umfasst Kriterien wie Wiederverwendbarkeit (d.h. Daten können von mehreren Anwendungen genutzt werden), Stabilität (d.h. neue Anwendungen erfordern keine grundlegenden Änderungen des Datenmodells) und Flexibilität (d.h. Änderungen der Geschäftsprozesse erfordern keine grundlegenden Änderungen des Datenmodells).

Informationsarchitekturen sollten bereichs- und prozessübergreifend modelliert werden. Datenbanken sind in der Vergangenheit allerdings häufig nur im Hinblick auf eine Anwendung oder auf wenige funktionale Anforderungen an die Daten modelliert worden. Dies kann ein IT-Projekt bei neuen Anwendungen oder neuen funktionalen Anforderungen vor erhebliche Probleme stellen.

Bei der Einschätzung des inhärenten Projektrisikofaktors „Fehlende Informationsarchitektur" können folgende Fragen unterstützen und als Anregung für die Identifikation von konkreten Projektrisiken dienen:

- Gibt es im Unternehmen ausreichende und dokumentierte Standards für den Prozess der Datenmodellierung?
- Gibt es im Unternehmen einen Überblick über die Anzahl der Datenspeicher, Datenfelder und Datenvolumina?
- Hat das Unternehmen die Bedeutung der Informationsarchitektur für den Unternehmenserfolg erkannt? Wird der Aufbau einer Informationskultur aktiv unterstützt?
- Ist eine zentrale Stelle für das Datenmanagement verantwortlich?
- Gibt es im Unternehmen klar definierte Dateneigentümer?

## 6.7.2    Unzureichend dokumentierte Datenspeicher

Das Risiko bei vorhandenen Datenspeichern besteht grundsätzlich darin, dass die vorhandenen und für das IT-Projekt relevanten Datenspeicher nicht ausreichend identifiziert und dokumentiert sind. Ohne einen Überblick über die vorhandenen Datenspeicher können die komplexen Anforderungen heutiger IT-Projekte nicht umgesetzt werden. Weiterhin müssen die Datenfelder durch Datenmodelle und Datendefinitionen beschrieben sein, um deren Abhängigkeiten und Bedeutung zu verstehen.

Datendefinitionen beschreiben die (fachlichen) Anforderungen an die Daten wie Produktspezifikationen in der Fertigungsindustrie die Anforderungen an die Produkte beschreiben. Datendefinitionen sind „Metadaten", also Daten die andere Daten beschreiben. Sie beschreiben und definieren die Bedeutung von Entitäten (Personen, Organisationseinheiten, etc.) und Attributen. Dies umfasst u.a. Aussagen zum Namen, zur Bedeutung, zu den gültigen Werten und den Geschäftsregeln/Richtlinien sowie zur Einbettung und zu den Abhängigkeiten im Datenmodell.

Die Qualität der Datendefinition hängt davon ab, wie genau und verständlich die Datendefinition die Bedeutung der Daten beschreibt. Ohne eine ausreichende Qualität der Datendefinition besteht die Gefahr, dass die Datenbereitstellung im IT-Projekt scheitert, da nicht klar ist, welche Daten zu extrahieren sind. Ein schlechtes Beispiel für die Definition der Entität „Kunde" ist beispielsweise „Information über Kunden" oder „Natürliche Person". Ein gute Datendefinition lautet dagegen: „Ein Kunde ist eine natürliche Person, die ein oder mehrere Produkte/Dienstleistungen gekauft hat oder Interesse an deren Kauf hatte. Die Entität umfasst zukünftige, aktuelle und ehemalige Kunden."

Standards für Datendefinitionen sind für gute Datendefinitionen sehr wichtig, weil diese den Dateneigentümern ermöglichen, einheitliche, verständliche und vollständige Datendefinitionen zu erstellen. Weiterhin sollten Namenskonventionen zur Standardisierung von Namen für Entitäten, Attribute, Schlüssel, Abkürzungen, etc. im Unternehmen vorhanden sein.

Bei der Einschätzung des inhärenten Projektrisikofaktors „Unzureichend dokumentierte Datenspeicher" können folgende Fragen unterstützen und als Anregung für die Identifikation von konkreten Projektrisiken dienen:

- Hat das IT-Projekt alle relevanten Datenspeicher bzw. Datenlieferanten identifiziert?
- Gibt es aussagekräftige Datenmodelle und Datendefinitionen für die Datenspeicher bzw. Datenlieferanten, die durch das IT-Projekt ersetzt oder ergänzt werden sollen?
- Erfordern die veränderten Geschäftsprozesse Daten, die in den vorhandenen Datenspeichern nicht oder nicht in ausreichender Qualität vorhanden sind. Sind die Lücken zwischen vorhandenen und erforderlichen Datenmodellen erkannt? Müssen für das neue Datenmodell die vorhandenen Geschäftsdaten aus mehreren Datenkatalogen integriert werden?
- Gibt es Messgrößen zur Bewertung der Qualität der Datendefinitionen?
- Werden redundante Datenbestände in unterschiedlichen Datenspeichern innerhalb der Organisation kontrolliert repliziert? Wie hoch ist der Integrationsgrad der vorhandenen Datenspeicher/Datenquellen?
- Wie komplex sind die vorhandenen Datenspeicher? Sind die Datenspeicher stabil, so dass neue Anwendungen die bestehenden Datenstrukturen ohne Änderungen des Datenmodells nutzen können? Sind die Datenspeicher flexibel, so dass Änderungen an den Geschäftsprozessen nur minimale Auswirkungen auf das Datenbankdesign besitzen?

## 6.7.3    Mangelnde Datenqualität

Das Risiko beim Projektrisikofaktor Datenqualität besteht grundsätzlich darin, dass die Qualität der Daten, insbesondere bei von einem Altsystem in ein neues IT-System zu migrierenden bzw. zu konvertierenden Daten, nicht ausreichend ist bzw. die Abweichungen zwischen vorhandener und geforderter Datenqualität nicht dokumentiert ist.

Die Qualität der vorhandenen Daten ist für die Integrität und Funktionsfähigkeit der meisten IT-Systeme von entscheidender Bedeutung. Die Qualität von Daten muss allerdings immer vor dem Hintergrund der Anforderungen beurteilt werden. Eine Datenqualität an sich gibt es nicht, da Daten stets eine Repräsentation der Wirklichkeit vor dem Hintergrund bestimmter Anforderungen darstellen. Datenqualität lässt sich am besten als Grad der Eignung von Daten für einen bestimmten Verwendungszweck auffassen.

Grundsätzlich sollte das IT-Projekt die Datenqualität in den relevanten Datenspeichern/ Datenlieferanten auf Konsistenz und auf Vollständigkeit der Daten sowie auf die Anzahl der Datenfehler möglichst früh im Projektverlauf überprüfen.

Bei der Einschätzung des inhärenten Projektrisikofaktors „Mangelnde Datenqualität" können folgende Fragen unterstützen und als Anregung für die Identifikation von konkreten Projektrisiken dienen:

- Sind die Anwender mit der Datenqualität zufrieden?
- Gibt es durch mangelnde Datenqualität Probleme bei den Geschäftsprozessen oder bei der Anwendungsentwicklung?
- Ist die Qualität der vorhandenen Geschäftsdaten (Vollständigkeit, Richtigkeit, Angemessenheit und Konsistenz) bekannt? Gibt es Prozesse, Verfahren und Metriken, die laufend Aussagen über die Datenqualität und Datenintegrität liefern?
- Sind ausreichende Kontrollen in den existierenden Geschäftsprozessen vorhanden, die eine ausreichende Datenqualität und –integrität bei der Erfassung und weiteren Verarbeitung gewährleisten?
- Wurde die Datenkonsistenz in der Vergangenheit systematisch untersucht? Wurden die Datenbestände in der Vergangenheit systematisch bereinigt?

## 6.7.4    Projektrisiko-Checkliste

Zum Abschluss des Projektrisikobereiches „Daten" folgt die bewährte Übersicht der einzelnen Projektrisikofaktoren mit Leitfrage und Bewertungshinweisen.

***Tab. 6.8***  *Risiko-Checkliste für den Projektrisikobereich „Daten"*

| IT-Projektrisikofaktoren | Leitfrage | Bewertungshinweis |
|---|---|---|
| Fehlende Informationsarchitektur | Gibt es eine dokumentierte, übergreifende Informationsarchitektur? | Hoch (5): Der Projekterfolg hängt stark von der Qualität der vorhandenen Daten ab. Die Informationsarchitektur ist nicht klar dokumentiert und eine Informationskultur ist nicht vorhanden. |
| | | Niedrig (1): Die Anforderungen des IT-Projektes an die Daten sind gering. Die Informationsarchitektur ist gut dokumentiert und wird durch eine Informationskultur unterstützt. |
| Unzureichend dokumentierte Datenspeicher | Sind alle vorhandenen Datenspeicher, die das Projekt beeinflussen können, bekannt und ausreichend dokumentiert? | Hoch (5): Der Projekterfolg hängt stark von der Qualität der vorhandenen Daten ab. Die vorhandenen Datenspeicher sind vielfältig, komplex und nicht dokumentiert. |
| | | Niedrig (1): Die Anforderungen des IT-Projektes an die Daten sind gering. Die projektrelevanten Datenspeicher sind identifiziert und nachvollziehbar dokumentiert. |
| Mangelnde Datenqualität | Ist die Qualität der projektrelevanten Daten bekannt und ausreichend? | Hoch (5): Der Projekterfolg hängt stark von der Qualität der vorhandenen Daten ab. Die Qualität der projektrelevanten Daten ist nicht bekannt. Die Anwender sind mit der Datenqualität im Allgemeinen nicht zufrieden. |
| | | Niedrig (1): Die Anforderungen des IT-Projektes an die Daten sind gering. Die Qualität der projektrelevanten Daten ist analysiert worden und wird durch Geschäftsprozesse mit starken Kontrollen fortlaufend sichergestellt. |

# 6.7.5     Projektrisikoindikatoren

Zum Abschluss des Projektrisikobereiches „Daten" werden nachfolgend wieder einige Projektrisikoindikatoren als Anregung vorgestellt.

- **Auswirkung auf Informationsarchitektur**
Dieser Indikator kann eine einheitliche Bewertung für die Bedeutung des Projektrisikobereiches „Daten" unterstützen [CCTA00]. Die Bewertungsspanne reicht von „Greenfield"-Entwicklung (1) bis zu starker Einbindung in bestehende Architektur über Schnittstellen/Datenkonvertierung (5).

- **Anzahl der projektrelevanten Datenspeicher und Datenlieferanten**
Dieser Indikator kann eine einheitliche Bewertung der Komplexität beim Risikofaktor „Fehlende Informationsarchitektur" unterstützen.

- **Anzahl der projektrelevanten, redundanten Datenspeicher, die nicht unter Replikationskontrolle stehen**
Dieser Indikator kann eine einheitliche Bewertung beim Risikofaktor „Fehlende Informationsarchitektur" unterstützen.

- **Anzahl der projektrelevanten, nicht ausreichend dokumentierten Datenspeicher und Datenlieferanten**
Dieser Indikator kann eine einheitliche Bewertung beim Risikofaktor „Unzureichend dokumentierte Datenspeicher" unterstützen.

- **Anzahl der fehlerhaften Datensätze/Gesamtanzahl der Datensätze**
Dieser Indikator setzt die Anzahl der fehlerhaften Datensätze ins Verhältnis zur Gesamtanzahl der Datensätze in den bestehenden, projektrelevanten Datenbeständen. Der Indikator kann eine einheitliche Bewertung der Fehlerquote beim Risikofaktor „Mangelnde Datenqualität" unterstützen. Eine mögliche Einteilung wäre:

(1)     < 1 % fehlerhafte Datensätze
(2)     < 5 % fehlerhafte Datensätze
(3)     < 10 % fehlerhafte Datensätze
(4)     < 20 % fehlerhafte Datensätze
(5)     > 20 % fehlerhafte Datensätze

- **Anzahl der Beschwerden über die bestehenden, projektrelevanten Datenbestände**
Dieser Indikator kann eine einheitliche Bewertung der Fehlerquote beim Risikofaktor „Mangelnde Datenqualität" unterstützen.

# 7    Projektkontrollen aufnehmen und beurteilen

*„Proper project implementation includes controls, policies and procedures, training, testing, contingency planning, and proper oversight of any outsourcing." [OCC983]*

Bei der Aufnahme und Beurteilung der Projektkontrollen wird die Wirksamkeit der vorhandenen Projektsteuerungs- und -kontrollverfahren (im Folgenden teilweise auch kurz „Projektkontrollverfahren" genannt) bzw. – je nach Analysetiefe – der konkreten Projektkontrollen ermittelt. Die Erfassung und Beurteilung der Projektkontrollen erfolgt im Rahmen der gleichen Projektbereichssystematik wie die Identifikation und Beurteilung der inhärenten Projektrisiken. Dadurch ermöglicht die Vorgehensweise, am Ende sowohl zu einer Bewertung der verbleibenden Projektrisiken auf der Ebene der Projektrisiko- und -kontrollbereiche zu gelangen als auch konkreten Projektrisiken entsprechende Projektkontrollen gegenüber zu stellen.

Die klare Trennung zwischen der Aufnahme und Beurteilung der Projektrisiken und Aufnahme und Beurteilung der Projektkontrollen ermöglicht insbesondere eine risikoorientierte Schwerpunktsetzung bei der Beurteilung der Projektsteuerungs- und -kontrollverfahren bzw. der Projektkontrollen in den als risikobehaftet identifizierten Projektbereichen und damit eine effiziente Vorgehensweise für das Projektrisikomanagement. Für Projektbereiche, in denen kein hohes inhärentes Risiko festgestellt wurde, kann die Aufnahme der Projektkontrollverfahren entweder komplett entfallen oder in vermindertem Umfang durchgeführt werden.

## 7.1    Vorgehensweise

Zur Beurteilung der Projektkontrollen müssen die vorhandenen und geplanten Projektsteuerungs- und -kontrollverfahren in den als kritisch definierten Projektbereichen aufgenommen und deren Angemessenheit und Effektivität beurteilt werden.

### 7.1.1    Projektkontrollen aufnehmen

Die systematische Aufnahme der vorhandenen und geplanten Projektkontrollen kann anhand der nachfolgend vorgestellten Projektkontrollziele erfolgen. Die dargestellten Projektkontrollziele sollten die wichtigsten Projektkontrollen abdecken und damit eine vollständige Aufnahme erleichtern. Ergänzungen können jedoch jederzeit vorgenommen werden.

Die Aufnahme (und Beurteilung) der vorhandenen und geplanten Projektkontrollverfahren sowie der konkreten Projektkontrollen kann durch folgende Methoden unterstützt werden:

- **Analyse von Projektergebnissen**

Die Analyse von dokumentierten Projektergebnissen wie Projektaufträgen, Projektplänen, Verträgen, Arbeitsanweisungen, Testkonzepten etc. kann einerseits einen schnellen Einblick in den Umfang der vorhandenen Projektsteuerungs- und -kontrollmaßnahmen sowie andererseits auch eine Beurteilung der Angemessenheit und Qualität dieser Maßnahmen ermöglichen. Als Anregung für mögliche dokumentierte Nachweise von Projektkontrollmaßnahmen sind in der Zusammenfassung zu jedem Projektkontrollbereich einige Dokumente angegeben, die Rückschlüsse auf das Vorhandensein und die Qualität der Projektkontrollverfahren zulassen.

- **Befragung von ausgewählten Mitarbeitern in Interviews**

Die Befragung von ausgewählten Mitarbeitern, die für die einzelnen Projektkontrollverfahren verantwortlich sind, sollte die Analyse der dokumentierten Projektergebnisse ergänzen. In der Befragung können einerseits die Ergebnisse der Dokumentenanalyse verifiziert und andererseits nicht dokumentierte Projektkontrollverfahren sowie konkrete Projektkontrollen aufgenommen werden. Zur Unterstützung der Interviews sind die wichtigsten Projektsteuerungs- und -kontrollverfahren für jeden Projektkontrollbereich nachstehend erläutert bzw. als Fragen formuliert.

- **Befragung von ausgewählten Mitarbeitern mittels Fragebogen**

Die Befragung von ausgewählten Mitarbeitern mittels Fragebogen zur Beurteilung der Projektsteuerungs- und -kontrollverfahren oder der konkreten Projektkontrollen sollte nur ergänzend oder in begründeten Ausnahmefällen gewählt werden, da die Qualität der ermittelten Projektkontrollverfahren anhand von Fragebögen in der Regel nicht beurteilt werden kann.

## 7.1.2    Projektkontrollen beurteilen

Aufnahme und Beurteilung der Projektsteuerungs- und -kontrollmaßnahmen bzw. Projektkontrollen lassen sich nicht streng voneinander trennen. Die Beurteilung der vorhandenen Projektsteuerungs- und -kontrollverfahren bzw. Projektkontrollen sollte jedoch zusätzlich durch nachgelagerte Beobachtungen und eigene Analysen unterstützt werden, da die Angaben von Projektbeteiligten über die Wirksamkeit von Projektkontrollen in der Praxis häufig nicht mit den Ergebnissen einer objektiven Analyse übereinstimmen.

- **Beobachtung**

Durch die Beobachtung von Projektaktivitäten und Geschäftsprozessen können die Erkenntnisse aus der Dokumentenanalyse und den Interviews in Stichproben verifiziert werden.

- **Eigene Analysen**

Eigene Analysen können insbesondere bei fehlenden projekteigenen Analysen ein objektives Maß für die Wirksamkeit der Projektsteuerungs- und -kontrollverfahren bzw. Projektkontrollen sein. Die am Ende eines jeden Projektkontrollbereiches aufgeführten Projektkontrollindikatoren sollen dabei als Anregung für eigene Analysen dienen.

Für die Beurteilung der Wirksamkeit der Projektsteuerungs- und -kontrollverfahren bzw. Projektkontrollen werden keine Bewertungshinweise vorgeschlagen, da die einzelnen IT-Projekte – z.B. im Hinblick auf Projektart und –umfang, Vorgehensmodell und Risikogehalt – zu unterschiedlich sind. Die Wirksamkeit der Projektkontrollen muss daher projektindividuell auf Basis der bei den einzelnen Projektkontrollen angeführten Hinweise und Fragen sowie aufgrund der Erfahrung und Einschätzung des Risikomanagers sowie der Projektbeteiligten und -betroffenen beurteilt werden. Unwirksame Projektkontrollen stellen letztendlich – insbesondere in Projektbereichen mit hohem Risiko – Projektrisiken dar und müssen bei der nachfolgenden Risikoanalyse und -priorisierung detailliert betrachtet werden (s. Kapitel 8.2).

Die Ergebnisse der Beurteilung der Projektsteuerungs- und -kontrollverfahren werden analog zur Beurteilung der Projektrisikofaktoren für jeden Projektkontrollbereich zusammengefasst.

*Tab. 7.1  Kontrollbeurteilung für den Projektkontrollbereich Daten*

| Projektkontrollziele | Beurteilung | Gewichtung (optional) | Bewertung nach Gewichtung (optional) |
|---|---|---|---|
| Anforderungen an die Daten | 2 | 40 % | 0,8 |
| Angemessene Datenqualitätskontrollen | 2 | 20 % | 0,4 |
| Planung der Datenbereitstellung | 1 | 20 % | 0,2 |
| Test der Datenübernahme | 2 | 20 % | 0,4 |
| Kontrollierte Datenübernahme | - | - | - |
| **Wirksamkeit der Projektkontrollen** | **1,75** | | **1,8** |

Die oben stehende Tabelle zeigt am Beispiel des Projektkontrollbereiches Daten, wie sich aus einzelnen Projektkontrollen eine Beurteilung der Wirksamkeit der Projektsteuerungs- und -kontrollverfahren (1 = wirksam, 5 = unwirksam) eines Projektkontrollbereiches ergeben kann. Dabei werden die Projektkontrollziele im einfachsten Fall gleichgewichtig betrachtet. Optional können die Projektkontrollziele innerhalb des Projektkontrollbereiches gewichtet werden. Eine solche Gewichtung ist jedoch projektspezifisch vorzunehmen.

Im Unterschied zu den Projektrisiken sind die Projektsteuerungs- und -kontrollverfahren bzw. die konkreten Projektkontrollen für die einzelnen Projektkontrollziele phasenspezifisch. Daher ist in diesem Beispiel aus der Testphase eines IT-Projektes heraus noch keine vollständige Beurteilung der Projektkontrollen für die Datenübernahme möglich.

# 7.2      Geschäftliche Ausrichtung

Zur Beurteilung dieses Projektkontrollbereiches werden vor allem Projektsteuerungs- und -kontrollverfahren im Zusammenhang mit der Abstimmung des IT-Projektes auf die Geschäftsziele adressiert. Die vorhandenen Projektsteuerungs- und -kontrollverfahren sollen sicherstellen, dass die Ziele des IT-Projektes mit den Geschäftszielen im Einklang stehen. Dieser Projektkontrollbereich steht in enger Beziehung zu den Prinzipien einer IT-Governance für Projekte (s.a. Kap. 3.1.1).

Zu den wichtigen Projektkontrollzielen in diesem Bereich gehören neben einer strategischen Übereinstimmung mit den Geschäftszielen auch eine klare Projektpriorisierung und -zielsetzung, eine abgestimmte Projektbudgetierung sowie eine unabhängige Risikobetrachtung.

## 7.2.1      Übereinstimmung mit den Geschäftszielen

*„A crucial part is to build a consensus among the various stakeholders." [JiKlMe00]*

Die vorhandenen Projektsteuerungs- und -kontrollverfahren sollten sicherstellen, dass das IT-Projekt die wichtigsten Geschäftsziele und -strategien unterstützt. Ein schwacher Zusammenhang mit der Geschäftsstrategie ist schließlich einer der Hauptgründe für das Scheitern von IT-Projekten (s. Kapitel 4.1.3).

Voraussetzung für die Übereinstimmung der Geschäftsziele mit den Zielen des IT-Projektes ist das Vorhandensein einer gleichen Sichtweise auf die gemeinsamen Unternehmensziele sowie der für die Umsetzung der Unternehmensziele zugehörigen Erfolgsfaktoren. Die Übereinstimmung mit den Geschäftszielen sollte sowohl durch eine entsprechende Dokumentation als auch durch eine sichtbare Unterstützung durch Vertreter der Geschäftsbereiche deutlich werden. Die Unterstützung durch das Management war in der Chaos-Studie der Standish Group (s. Kapitel 4.1.2) einer der am häufigsten genannten Erfolgsfaktoren für IT-Projekte.

Folgende Fragen können die Aufnahme und Beurteilung der vorhandenen Projektsteuerungs- und -kontrollverfahren zur Sicherstellung der Übereinstimmung mit den Geschäftszielen unterstützen:

- Existiert ein formaler Geschäftsplan (business case) mit Angaben über die Kosten und den Nutzen für jedes Projektergebnis?
- Steht das IT-Projekt im Einklang mit der bestehenden Geschäftsstrategie? Wie wird diese Übereinstimmung dokumentiert und überwacht?
- Steht das IT-Projekt im Einklang mit der bestehenden IT-Strategie? Wie wird diese Übereinstimmung dokumentiert und überwacht?
- Wird das IT-Projekt von Vertretern der Geschäftsbereiche mit entsprechender Seniorität aktiv unterstützt? Wie wird diese Unterstützung sichtbar?
- Wird die Übereinstimmung der Projektziele mit den Geschäftszielen und der IT-Strategie nach jeder wesentlichen Änderung der Anforderungen erneut überprüft?

- Gibt es Mechanismen, damit das IT-Projekt Marktänderungen zeitnah erkennen und auf diese flexibel reagieren kann?

## 7.2.2    Management des Projektportfolios

*The organisation's project management framework should ensure that for each proposed project, the organisation's senior management reviews the reports of the relevant feasibility studies as a basis for its decision on whether to proceed with the project. (Kontrollziel für den COBIT-Prozess „Manage Projects")*

Die vorhandenen Projektsteuerungs- und -kontrollverfahren sollten sicherstellen, dass die einzelnen Projekte auf Unternehmensebene unter Berücksichtigung der vorhandenen Ressourcen und der Geschäftsziele eindeutig priorisiert werden. Die zitierte Daily Telegraph-Studie (s. Kapitel 4.1.5) zählt eine klare Priorität des Projektes im Unternehmen zu den kritischen Erfolgsfaktoren für IT-Projekte. Zusätzlich birgt das Thema Projektportfoliomanagement eine wirtschaftliche Komponente: Eine Umfrage der Beratungsgesellschaft Bearingpoint ergab, dass Unternehmen mit einem funktionierenden Portfoliomanagementprozess durchschnittlich sieben Prozent des DV-Budgets und rund 20 Prozent des IT-Investitionsvolumens einsparen. Allerdings macht ein stringentes Portfoliomanagement erst ab einer hinreichend großen Anzahl von IT-Projekten Sinn. Als Richtgröße kann ungefähr die Untergrenze von 50 Projekten angenommen werden. [CZ3203]

Neue Projekte und wesentliche Erweiterungen bestehender Projekte sollten auf Unternehmensebene mit einer eindeutigen Priorität versehen werden. Dazu haben sich sog. „Business Opportunity Teams" bewährt, in denen Mitarbeiter aus der IT und anderen Unternehmensbereichen eng zusammenarbeiten, und die alle bestehenden und neuen Projekte begutachten. Die verwendeten Projektevaluierungskriterien sind verbindlich im Vorfeld der Projektpriorisierung festzulegen. Als Anhaltspunkte für die Priorisierung können folgende Kriterien dienen:

- Grad der Operationalisierung der Geschäftsziele (u.a. ROI, Nutzen, strategischer und technischer „Fit"),
- Abhängigkeit von anderen Projekten,
- Machbarkeit (als Ergebnis einer initialen Projektrisikountersuchung).

Die Projektpriorisierung sollte möglichst eindeutig erfolgen, d.h. nicht anhand von Kriterien wie hoch, mittel, niedrig, sondern anhand einer Rangliste von eins bis n. Ein geeigneter Ansatz für die Projektpriorisierung ist beispielsweise die Evaluierung anhand von Scoring-Modellen.

In der Gesamtschau der Projekte ist aber auch das individuelle Projektrisiko und die Risikoverteilung der verschiedenen Projekte im Projektportfolio zu berücksichtigen. Gravierende Folgen für das Unternehmen durch eine einseitige Risikoverteilung im Projektportfolio können so verhindert werden.

Die Entscheidung über die Genehmigung eines wesentlichen neuen Projektes bzw. einer wesentlichen Erweiterung eines bestehenden Projektes sollte am Ende jeder Phase (z.B. Idee, Vorstudie, Studie, Umsetzung) erneut erfolgen, um Änderungen beim Scoring in der Projektpriorisierung berücksichtigen zu können. Zusätzlich sollten alle Projekte in einen periodischen und unabhängigen Reporting- und Monitoring-Prozess eingebunden sein. Dadurch können zusammen mit einer zeitnahen Budgetplanung und unter Berücksichtigung von Projektinterdependenzen Projektredundanzen verhindert und Fehlinvestitionen vermieden werden.

Folgende Fragen können die Aufnahme und Beurteilung der vorhandenen Projektkontrollverfahren zur Gewährleistung eines unternehmensweiten Projektportfoliomanagements unterstützen:

- Werden alle Projektvorschläge auf Unternehmensebene nach einheitlichen Kriterien bewertet?
- Werden die Projekte auf Unternehmensebene unter Berücksichtigung der vorhandenen Projektrisiken und der Geschäftsziele eindeutig priorisiert?
- Wird die Projektpriorisierung regelmäßig aktualisiert?
- Ist das aktuelle IT-Projekt im Projektportfolio berücksichtigt?

## 7.2.3    Definierte Projektziele

*The organisation's project management framework should provide for the creation of a clear written statement defining the nature and scope of every implementation project before work on the project begins. (Kontrollziel für den COBIT-Prozess „Manage Projects")*

Die vorhandenen Projektsteuerungs- und -kontrollverfahren sollten sicherstellen, dass die Ziele des IT-Projektes klar definiert und abgestimmt sind. In der zitierten KPMG-Studie „IT Runaway Systems" (s. Kapitel 4.1.1) waren nicht ausreichend definierte Projektziele die am häufigsten genannte Ursache für Projektfehlläufer. Ebenso gehörte ein unklarer Projektauftrag bei der Befragung der Computerwoche (s. Kapitel 4.1.4) und bei der Forsa-Befragung (s. Kapitel 4.1.6) zu den am höchsten bewerteten Problemen bzw. Störfaktoren.

Projektziele bezeichnen die durch das Projekt anzustrebenden Aspekte [Ste98] und haben in der Regel die drei klassischen Dimensionen Zeit, Kosten sowie Leistung bzw. Qualität. Die Projektziele sollten grundsätzlich klar definiert sein, da die Realisierung sonst auf Annahmen beruht, die nicht mit den Erwartungen des Auftraggebers übereinstimmen können.

Die Projektziele werden häufig im Form einer Projektdefinition beschrieben, die auch eine Arbeitsgrundlage für das Projektcontrolling darstellt. Neben den erwähnten, klar formulierten Projektzielen sollte eine Projektdefinition auch die Projektabgrenzung und die Projektstrategie beschreiben sowie Aussagen zum Ressourcen- und Zeitbedarf und zur Wirtschaftlichkeit des Projektes enthalten [Gern01].

Weiterhin sollten die Projektziele von allen Projektbeteiligten, d.h. vom Management, von den Auftragebern, von den Nutzern und vom Projektteam, gemeinsam getragen werden. Nur durch eine frühzeitige, gemeinsame Abstimmung der Projektziele kann im weiteren Projekt-verlauf sichergestellt werden, dass alle Projektbeteiligten am gleichen Strang ziehen [JiKlMe00].

Die Beschreibung der Projektziele muss auch im Einklang mit der Machbarkeits- oder Vor-studie stehen. Eine Machbarkeits- oder Vorstudie dient der Untersuchung der Notwendigkeit und Machbarkeit des geplanten Projektes. Sie sollte die Ist-Situation und die vorhandenen Schwächen darstellen sowie mögliche Lösungen untersuchen und unter dem Aspekt der Rea-lisierbarkeit bewerten. Weiterhin sollten Abhängigkeiten und Risiken sowie weitere zur Ent-scheidungsfindung notwendigen Aspekte behandelt werden.

Folgende Fragen können die Aufnahme und Beurteilung der vorhandenen Projektkontrollver-fahren zur Erhaltung definierter Projektziele unterstützen:

- Sind die Projektziele dokumentiert und vom Auftraggeber verabschiedet worden?
- Stehen die Projektziele mit den Geschäftszielen des Unternehmens im Einklang?
- Umfassen die Projektziele die Anforderungen von allen betroffenen Organisationseinhei-ten?
- Berücksichtigt der Projektauftrag auch aufsichtsrechtliche, gesetzliche, steuerliche und sicherheitstechnische Anforderungen?
- Sind die Projektziele realistisch und quantifizierbar? Wurde eine Machbarkeits- oder Vorstudie durchgeführt?
- Ist explizit definiert, was nicht Bestandteil des Projektes ist (sog. „Nichtziele")?
- Gibt es ein Verfahren zur Änderung der Projektziele?

## 7.2.4    Umfassende Projektspezifikation

*„Das heißt, jede Spezifikation muss als Mindestanforderung eine vollständige Aufstellung der Ein- und Ausgaben enthalten, sie nach Möglichkeit benennen und zeigen, wie sie ausse-hen." (Mr. Tompkin in [DeM98])*

Die vorhandenen Projektsteuerungs- und -kontrollverfahren sollten sicherstellen, dass die Anforderungen an das IT-Projekt vollständig, klar definiert und abgestimmt sind. Mehrere der zitierten Studien (s.a. Kapitel 4.1.2, 4.1.4, 4.1.5, 4.1.7) ergaben, dass unzureichende An-forderungen einer der Hauptgründe sind, warum IT-Projekte scheitern. Sorgfältig erstellte Anforderungen sind aber nicht nur in diversen Studien ein wesentlicher Erfolgsfaktor, son-dern auch in der Literatur über Projektmanagement. Jensen und Tonies [JeTo79] führten bereits 1979 viele Projektfehlläufer auf unzureichende Anforderungen zurück und nennen als Hauptgründe u.a. ein unscharfes Verständnis der Anforderungen bei Benutzern, bei Kunden und beim Projektteam sowie eine unvollständige Dokumentation der Anforderungen. Auch Lichtenberg sieht präzise definierte und komplett dokumentierte Grundanforderungen als einen der wesentlichen Erfolgsfaktoren für IT-Projekte [Lic92]. James Martin unterstreicht die Bedeutung der Anforderungen als Erfolgsfaktor für IT-Projekte durch die Veröffentli-chung der folgenden Verteilung von Fehlerursachen und -aufwänden [Mar82]:

*Tab. 7.2*  *Verteilung der Fehlerursachen*

| Fehlerursache | Anteil | Aufwand |
|---|---|---|
| Anforderungen | 56 % | 82 % |
| Design | 27 % | 13 % |
| Programm | 7 % | 1 % |
| Sonstiges | 10 % | 4 % |

Die Anforderungsdefinition in Form von Pflichtenheften oder Fachkonzepten sollte alle fachlichen Anforderungen aus Sicht des Auftraggebers zusammenfassen und Aussagen zu Funktionalität, Datenstruktur, Benutzerschnittstellen, Qualitätszielen und Leistungsanforderungen enthalten. Für die Definition der Anforderungen im Rahmen eines Fachkonzeptes sind in der Literatur mehrere Basistechniken beschrieben. Im kaufmännischen Bereich werden – je nach Komplexität der Anforderungen – neben verbalen Anforderungsdefinitionen vor allem die Basistechniken

* Data Dictionary oder Entity Relationship-Diagramme für die Definition der Daten,
* Datenflussdiagramme und Funktionsbäume für die Definition der Funktionen, sowie
* Entscheidungstabellen oder
* Pseudocode für die Definition von Verarbeitungsalgorithmen

eingesetzt.

Um sicherzustellen, ob die Projektspezifikation ausreichend und klar definiert ist, müssen diese einer weitergehenden Betrachtung unterzogen werden. Für die Beurteilung von vorhandenen Anforderungen können dabei folgende Kriterien angewandt werden [SEI93]:

* Stabilität
Inwieweit sind die Anforderungen stabil bzw. welchen Effekt haben Änderungen der Anforderungen auf das Projektergebnis?

* Vollständigkeit
Sind alle für die Lösung des Problems notwendigen Elemente/Einzelheiten beschrieben? Gibt es Anforderungen, die nicht beschrieben sind? Sind die Anforderungen ausreichend spezifiziert?

* Klarheit
Sind die Anforderungen exakt und nicht vage beschrieben? Ist die Bedeutung jeder Aussage selbstverständlich? Ist die Beschreibung einfach zu lesen und zu verstehen?

* Korrektheit
Sind die Anforderungen inhaltlich fehlerfrei? Geben die Anforderungen die Kundenerwartung korrekt wieder?

- Umsetzbarkeit

Sind die Anforderungen technisch anspruchsvoll? Sind die Anforderungen widersprüchlich oder schwierig umzusetzen?

- Nachvollziehbarkeit

Gibt es eine Möglichkeit, die Anforderungen über die Phasen Design, Realisierung und Test nachzuvollziehen?

- Testbarkeit

Lassen sich aus den Anforderungen konkrete Testfälle mit erwarteten Ergebnissen ableiten?

Die Überprüfung dieser Kriterien kann durch Reviews, Analysen und Simulationen, aber auch durch Prototyping sichergestellt werden. Insbesondere Prototyping kann eine wirksame Maßnahme bei langlaufenden Projekten sein, um zu verhindern, dass an den Anwenderbedürfnissen vorbei entwickelt wird (z.B. durch fehlerhafte Softwarefunktionen, unkomfortable Benutzerschnittstellen) oder technische Möglichkeiten falsch eingeschätzt werden (z.B. durch unzureichende Performance, instabile Entwicklungswerkzeuge).

Das Pflichtenheft oder Fachkonzept stellt die Basis für eine valide Planung aller weiteren Entwicklungsphasen sowie für die spätere Abnahme des fertigen IT-Systems dar. Außerdem kann ohne eindeutig definierte Anforderungen keine verlässliche Kosten- und Terminplanung erfolgen.

Aufgrund der Bedeutung der Pflichtenhefte oder Fachkonzepte sind unbedingt konstruktive Qualitätssicherungsmaßnahmen (u.a. Vorgabe einer Mindestgliederung) vorzunehmen. Nachgelagert stellt neben den oben bereits erwähnten Reviews, Analysen und Simulationen auch die Ableitung von Anwendungsbeispielen für die Testfallerstellung eine weitere analytische Qualitätssicherungsmaßnahme dar, um die Konsistenz des Fachkonzeptes zeitnah zu überprüfen und gleichzeitig den Grundstein für ein effizientes Testvorgehen zu legen.

Folgende Fragen können die Aufnahme und Beurteilung der vorhandenen Projektkontrollverfahren für das Projektkontrollziel „Umfassende Projektspezifikation" unterstützen:

- Sind die Anforderungen in ausreichender Quantität und Qualität dokumentiert und vom Auftraggeber abgenommen?
- Wird ein Tool für das Anforderungsmanagement eingesetzt?
- Sind angemessene konstruktive und analytische Qualitätssicherungsmaßnahmen vorgesehen?
- Wurden die Anforderungen u.a. auf Vollständigkeit, Klarheit, Korrektheit sowie Umsetzbarkeit und Testbarkeit überprüft?
- Gibt es ein Verfahren zur Änderung der Anforderungen?

# 7.2.5    Projektrisikomanagement

*Management should implement a formal project risk management programme for eliminating or minimising risks associated with individual projects. (Kontrollziel für den COBIT-Prozess „Manage Projects")*

Die vorhandenen Projektsteuerungs- und -kontrollverfahren sollten sicherstellen, dass die Projektrisiken identifiziert, beurteilt und überwacht werden. Die zitierte Daily Telegraph-Studie (s. Kapitel 4.1.5) nennt die Durchführung einer Projektrisikoanalyse als einen der kritischen Erfolgsfaktoren für IT-Projekte. Auch bei der Forsa-Befragung (s. Kapitel 4.1.6) war die Fehleinschätzung von Projektrisiken einer der am häufigsten genannten Störfaktoren beim Management von Projekten.

Der Auftraggeber (z.B. der Geschäftsbereich) sollte aus seiner Kenntnis des Marktumfeldes und des Unternehmensumfeldes eine Risikoanalyse bereits im Vorfeld des Projektes durchführen. Dabei sollten sowohl interne Risiken, die durch geschäftsbereichsinterne Faktoren wie mangelnde Ressourcen oder eine unzureichende Organisation begründet sind, als auch externe Risiken, die vom IT-Projekt bzw. Unternehmen nicht beeinflussbar sind, wie zunehmender Wettbewerb oder sich ändernde rechtliche oder politische Rahmenbedingungen, berücksichtigt werden.

Darüber hinaus sollte der Auftraggeber auch Alternativen z.B. im Falle von Änderungen der politischen oder strategischen Ausrichtung bedenken. Dies war beispielsweise eine Empfehlung der Befragten der KPMG-Umfrage „IT Runaway Systems" (s. Kapitel 4.1.1).

Die weiteren Anforderungen an ein effizientes Projektrisikomanagement sind Gegenstand dieses Buches und werden daher an dieser Stelle nicht nochmals erläutert.

Folgende Fragen können die Aufnahme und Beurteilung der vorhandenen Projektkontrollverfahren für ein angemessenes Projektrisikomanagement unterstützen:

- Wurde vom Auftraggeber eine Risikoanalyse der internen und externen Risiken im Vorfeld des Projektbeginns durchgeführt?
- Wird diese Risikoanalyse vom Auftraggeber in regelmäßigen Abständen wiederholt?
- Werden Änderung der Projektziele oder des Projektumfanges im Hinblick auf die vorhandenen Projektrisiken vom Auftraggeber bewertet?
- Werden die Projektrisiken während des laufenden Projektes regelmäßig geeignet identifiziert, beurteilt und  überwacht?
- Umfasst das Projektrisikomanagement sowohl quantitative als auch qualitative Elemente?
- Wird das Projektrisikomanagement von einer vom Projekt unabhängigen Stelle koordiniert?

## 7.2.6 Genehmigtes Projektbudget

*Number of budget reviews (Key Performance Indicator für den COBIT-Prozess „Manage Projects")*

Die vorhandenen Projektsteuerungs- und -kontrollverfahren sollten sicherstellen, dass die finanziellen Auswirkungen des IT-Projektes (Stichwort: Funding) bedacht sowie eine Kosten-Nutzen-Analyse durchgeführt und mit den Auftraggebern abgestimmt wurde.

Die Ermittlung des Projektbudgets ist ein Bestandteil des Projektplanungsprozesses, der in Kapitel 7.3.4 ausführlich behandelt wird. In diesem Kontrollbereich liegt der Schwerpunkt auf der Wirtschaftlichkeitsberechnung, die der Auftraggeber im Vorfeld der Projektentscheidung durchführen sollte. Neben der Kostenveränderung durch das Projektergebnis ist dabei auch nicht-monetärer Nutzen in die Betrachtung miteinzubeziehen. Der Nutzen ist jedoch teilweise nur schwer quantifizierbar, insbesondere der sog. „Sekundärnutzen" (z.B. durch Imageverbesserung), und daher kritisch zu hinterfragen. Die Differenz aus bisherigen und zukünftigen Kosten addiert mit dem nicht-monetären Nutzen ist dem geplanten Projektbudget gegenüberzustellen.

Folgende Fragen können die Aufnahme und Beurteilung der vorhandenen Projektkontrollverfahren sowie der konkreten Projektkontrollen für das Projektkontrollziel „Genehmigtes Projektbudget" unterstützen:

- Wurde eine nachvollziehbare Kosten-Nutzen-Analyse erstellt?
- Wird die Kosten-Nutzen-Analyse in regelmäßigen Abständen aktualisiert?
- Wurde das Projektbudget mit einem nachvollziehbaren Ansatz erstellt?
- Wurde das Projektbudget formal verabschiedet? Steht das Projektbudget im Einklang mit den Rahmenbedingungen des Geschäftsbereiches?
- Werden Änderung der Projektziele, des Projektumfanges oder des Projektbudgets frühzeitig erkannt und im Hinblick auf die Kosten-Nutzen-Analyse bewertet?
- Wird das Projektbudget bei Bedarf/laufend angepasst?

## 7.2.7 Projektkontroll-Checkliste

Die folgende Übersicht fasst durch die Formulierung einer Leitfrage die Kernpunkte der einzelnen Projektkontrollziele in dem Projektkontrollbereich „Geschäftliche Ausrichtung" zusammen. Zusätzlich werden beispielhaft Dokumente aufgelistet, die eine erste Beurteilung der vorhandenen Projektsteuerungs- und -kontrollverfahren sowie der konkreten Projektkontrollen ermöglichen.

*Tab. 7.3*   *Kontroll-Checkliste für den Projektkontrollbereich „Geschäftliche Ausrichtung"*

| IT-Projektkontrollziele | Leitfrage | Dokumentation |
|---|---|---|
| Übereinstimmung mit Geschäftszielen | Unterstützt das IT-Projekt die wichtigsten Geschäftsziele? | Geschäftsstrategie |
| Management des Projektportfolios | Werden alle Projekte auf Unternehmens-ebene eindeutig priorisiert? | Beschreibung des Projektportfo-liomanagementprozesses<br>Liste der priorisierten Projekte |
| Definierte Projektziele | Sind die Projektziele klar definiert und abgestimmt? | Projektauftrag<br>Machbarkeitsstudie |
| Umfassende Projektspezi-fikation | Sind die Projektanforderungen vollständig, klar definiert und abgestimmt? | Fachkonzept<br>Reviewdokumentation |
| Projektrisikomanagement | Werden alle internen und externen Projekt-risiken identifiziert, beurteilt und über-wacht? | Beschreibung des Projektrisiko-managementprozesses<br>Projektrisikoliste |
| Genehmigtes Projektbudget | Wurden die finanziellen Auswirkungen des IT-Projektes bedacht und eine Kosten-Nutzen-Analyse durchgeführt? | Kosten-Nutzen-Analyse |

## 7.2.8    Projektkontrollindikatoren

*„You cannot control, what you cannot measure."* (Tom DeMarco)

Für den Projektkontrollbereich „Geschäftliche Ausrichtung" werden die nachfolgenden Projektkontrollindikatoren vorgeschlagen. Projektkontrollindikatoren sind Kennzahlen, die einerseits eine einheitliche und objektive Bewertung der Wirksamkeit der Projektkontrollverfahren bzw. Projektkontrollen ermöglichen und andererseits als Frühwarnindikator mögliche Änderungen in der Qualität der Projektsteuerungs- und -kontrollverfahren frühzeitig erkennen helfen können. Grundsätzlich sollte die Eignung der vorgeschlagenen Projektkontrollindikatoren jedoch sorgfältig vor dem ersten Einsatz überprüft werden. Insbesondere müssen die Schwellenwerte für die vorgeschlagenen Projektkontrollindikatoren projektindividuell eingestellt werden.

- **Anzahl der Sitzungen des Lenkungsausschusses**

Dieser Indikator kann ein Maß für die Wirksamkeit beim Projektkontrollziel „Übereinstimmung mit Geschäftszielen" sein. Voraussetzung ist natürlich die richtige Besetzung des Lenkungsausschusses.

- **Priorisierung des Projektes im Projektportfolio des Unternehmens**

Dieser Indikator ist Voraussetzung für das Projektkontrollziel „Management des Projektportfolios" und gleichzeitig ein Maß für die Priorität des Projektes und damit für das Projektkontrollziel „Übereinstimmung mit Geschäftszielen".

- **Anzahl der Change Requests seit Projektbeginn**

Dieser Indikator kann eine Überwachung der Stabilität der Anforderungen beim Projektkontrollziel „Umfassende Projektspezifikation" unterstützen.

- **Anzahl der unveränderten Anforderungen/Gesamtanzahl der Anforderungen**

Dieser Indikator setzt die Anzahl der unveränderten Anforderungen ins Verhältnis zur Gesamtanzahl der Anforderungen. Der Indikator kann eine Überwachung der Stabilität der Anforderungen beim Projektkontrollziel „Umfassende Projektspezifikation" unterstützen. Eine Variante dieses Indikators wäre die Anzahl der neuen Anforderungen im Verhältnis zur Gesamtanzahl der Anforderungen.

- **Anzahl der Nachfragen zum Fachkonzept**

Dieser Indikator kann eine Überwachung der Qualität und Stabilität der Anforderungen beim Projektkontrollziel „Umfassende Projektspezifikation" unterstützen.

- **Anzahl der Ursachen für Change Requests**

Dieser Indikator kann eine Überwachung der Stabilität der Anforderungen beim Projektkontrollziel „Umfassende Projektspezifikation" unterstützen. Eine mögliche Bewertungsgliederung [KPMG92] wäre:

(1)     Eine Ursache
(2)     Zwei Ursachen
(3)     Drei Ursachen
(4)     4–5 Ursachen
(5)     über 5 Ursachen

- **Anzahl der identifizierten Projektrisiken**

Über die Änderung dieses Indikators kann die Wirksamkeit der Projektkontrollen für das Projektkontrollziel „Projektrisikomanagement" beurteilt werden. Dieser Indikator kann z.B. den Umfang der Risikomanagementaktivitäten über den Projektverlauf anzeigen.

- **Anzahl der Reviews des Projektbudgets**

Dieser Indikator kann die Beurteilung für das Projektkontrollziel „Genehmigtes Projektbudget" unterstützen.

# 7.3     Projektmanagement

Zur Beurteilung dieses Projektkontrollbereiches werden die wichtigsten Teilaufgaben des Projektmanagements betrachtet. Dabei wird einerseits Wert auf eine sorgfältige Projektplanung als notwendige Basis bei der späteren Projektdurchführung und -steuerung gelegt, andererseits werden aber auch die weichen Faktoren wie Kommunikation und Teammanagement ausführlich betrachtet.

## 7.3.1    Bewährter Projektleitfaden

*Management should establish a general project management framework which defines the scope and boundaries of managing projects, as well as the project management methodology to be adopted and applied to each project undertaken. The methodology should cover, at a minimum, the allocation of responsibilities, task breakdown, budgeting of time and resources, milestones, check points and approvals. (Kontrollziel für den COBIT-Prozess „Manage Projects")*

Die vorhandenen Projektsteuerungs- und -kontrollverfahren sollten sicherstellen, dass ein bewährter Leitfaden oder ein erprobtes Handbuch für das Management von IT-Projekten vorhanden ist, in dem alle wichtigen Aufgaben und Methoden zur Durchführung eines IT-Projektes beschrieben werden. In der zitierten KPMG-Studie „IT Runaway Systems" (s. Kapitel 4.1.1) waren unzureichende Projektmanagementmethoden eine der am häufigsten genannten Gründe für Projektfehlläufer. Auch die Daily Telegraph-Studie (s. Kapitel 4.1.5) führt das Vorhandensein eines IT-Projektmanagementverfahrens als einen kritischen Erfolgsfaktor für IT-Projekte auf.

Ein Leitfaden für das Projektmanagement sollte den typischen unternehmensspezifischen Projektablauf, die Projektorganisation mit Organen und Rollen, die Spielregeln und Arbeitsweisen, die anzuwendenden Projektmanagementmethoden zur Projektplanung, -überwachung und -steuerung sowie die Genehmigungsverfahren und Qualitätssicherungspunkte enthalten.

Die Aufnahme und Beurteilung der vorhandenen Projektsteuerungs- und -kontrollverfahren für das Projektkontrollziel „Bewährter Projektleitfaden" kann durch folgende Fragen unterstützt werden:

• Verfügt das Unternehmen über einen Leitfaden oder Handbuch für das Projektmanagement?
• Wird der Leitfaden durchgängig im Unternehmen angewandt? Sind die dort beschriebenen Vorgehensweisen und Methoden bereits erfolgreich eingesetzt worden?
• Sind die dort beschriebenen Vorgehensweisen und Methoden für das IT-Projekt angemessen?
• Wird der Leitfaden laufend aktualisiert? Werden Erfahrungen aus abgeschlossenen IT-Projekten in den Leitfaden eingearbeitet?

## 7.3.2    Dokumentierte Projektvereinbarung

*The content of the project plan should include statements of scope, objectives, required resources and responsibilities and should provide information to permit management to measure progress. (Kontrollziel für den COBIT-Prozess „Manage Projects")*

Die vorhandenen Projektsteuerungs- und -kontrollverfahren sollten sicherstellen, dass – über die Projektziele (s. Kap. 7.2.3) hinaus – eine klare Projektvereinbarung zwischen dem Projektmanagement und dem Auftraggeber existiert und die Verantwortlichkeiten beim Management klar zugewiesen sind. Die Daily Telegraph-Studie (s. Kapitel 4.1.5) nennt in diesem Zusammenhang klare Verantwortlichkeiten beim Management als einen der kritischen Erfolgsfaktoren für IT-Projekte.

In dem Bestreben das Projekt zügig anzugehen werden IT-Projekte häufig ohne eine umfassende Projektinitialisierung, die auch das Projektumfeld betrachtet, begonnen. Versäumnisse, die dem Projektmanagement zu diesen Zeitpunkt unterlaufen, führen spätestens bei Projektende zu erheblichen Problemen, die nur noch mit unverhältnismäßigem Aufwand zu beseitigen sind.

Die Projektvereinbarung sollte die Aufgabenstellung, die wichtigsten Planungsziele (Leistungs-, Termin- und Kostenziele) sowie die sonstigen Bedingungen (z.B. Anwendung von bestimmten Projektmanagementmethoden oder von Programmierstandards) und Anforderungen (z.B. Berichterstattung, verbindliche Review-Verfahren), die bei der Projektabwicklung zu beachten sind, enthalten. Bei Projektinitialisierung kann die Projektaufgabe auch bereits in überschaubare, grobe Teilschritte, die sich aus der Aufgabenstellung ergeben, aufgeteilt werden.

In der Projektvereinbarung sollte auch klar vereinbart sein, was nicht im Projektumfang enthalten sein soll. Diese Abgrenzungen können z.B. funktional, geographisch oder prozessorganisatorisch sein (sog. „Nicht-Ziele"). Weiterhin sollte die Projektvereinbarung alle Annahmen und Abhängigkeiten dokumentieren, auf denen die spätere Projektplanung aufbaut. Diese Annahmen sollten im weiteren Projektverlauf immer wieder überwacht und fortgeschrieben werden.

Am Ende des Projektes sollte der Erfolg und Nutzen eines IT-Projektes gemessen werden können. Die Kriterien zur Messung des Projektnutzens und -erfolges sollten ebenfalls bereits bei der Projektinitialisierung festgelegt werden. Die Betrachtung des Projektnutzens sollte im Projektverlauf fortgeschrieben und ggf. sich ändernde Geschäftsbedingungen berücksichtigen.

Die Aufnahme und Beurteilung der vorhandenen Projektsteuerungs- und –kontrollverfahren für das Projektkontrollziel „Dokumentierte Projektvereinbarung" kann durch folgende Fragen unterstützt werden:

* Gibt es eine schriftliche Projektvereinbarung mit dem Auftraggeber? Enthält die Projektvereinbarung die Aufgaben, Annahmen sowie sonstige Bedingungen und Anforderungen, die bei der Projektdurchführung zu beachten sind? Sind auch die Abgrenzungen im Sinne von Nicht-Zielen explizit aufgeführt?
* Ist die laufende Berichterstattung über den Projektstatus festgelegt?
* Sind wichtige Projektkontrollen wie das Management von Änderungen und Problemen, das Qualitäts- und Konfigurationsmanagement sowie das Risikomanagement festgelegt?
* Gibt es klare Kriterien für die Messung von Projekterfolg und Projektmisserfolg?
* Gibt es einen abgestimmten groben Projektplan, der den Ansatz, die wichtigsten Phasen und Meilensteine sowie eine Schätzung der benötigten internen und externen Ressourcen enthält?

# 7.3.3     Realistische Aufgaben- und Aufwandsplanung

*„Work expands to fill the available volume" (N. Parkinson)*

Die vorhandenen Projektsteuerungs- und -kontrollverfahren sollten sicherstellen, dass die einzelnen Aufgaben sorgfältig identifiziert, abgestimmt, weiter heruntergebrochen und mit einer realistischen Aufwandsschätzung versehen werden. Sowohl in den zitierten KPMG-Studien (s. Kapitel 4.1.1 und 4.1.3) als auch in der Chaos-Studie (s. Kapitel 4.1.2) waren schlechte bzw. mangelnde Planung einer der am häufigsten genannten Gründe für Projektfehlläufer.

Die Basis des nachfolgenden Kontrollziels „Umfassende Projektplanung" sollte eine sorgfältige Ermittlung aller Aufgaben des IT-Projektes darstellen. Diese ermittelten Aufgaben sind dann ggf. weiter zu unterteilen, bis handhabbare Aufgabenpakete entstehen. Für die einzelnen Aufgabenpakete ist dann zu bestimmen, wie hoch jeweils der Zeit- und Personalaufwand zur Erledigung dieses Aufgabenpaketes ist. Neben Schätzverfahren, die im Wesentlichen auf subjektiven Erfahrungswerten (z.B. Schätzung durch Analogie) beruhen, sind für IT-Projekte eine Vielzahl von Rechenverfahren (sog. „algorithmische Verfahren") entwickelt worden, die eine quantitativ nachvollziehbare Schätzung des Projektaufwandes ermöglichen. Die bekanntesten sind

- die Analogiemethode, bei der aufgrund des Aufwandes von ähnlichen, abgeschlossenen IT-Projekten der Aufwand für das neue IT-Projekt errechnet wird,
- die Function Point-Methode, bei der Funktionspunkte nach Funktionsumfang und Schwierigkeitsgrad vergeben und mit Einflussfaktoren multipliziert werden,
- die Data Point-Methode als Weiterentwicklung der Function-Point-Methode für die objektorientierte Softwareentwicklung sowie
- CoCoMo (Constructive Cost Model), das anhand der Anzahl der Programmierzeilen in Verbindung mit anderen Schätzfaktoren den Personalbedarf in Personalmonaten ermittelt.

Daneben gibt es noch eine Vielzahl unternehmensspezifischer Verfahren zur Aufwandsschätzung, die verschiedene Faktoren wie Funktionsumfang sowie Kenntnisse und Erfahrung der Mitarbeiter gewichten. Alle Rechenverfahren beruhen aber letztendlich auch auf Projekterfahrungen und sind daher nur solange gültig wie das IT-Projekt mit den vergangenen IT-Projekten, die als Basis für das Rechenverfahren dienten, vergleichbar ist. Insofern sind die Rechenverfahren in der Praxis durchaus umstritten.

Eine realistische Aufwandsschätzung für die einzelnen Aufgabenpakete ist für eine effiziente Projektdurchführung entscheidend. Bei zu engen Terminvorgaben werden wesentliche Aufgaben häufig vernachlässigt, was sich im weiteren Projektverlauf negativ auswirken kann (z.B. beim „jumping into coding"). Ebenso haben aber auch zu großzügige Terminvorgaben einen Pferdefuß. Das berühmte Parkinson'sche Gesetz behauptet bekanntlich, dass der Aufwand für eine Arbeit immer soweit wächst, wie die Zeit, die zur Verfügung steht. Obwohl Parkinson dieses Gesetz nicht mit Zahlenmaterial unterlegt hat, tendieren größere IT-Projekte erfahrungsgemäß bei einer zu großzügig bemessenen Zeitvorgabe dazu, diese auch einzuhalten.

Die Aufnahme und Beurteilung der vorhandenen Projektsteuerungs- und -kontrollverfahren für das Projektkontrollziel „Realistische Aufgaben- und Aufwandsplanung" kann durch folgende Fragen unterstützt werden:

- Sind die Aufgaben zur Erreichung des Projektzieles vollständig ermittelt?
- Wurden die Ziele, die Annahmen und die Ergebnisse für alle ermittelten Projektaufgaben definiert und abgestimmt?
- Wurden die ermittelten Projektaufgaben in handhabbare Arbeitspakete aufgeteilt?
- Ist für jedes Aufgabenpaket die benötigte Qualifikation und Erfahrung definiert?
- Ist für jedes Aufgabenpaket eine Zeitschätzung auf Basis eines nachvollziehbaren Schätzverfahrens durchgeführt worden?

## 7.3.4     Umfassende Projektplanung

*Management should ensure that for each approved project a project master plan is created which is adequate for maintaining control over the project throughout its life and which includes a method of monitoring the time and costs incurred throughout the life of the project. (Kontrollziel für den COBIT-Prozess „Manage Projects")*

Die vorhandenen Projektsteuerungs- und -kontrollverfahren sollten sicherstellen, dass ein detaillierter Projektplan existiert, der die Projektaufgaben mit Ressourcen unterlegt in einer logischen Abfolge darstellt. In der zitierten Chaos-Studie von 1995 (siehe Kapitel 4.1.2) sind als drei der wichtigsten Erfolgsfaktoren für IT-Projekte die richtige Projektplanung, realistische Erwartungen sowie kleinere Meilensteine genannt. Auch bei McConnell sind detaillierte Aktivitätenpläne einer der zehn Erfolgsfaktoren für die Softwareentwicklung (s. Kapitel 4.2.3).

Projektplanung wird allgemein als „vorausschauende Festlegung der Projektdurchführung" definiert [Ste98]. Der Projektplan gilt als das wichtigste Managementwerkzeug im Projektmanagement oder als das „Herzstück" der Projektleitertätigkeit [CR1299]. Entsprechend fordert CMM bereits für die Reifestufe zwei ein „software project planning", durch das alle Projektaktivitäten und -verantwortlichkeiten geplant und dokumentiert werden (s. Kapitel 3.2.1).

Eine solide Projektplanung geht über eine reine Zeitplanung in Form eines Balkendiagramms hinaus. In der Projektplanung sollten alle zur Erreichung der Projektziele erforderlichen Tätigkeiten einschließlich der dafür benötigten Ressourcen vorausgedacht werden. Die Projektplanung dient aber auch als Grundlage für die Projektüberwachung und -steuerung [RePo97] und sollte entsprechend der vorgegebenen Ziele insbesondere die geplanten Meilensteine (Qualität, Termine) enthalten. Messbare und klare Meilensteine waren bei der bereits zitierten Daily Telegraph-Studie (s. Kapitel 4.1.5) als einer der kritischen Erfolgsfaktoren für IT-Projekte identifiziert worden.

Im Rahmen einer umfassenden Projektplanung müssen alle wesentlichen Merkmale eines Projektes, wie

- Aufgaben (Phasenplan),
- Termine (Zeitplan),
- Personal (Personalplan, Organisationsplan, Trainings- und Schulungsplan),
- Sachmittel (Einsatzmittelplan, Ressourcenplan),
- Kosten (Kostenplan),
- Dokumentation (Dokumentationsplan),
- Qualität (Review-Plan und Testplan, Qualitätssicherungsplan, Abnahmetest),
- Änderungen (Change Control-Plan, Konfigurationsmanagementplan) sowie
- Berichterstattung (Statusberichtsplan, Kommunikationsplan)

geplant werden.

Basis der Projektplanung sollte ein fachliches Pflichtenheft mit einer detaillierten Problem- und Anforderungsanalyse (s. Kap. 7.2.4) sowie eine entsprechende Aufgaben- und Aufwandsplanung (s. Kap. 7.3.3) sein. Entscheidend für die konkrete Projektplanung ist die Festlegung auf eine phasenweise Vorgehensweise für die Erreichung des Projektergebnisses [Boe83]. Für die Softwareentwicklung wurden eine Vielzahl von Phasenkonzepten entwickelt. Die bekanntesten sind [Sch95]

- das V-Modell als verbindlicher Standard für IT-Projekte im öffentlichen Bereich in Deutschland,
- das Wasserfallmodell als bekanntestes und ältestes Phasenmodell, das sich am klassischen Software-Lebenszyklus orientiert,
- das Prototypingmodell, das durch die frühe Erstellung eines Programmentwurfes eine bessere Abstimmung mit den Anforderungen erlaubt sowie
- das Spiralmodell als Weiterentwicklung des Wasserfallmodells in Richtung eines inkrementellen Entwicklungsmodells.

Daneben werden in jüngster Zeit auch verschiedene objektorientierte Modelle, diverse nebenläufige Modelle, das Cleanroom Engineering oder XP (extreme Programmierung) angewandt.

Nach Festlegung der Vorgehensweise, der einzelnen Projektphasen und der Zuordnung der Projektaufgaben aus der Aufgabenplanung kann der klassische Projektterminplan erstellt werden. Für die Projektterminplanung stehen verschiedene Methoden von einer einfachen Listungstechnik über Balkendiagramme wie Gantt-Diagramme bis zu verschiedenen Varianten der Netzplantechnik zur Verfügung. Wichtig ist, dass der Projektplan neben der aufgabenorientierten Darstellung und Berücksichtigung der Abhängigkeiten zwischen diesen Tätigkeiten auch eine ergebnisorientierte Darstellung in Form von Meilensteinen enthält, die eine zeitnahe, inhaltliche Projektüberwachung ermöglichen. Die Meilensteine sollten dabei detailliert im Hinblick auf das erwartete Ergebnis spezifiziert werden, so dass für die spätere Projektsteuerung eine leichte Nachvollziehbarkeit und Kontrolle gewährleistet ist.

Für die Projektterminplanung sowie für weitere, nachgelagerte Projektmanagementtätigkeiten wie Projektsteuerung und -controlling stehen eine Vielzahl von Software-Tools (sog. „Projektmanagement-Tools") zur Verfügung. In kleineren bis mittleren IT-Projekten hat sich Microsoft Project (Microsoft Deutschland GmbH – www.microsoft.de) als de-facto-Standard mit rund 70 % aller Installationen durchgesetzt [IW1099].

Im Rahmen dieses Buches können die diversen Software-Tools nicht diskutiert werden. Die Auswahl eines geeigneten Projektmanagementtools sollte in Anbetracht der beträchtlichen Einführungs- und Lizenzkosten jedoch wohl überlegt sein. Kernfrage sollte dabei sein, ob die von dem Software-Tool verwendete Methode für das IT-Projekt geeignet ist und ob der Funktionsumfang und die Komplexität des Software-Tools für das IT-Projekt angemessen ist. Häufig ist die Pflege der mit diesen Methoden und Tools erstellten Pläne bei Änderungen im Projektverlauf so aufwendig, dass die vorhandenen Pläne nicht mehr zeitnah aktualisiert und damit als Planungs- und Steuerungsinstrumentarium wertlos werden. Auch sind die Software-Tools häufig nicht flexibel genug, um z.B. den Einsatz evolutionärer bzw. inkrementeller Entwicklungsmethoden oder neuer Technologien zu unterstützen oder eine Integration mit dem vorhandenen Repository und den Verfahren zum Konfigurations- und Change Management zu ermöglichen.

Die Auftraggeber sollten – insbesondere bei Fremdvergabe – bei der Beurteilung der Projektplanung zumindest eine Plausibilitätsprüfung der geschätzten Zeit- und Kostenaufwände durchführen. Eine pragmatische Methode zur Plausibilisierung der Projektplanung besteht darin, die Aufwandsanteile der geplanten Phasen mit der entsprechenden Aufwandsverteilung bei abgeschlossenen IT-Projekten zu vergleichen. Sollten aus dem eigenen Unternehmen keine geeigneten Zahlen vorliegen, kann als Anhaltspunkt auf externe Aufwandsverteilungen zurückgegriffen werden. Beispielsweise hat Grady über 100 Projekte bei Hewlett-Packard untersucht und dabei folgende Aufwandsverteilung festgestellt [Grad92]:

*Tab. 7.4   Aufwandsverteilung nach Projektphasen*

| Projektphase | Aufwandsanteil |
| --- | --- |
| Definition | 18 % |
| Entwurf | 19 % |
| Codierung | 34 % |
| Test | 29 % |

Die Aufnahme und Beurteilung der vorhandenen Projektsteuerungs- und -kontrollverfahren für das Projektkontrollziel „Umfassende Projektplanung" kann durch folgende Fragen unterstützt werden:

- Sind die Projektphasen und Projektaufgaben ausreichend detailliert festgelegt?
- Sind die Aktivitäten in einer logischen Abfolge geplant, die auch Abhängigkeiten berücksichtigt?

- Sind in dem Projektplan Projektergebnisse in kontrollierbaren Phasen geplant und mit Entscheidungspunkten (Meilensteinen) versehen? Gibt es einen definierten Termin für das Projektende?
- Enthält der Projektplan die Anzahl, Erfahrung und Einsatzzeitpunkte von internen und externen Mitarbeitern für jedes Arbeitspaket? Wurden Urlaub, Krankheit, Linienaufgaben und Alternativen in der Personalplanung berücksichtigt?
- Sind die Aufwandsschätzungen realistisch? Wurde Pufferzeit eingeplant? Wurden Qualitätssicherungsmaßnahmen eingeplant?
- Wurde der Projektplan mit allen Beteiligten abgestimmt? Wird der Projektplan von den Projektbeteiligten als realistisch eingeschätzt?
- Wurde der kritische Pfad identifiziert und dokumentiert?
- Wurde ein „baseline"-Projektplan erstellt? Steht der Projektplan unter Versionskontrolle?
- Wird eine angemessene Projektmanagement-Software verwendet?

## 7.3.5    Angemessene Projektorganisation

*„You can't do anything that's complex unless you have structure" (Dave Maritz)*

Die vorhandenen Projektsteuerungs- und -kontrollverfahren sollten sicherstellen, dass die Projektorganisation angemessen ist und alle Beteiligten klare Aufgaben, Verantwortlichkeiten und Kompetenzen haben. Auch sollte die Projektorganisation sicherstellen, dass Entscheidungen zeitnah und nachvollziehbar getroffen werden können. Eine ungünstige Aufgabenverteilung war eines der am höchsten bewerteten Probleme bei der Befragung der Computerwoche (s. Kapitel 4.1.4).

Unter Projektorganisation wird hier die zeitlich für die Projektdauer befristete Aufbauorganisation verstanden, mit der ein IT-Projekt durchgeführt wird. Durch die Aufbauorganisation werden Aufgaben, Kompetenzen und Verantwortungen festgelegt.

In der Praxis sind verschiedene Formen der Projektorganisation denkbar, die sowohl für das Gesamtprojekt als auch für einzelne Projektphasen verwendet werden können. Die bekanntesten Organisationsformen sind

- die Einfluss-Projektorganisation (Projektmanager ist in Stabsstelle ohne direkte Weisungsbefugnis angesiedelt),
- die Matrix-Projektorganisation (Projektmanager ist Linienmitarbeiter und wird durch die Vorgesetzten unterstützt) und
- die reine Projektorganisation (Projektteam ist eine eigene Organisationseinheit mit voller Weisungsbefugnis).

Als Organisationsform wird bei kaufmännischen IT-Projekten in der Regel eine Matrixorganisation angewandt. Dabei sind die Projektmitarbeiter fachlich für die Dauer des Projektes dem Projektleiter, aber disziplinarisch weiterhin ihrem Linienvorgesetzten unterstellt. Eine reine Projektorganisation, bei der die Projektmitarbeiter fachlich und disziplinarisch dem Projektleiter unterstellt sind, ist in der Praxis jedoch meist die bessere Organisationsform,

weil die Mitarbeiter nicht parallel an ihrer Linienkarriere arbeiten müssen und keine Rück-
zugsmöglichkeit beim Auftreten von Schwierigkeiten haben. Welche Projektorganisation für
die konkrete Projektaufgabe angemessen ist, hängt u.a. vom Projektumfang, von der strategischen Bedeutung des IT-Projektes sowie vom Innovationsgrad des IT-Projektes ab [RePo97].

Die Projektorganisation muss auch den bekannten Zusammenhang zwischen Produktivität
und Teamgröße berücksichtigen. Es ist hinlänglich bekannt, dass die Einzelproduktivität
(z.B. gemessen in Lines of Code) mit zunehmender Teamgröße sinkt [Bro75]. Während bei
einer Teamgröße von 2-4 die Einzelproduktivität bei deutlich über 400 Lines of Code pro
Personenmonat liegt, sinkt diese bei einer Teamgröße von 4-8 auf 300 bis 400 Lines of Code
und bei über acht auf deutlich unter 300 Lines of Code [CDS86]. Als Hauptgrund für dieses
Phänomen wird der Kommunikationsaufwand angesehen. Dieser steigt mit jeder weiteren
Person (P) beträchtlich an – entsprechend der allgemeinen Formel zur Berechnung der Anzahl der Kommunikationspfade (K):

$$K = P * (P-1)/2$$

Ein Projekt mit einer Teamgröße von vier Personen hat 6 mögliche Kommunikationspfade
(4*3/2), während ein Team aus zwölf Personen bereits 66 Kommunikationswege (12*11/2)
hat. Ziel der Projektorganisation muss es daher sein, Projektgruppen (PG) mit effizienten
Teamgrößen zu bilden. Während innerhalb der Projektgruppe jeder mit jedem kommuniziert,
läuft die Kommunikation zwischen den Projektgruppen über die jeweiligen Gruppenleiter.
Die Anzahl der Kommunikationspfade (K) ergibt sich dann entsprechend der folgenden Formel:

$$K = PG/2 * P/PG * (P/PG - 1) + PG$$

Für das oben genannte Beispiel einer Teamgröße von zwölf Personen ergeben sich bei der
Bildung von drei gleichgroßen Projektgruppen entsprechend nur 21 Kommunikationswege
(3/2*4*3+3).

Die Projektorganisation in einem IT-Projekt umfasst darüber hinaus grundsätzlich u.a. die
folgenden, wichtigen Rollen, die jedoch auch anders benannt oder organisiert sein können:

- **Lenkungsausschuss**

Der Lenkungsausschuss ist die oberste Instanz in einem IT-Projekt. Der Lenkungsausschuss
bestimmt den Projektleiter und das Projektteam, überwacht das IT-Projekt und trifft alle
Entscheidungen, die über die Kompetenz des Projektleiters hinausgehen. Gewöhnlich besteht
der Lenkungsausschuss aus hochrangigen Mitarbeitern aller betroffenen Fachbereiche und
der IT. Kleinere Lenkungsausschüsse, deren Mitglieder sich um das Projekt intensiver kümmern können, sind allerdings häufig effektiver als Lenkungsausschüsse mit vielen Mitgliedern, die kaum Zeit für das Projekt aufbringen können. Um diesen Konflikt zu lösen bietet es
sich manchmal an, die Lenkungsausschussgremien mehrstufig aufzubauen.

- **Projektsponsor**

Der Projektsponsor ist in der Regel der Auftraggeber des IT-Projektes. Er muss den Projektleiter aktiv unterstützen und ihm die erforderlichen Kompetenzen übertragen. Seine Rolle wird auch zutreffend als „Machtpromotor" beschrieben.

- **Projektmanager**

Der Projektmanager leitet das IT-Projekt. Der Projektmanager ist für die Operationalisierung der Projektziele, für die Erstellung und Überwachung des Projektplanes, für die Beschaffung und Führung der notwendigen Ressourcen, für die Aufteilung der Aufgaben sowie für die Kommunikation innerhalb und außerhalb des Projektteams verantwortlich. Bei größeren IT-Projekten sind die Managementfähigkeit des Projektleiters meist wichtiger als die technischen Kenntnisse. In diesem Fall können die IT-Aufgaben auch einem separaten IT-Projektleiter übertragen werden.

- **Projektbüro**

Das Projektbüro unterstützt den Projektmanager insbesondere bei administrativen Projektaufgaben, wie der Verfolgung von Kosten und Terminen, der Erstellung von Berichten und Präsentationen, der Fortschreibung der Planung bis hin zur Erfolgskontrolle. Das Projektbüro sollte dem Projektmanagement die administrativen Tätigkeiten soweit wie möglich abnehmen.

- **Nutzervertreter**

Nutzervertreter sollten sich sowohl in den von dem IT-Projekt betroffenen Geschäftsbereichen gut auskennen als auch ein gewisses technisches Verständnis mitbringen. Ihre Aufgabe besteht darin, die Anforderungen des Geschäftsbereiches im IT-Projekt zu vertreten. Weiterhin sollten sie über gute Kontakte in die Geschäftsbereiche verfügen, um fachliche Details zügig klären zu können und um mit Informationen über das IT-Projekt die Akzeptanz in den Geschäftsbereichen zu erhöhen. Verschiedene Untersuchungen belegen, dass eine verstärkte Präsenz von Endbenutzern im Projektteam zu einer besseren Teamperformance führt [JiKlMe00].

Daneben gibt es in größeren IT-Projekten noch eine Vielzahl von weiteren Rollen, wie Testkoordinator, Qualitäts- oder Konfigurationsmanager, die teilweise bei anderen Kontrollverfahren näher besprochen werden.

Die Aufnahme und Beurteilung der vorhandenen Projektsteuerungs- und -kontrollverfahren für das Projektkontrollziel „Angemessene Projektorganisation" kann durch folgende Fragen unterstützt werden:

- Ist die Projektorganisation dem Projektauftrag angemessen und dokumentiert? Sind die Berichtswege dokumentiert?
- Sind die Aufgaben, Verantwortlichkeiten und Kompetenzen klar definiert und kommuniziert?
- Besteht das Projektteam aus Mitarbeitern mit den notwendigen Kenntnissen und Fähigkeiten? Besteht das Projektteam aus Mitarbeitern der IT und der Fachseite? Befinden sich die Mitglieder des Projektteams in räumlicher Nähe zueinander?
- Sind Teamstruktur und -größe für das IT-Projekt angemessen?

- Gibt es einen angemessen besetzten Lenkungsausschuss oder eine vergleichbare Einrichtung? Sind Protokolle der Lenkungsausschusssitzungen vorhanden?
- Ist der Lenkungsausschuss in der Lage, zeitnah Entscheidungen zu treffen und diese klar zu kommunizieren?
- Gibt es einen Projektsponsor, der das IT-Projekt aktiv unterstützt?
- Gibt es einen Projektmanager mit ausreichender Managementerfahrung?
- Wurde ein Projektbüro zur Projektadministration eingerichtet?

## 7.3.6 Projektüberwachung und -steuerung

*The organisation's project management framework should provide for designated managers of the user and IT functions to approve the work accomplished in each phase of the cycle before work on the next phase begins. (Kontrollziel für den COBIT-Prozess „Manage Projects")*

Die vorhandenen Projektsteuerungs- und -kontrollverfahren sollten sicherstellen, dass eine effiziente Projektfortschritts- und -kostenkontrolle mit einem adressatengerechten Berichtswesen vorhanden ist. Diese Aufgabe wird in größeren Projekten meist von einem separaten Projektcontrolling übernommen.

Die Projektüberwachung soll Abweichungen zwischen Ist-Zustand und Soll-Zustand im IT-Projekt frühzeitig erkennen. Wichtigste Grundlage der Projektüberwachung sollte die Projektdefinition und der Projektplan sein [Gern01]. Die Überwachungsaktivitäten werden häufig in Form von Statusberichten dokumentiert. Die Projektsteuerung versucht durch geeignete Steuerungsmaßnahmen das IT-Projekt bei Abweichungen wieder zurück zum Plan zu bringen oder Plananpassungen vorzunehmen.

Viele kleine Abweichungen addieren sich schnell zu einer großen Abweichung, wenn Abweichungen nicht frühzeitig analysiert und konsequent angegangen werden. Bereits für die Reifestufe zwei fordert CMM daher ein „Software project tracking" (s. Kapitel 3.2.1), bei dem Arbeitsfortschritte und -ergebnisse mit der Planung abgeglichen und bei Abweichungen korrigierende Maßnahmen eingeleitet werden.

Im Rahmen der Projektüberwachung darf der Projektfortschritt keinesfalls nur daran gemessen werden, dass ein bestimmter Anteil der geplanten Zeit oder des geplanten Personalaufwandes verbraucht ist. Das Projektreporting muss sich für die Fortschrittskontrolle auch auf die konkreten, inhaltlichen Zwischenergebnisse beziehen. Hier gilt, dass das IT-Projekt umso besser überwacht werden kann, je präziser die Projektaufgaben und Arbeitspakete definiert sind. Ein bekanntes Verfahren, das neben den Kosten und Terminen auch die erbrachte Leistung einbezieht, ist die Earned Value Analyse [Fied01].

Auch die Tatsache, dass Software zur Projektplanung und -steuerung eingesetzt wird, sagt noch nichts über die Aktualität und Wirksamkeit der Projektplanung und -steuerung aus. Alle Projekte (mit und ohne Softwareunterstützung) neigen insbesondere unter Zeitdruck dazu, die Projektplanung und -kontrolle zu Gunsten der operativen Tätigkeiten zu vernachlässigen.

Kennzahlen sind eine wichtige, objektive Methoden zur Projektüberwachung, deren Aussage über eine reine Abweichungsanalyse vom Projektterminplan hinausgeht. Die Veränderungen dieser Kennzahlen können dabei objektiv auf Projektrisiken hinweisen und ergeben zusammen mit dem subjektiven Eindruck ein gutes Bild vom Zustand des Projektes [SEL1190]. Beispiele für solche Kennzahlen sind in Form von sog. „Kontrollindikatoren" jeweils am Ende der einzelnen Projektkontrollbereiche angeführt und können für Zwecke des Projektrisikomanagements operativ auch vom Projektcontrolling überwacht werden.

Aussagekräftige Projektstatusberichte sollten adressatengerecht in regelmäßigen Abständen erstellt werden, insbesondere aber zu definierten Meilensteinen, die mit einer Genehmigung durch den Auftraggeber verbunden sind. Generell sollte sich die Berichtshäufigkeit an der Dauer der Arbeitspakete orientieren. Eine Faustregel besagt [Fied01]:

$$\text{Dauer der Arbeitspakete} = \text{Berichtsintervall} * 1{,}5$$

Bei einem monatlichen Berichtsintervall sollte also die Dauer der Arbeitspakete nicht länger als 6–7 Wochen sein. Eine andere Faustregel besagt [Fied01]:

$$\text{Berichtsintervall} = \text{Projektdauer} * 0{,}05$$

Bei einem dreimonatigen Projekt (90 Tage) entspräche dies einem rechnerischen Berichtsintervall von 4,5 Tagen, also einem wöchentlichen Berichtsintervall, bei einem zweijährigen Projekt (720 Tage) dagegen einem monatlichen Berichtsintervall (36 Tage).

Neben Aussagen zur Projektsituation (insbesondere Terminsituation mit Abweichungen zu den Projektmeilensteinen, Erfüllungsgrad, Ressourcenverbrauch), sollten insbesondere auch geeignete Projektkennzahlen in diesen Berichten fortgeschrieben werden [Gern01].

Die Aufnahme und Beurteilung der vorhandenen Projektsteuerungs- und -kontrollverfahren für das Projektkontrollziel „Projektüberwachung und -steuerung" kann durch folgende Fragen unterstützt werden:

- Berichten die Projektmitarbeiter ihre Zeitaufwendungen einheitlich, genau und zeitnah? Gibt es Verfahren, um die für das IT-Projekt aufgewandte Arbeitszeit zu erfassen?
- Werden Statusberichte über einzelne Arbeitspakete erstellt? Werden die Meilensteine konsequent überwacht? Werden die Projektergebnisse zu Meilensteinen formal und zeitnah abgenommen?
- Wird der Projektfortschritt regelmäßig mit dem Projektplan – sowohl auf Ebene der Einzelaufgaben als auch auf übergeordneter Ebene – abgestimmt? Gibt es Verfahren, um die für das IT-Projekt angefallenen Kosten zeitnah zu überwachen?
- Wird der Projektfortschritt mit den Mitgliedern des Projektteams regelmäßig informell oder formell überprüft und besprochen?
- Werden klare und aussagekräftige Projektberichte erstellt? Gibt es Prozesse, die eine regelmäßige und genaue Berichterstattung des Projektfortschrittes und der Projektkosten sicherstellen? Werden Abweichungen zwischen Plan- und Ist-Werten regelmäßig analy-

siert und kommuniziert? Werden ggf. Anpassungen der Projektplanung und der Projekt-
kosten vorgenommen?
- Wird der Projektfortschritt in regelmäßigen Abständen dem Lenkungsausschuss berichtet?
- Werden Kennzahlen zur Überwachung des Projektstatus verwendet?

# 7.3.7    Teammanagement

*The organisation's project management framework should specify the basis for assigning
staff members to the project and define the responsibilities and authorities of the project team
members. (Kontrollziel für den COBIT-Prozess „Manage Projects")*

Die vorhandenen Projektsteuerungs- und -kontrollverfahren sollten sicherstellen, dass das
Projektteam effektiv zusammengestellt, geführt und motiviert wird. Eine ungünstige Teambesetzung bzw. Aufgabenverteilung wurde in der zitierten Befragung der Computerwoche als
eines der am höchsten bewerteten Probleme in IT-Projekten genannt (s. Kapitel 4.1.4). Auch
bei der Forsa-Befragung (s. Kapitel 4.1.6) waren personelle Fehlbesetzungen einer der am
häufigsten genannten Störfaktoren beim Projektmanagement.

Teammanagement betrifft die menschliche Komponente im Projekt, die allgemein als entscheidend für Erfolg oder Misserfolg eines Projektes gilt, die aber in der Praxis – insbesondere unter Zeitdruck – häufig vernachlässigt wird. Projektmitarbeiter fühlen sich oftmals nicht
ausreichend informiert und motiviert. Andererseits verfolgen Projektmitarbeiter häufig ihre
eigenen Ziele, behalten Wissen lieber für sich und fürchten messbare Zielvorgaben. Die
menschlichen Bedürfnisse und Verhaltensweisen der Projektmitarbeiter müssen daher bei der
Projektdurchführung und -planung ausreichend berücksichtigt werden.

Die Qualität und der Leistungswille der projektbeteiligten Mitarbeiter ist für den Projekterfolg ebenfalls entscheidend. Kompetente Mitarbeiter waren in der zitierten Chaos-Studie (s.
Kapitel 4.1.2) einer der wichtigen Erfolgsfaktoren für IT-Projekte. Die Kunst des Projektleiters besteht in diesem Bereich darin, die richtigen Mitarbeiter für sein Projekt zu gewinnen
und diese zu einem Team zu formen. Projektmanager sollten daher nicht nur technische Qua-
lifikationen aufweisen, sondern auch in Personalführung geschult sein und Führungserfah-
rung aufweisen. Ein gutes Projektklima, kompetente und anerkannte Projektleiter sowie eine
offene Kommunikation können insbesondere die menschlichen Widerstände gegenüber Veränderungen und gegenüber „Knowledge-Sharing" überwinden helfen [DeLi99].

Eine besondere Aufmerksamkeit verdient in jedem IT-Projekt die Einbindung der Fachseite.
Die meisten IT-Projekte leiden unter dem mangelnden Engagement und der schwachen kon-
zeptionellen Einbindung der „Projektkunden" bzw. der Benutzer in den Fachabteilungen
[Kue00]. Die Fachspezifikationen sind dann oftmals unverbindlich und werden im Projektverlauf durch häufige Änderungen ergänzt. Der Projektleiter sollte auch hier darauf achten,
den Projektmitarbeitern konkrete Themen verantwortlich zuzuweisen, um deren Vorbereitung und Abstimmung sich die Mitarbeiter dann kümmern müssen. Die Aufgabenzuordnung
kann in Zielvereinbarungen zwischen dem Projektleiter und den Projektmitarbeitern dokumentiert werden.

Die Arbeitsumgebung ist ein weiterer Faktor, der häufig nicht genügend bedacht wird. Hohe Geräuschpegel und ein unzureichend gestalteter Arbeitsplatz führen zu Produktivitätsverlusten bei den Mitarbeitern und senken die Motivation.

Die Aufnahme und Beurteilung der vorhandenen Projektsteuerungs- und -kontrollverfahren für das Projektkontrollziel „Teammanagement" kann durch folgende Fragen unterstützt werden:

- Gibt es einen erfahrenen Projektleiter?
- Bestehen die Projektteams aus Mitarbeitern mit den notwendigen Fähigkeiten? Sind die Mitarbeiter freigestellt und engagiert?
- Kennen sich die Nutzervertreter mit dem Anwendungsumfeld aus? Kennen sich die IT-Mitarbeiter in dem Anwendungsumfeld aus?
- Wurde der Schulungsbedarf der Mitglieder des Projektteams identifiziert und adressiert?
- Gibt es klare Rollen und Verantwortlichkeiten? Ist die Verantwortung für einzelne Aufgaben den geeigneten Mitarbeitern zugewiesen? Gibt es Zielvereinbarungen zwischen dem Projektleiter und den Mitgliedern des Projektteams?
- Werden Leistungsbeurteilungen mit den Mitgliedern des Projektteams regelmäßig durchgeführt? Gibt es eine leistungsabhängige Vergütung und/oder andere Anreize für die Mitglieder des Projektteams?
- Werden die Auswirkungen von organisatorischen Veränderungen auf die Mitglieder des Projektteams berücksichtigt?
- Gibt es Schlüsselpersonal im Projektteam? Sind Maßnahmen zur Förderung des Know-how-Transfers vorhanden?
- Sind die Arbeitszeiten des Projektteams unter Kontrolle? Ermöglicht die Arbeitsumgebung ein produktives Arbeiten?
- Ist das Projektteam motiviert? Sind Maßnahmen zur Steigerung des Teamgeistes geplant?

## 7.3.8    Kommunikationsmanagement

*„The need for effective communication is increasing" [Swa98]*

Die vorhandenen Projektsteuerungs- und -kontrollverfahren sollten sicherstellen, dass alle am IT-Projekt beteiligten und vom IT-Projekt betroffenen Personen ausreichend über das Projekt informiert sind. Dadurch können Missverständnisse vermieden und die Akzeptanz der Projektergebnisse gefördert werden. In der zitierten KPMG-Studie „IT Runaway Systems" (s. Kapitel 4.1.1) war die schlechte Kommunikation zwischen Projektmitgliedern eine der am häufigsten genannten Gründe für Projektfehlläufer. Auch die Daily Telegraph-Studie (s. Kapitel 4.1.5) nennt schlechte Kommunikation als einen der Hauptgründe für das Scheitern von IT-Projekten.

Eine zentrale Aufgabe des Projektleiters ist, eine offene Kommunikation zwischen allen Projektbeteiligten und mit allen Projektbetroffenen herzustellen. Als schwierig erweist sich dabei regelmäßig die Kommunikation zwischen IT-Mitarbeitern und Fachseite bzw. zwischen Entwicklern und Auftraggebern. Diese Kommunikationsschnittstelle wird formell

durch die Anforderungsspezifikation bzw. das Fachkonzept dokumentiert. Eine gute Aufgabenstellung hilft daher wesentlich, Missverständnisse und den damit verbundenen Zusatz-
aufwand zu vermeiden.

Eine grundlegende Herausforderung für IT-Projekte ist, dass die IT-Mitarbeiter die fachlichen Hintergründe und geschäftlichen Problemstellungen in der Regel zu wenig verstehen.
Die Fachseite kann ihrerseits mit Datenmodellen, Use Cases und DV-Spezifikationen nicht
viel anfangen. Entsprechend werden die Projektunterlagen nicht richtig durchgearbeitet und
damit erfolgt dann auch keine ausreichende Qualitätssicherung. In vielen IT-Projekten wird
die Kommunikation oftmals erst mit der Formierung einer Task Force aus Mitarbeitern der
IT- und Fachseite erreicht. Dann ist das Projekt aber bereits vom geplanten Verlauf deutlich
abgewichen.

Eine Lösung dieses Dilemmas kann oftmals erreicht werden, wenn sich mindestens eine der
beiden Parteien in die Themenstellung der anderen Seite einarbeitet. Auch eine klare Struktu-
rierung der Fach- und DV-Konzepte mit adressatengerechtem Aufbau kann die Kommunikation zwischen den Parteien erleichtern. Ein anderer, erfolgversprechender Ansatz, um die
Kommunikation zwischen Fachseite und IT-Abteilung zu fördern, ist das Prototyping.

Eine weitere Herausforderung stellen verteilte Projektteams dar. Bei regional verteilten Projektteams ist eine effiziente Zusammenarbeit trotz moderner Kommunikationstechniken wie
E-Mail, Telefon und Videokonferenzen häufig erst erfolgreich, wenn die Mitarbeiter sich
zumindest teilweise untereinander aus früheren Projekten kennen und einen ähnlichen
Kenntnisstand besitzen.

Wesentlicher Bestandteil einer guten Kommunikation ist ein zielgerichtetes Berichtswesen,
das die notwendigen Informationen übersichtlich und empfängergerecht bereitstellt. Dies
umfasst z.B. eine regelmäßige Information über das IT-Projekt an den Auftraggeber, die
Lenkungsausschussmitglieder, die Projektmitglieder sowie an die betroffenen Betriebsstätten,
Betriebsräte und Anwender über Statusberichte, Präsentationen, Artikel, Briefe, E-Mails und
persönliche Gespräche.

Die Aufnahme und Beurteilung der vorhandenen Projektsteuerungs- und -kontrollverfahren
für das Projektkontrollziel „Kommunikationsmanagement" kann durch folgende Fragen unterstützt werden:

- Gibt es einen Kommunikationsplan? Berücksichtigt der Kommunikationsplan alle Projektbeteiligten und -betroffenen?
- Gibt es ein Forum für die Kommunikation innerhalb des Projektteams?
- Wird der Projektstatus den Auftraggebern, den Anwendern und anderen Projektbeteiligten regelmäßig informell und formell kommuniziert?
- Sind Kommunikationswege vorhandenen, um Probleme schnell und unbürokratisch zu
  adressieren?
- Gibt es regelmäßige Projektteam-Treffen? Werden in diesen Treffen Risiken, Probleme
  und Maßnahmen besprochen?

## 7.3.9      Auswahl und Management der Lieferanten

*Management should ensure that, before selection, potential third-parties are properly quali-fied through an assessment of their capability to deliver the required service (due diligence). (Kontrollziel für den COBIT-Prozess „Manage Third-Party Services")*

Die vorhandenen Projektsteuerungs- und -kontrollverfahren sollten sicherstellen, dass die Lieferanten angemessen ausgewählt, betreut und überwacht werden. In der zitierten KPMG-Studie „IT Runaway Systems" (s. Kapitel 4.1.1) war die genaue Auswahl der externen Liefe-ranten nach den Kriterien Zuverlässigkeit und Know-how einer der wichtigsten Ratschläge, um in Zukunft Projektfehlläufer zu vermeiden. Auch die Daily Telegraph-Studie (s. Kapitel 4.1.5) nennt die Überprüfung und Genehmigung aller Vertragspartner bzw. Lieferanten als einen der kritischen Erfolgsfaktoren für IT-Projekte. In COBIT ist dieses Projektsteuerungs- und -kontrollverfahren ein eigenständiger IT-Prozess, der sicherstellt, dass die Rollen und Verantwortlichkeit der Externen definiert und diese befolgt und überwacht werden.

Wenn die Erstellung von umfangreicheren Programmen von einem externen Softwareanbie-ter übernommen wird, sollte sowohl die Qualifikation und Erfahrung der am Projekt beteilig-ten Mitarbeiter des Lieferanten als auch die Organisation des Entwicklungsprozesses beim Softwareanbieter für die Auswahl des Lieferanten hinterfragt werden. Für eine qualifizierte Einschätzung der Organisation des Entwicklungsprozesses bietet sich ein Audit beim exter-nen Lieferanten an, da die Anbieter bei Eigenauskünften dazu neigen, nur ihre Stärken her-vorzuheben und ihre Schwächen zu verstecken. Solche Eigenauskünfte besitzen somit oftmals nicht genügend Aussagekraft [Rau00].

Insbesondere die häufig als Qualitätsmerkmal hervorgehobene Zertifizierung nach ISO 9001 bietet keine ausreichende Beurteilungsgrundlage. Eine Studie des Bundesministeriums für Bildung und Forschung zur Softwareentwicklung in Deutschland [BMBF00] stellte fest, dass die Zertifizierung nach ISO 9001 in den letzten Jahren stark an Bedeutung verloren hat. Selbst Unternehmen, die Zertifizierungen nach ISO 9001 durchführen, messen dieser oftmals kaum mehr Bedeutung zu. Diese Unternehmen bemängeln insbesondere, dass eine Zertifizie-rung nach ISO 9001 keine nachhaltige Verbesserung der Produkte mit sich bringt.

Zentrales Dokument für das Management im Sinne der Betreuung und Überwachung der Lieferanten ist das Vertragswerk, das die gegenseitigen Rechte und Pflichten regelt. Dabei stehen in der Projektpraxis jedoch nicht die juristischen Feinwindungen im Vordergrund, sondern das gemeinsame Verständnis der Projektbeteiligten über die gegenseitigen Rechte und Pflichten sowie eine partnerschaftliche Kooperation. Betreuung und Überwachung der Lieferanten bedeutet, regelmäßig mit den Lieferanten den Projektstatus zu diskutieren und vor allem die Projektergebnisse zu überprüfen. Entsprechend fordert CMM bereits für die Reifestufe zwei ein „Software subcontract management", bei dem sich Generalunternehmer und Lieferant zu einem gemeinsamen Ziel und Vorgehen verpflichten und regelmäßig mit-einander kommunizieren. Weiterhin soll der Generalunternehmer den Arbeitsfortschritt und die Ergebnisse des Lieferanten kontrollieren.

Entscheidend für den Projekterfolg ist, dass Projektrisiken durch regelmäßige Reviews frühzeitig erkannt und durch entsprechende Maßnahmen beeinflusst werden. Daher sollte mit dem Lieferanten immer ein phasenweises Vorgehen vereinbart werden, damit nach jeder Phase eine Überprüfung der Phasenergebnisse stattfinden kann. Wie viele Phasen und welche Phasen vereinbart werden, hängt von der Größe und Art des IT-Projektes ab und den Vorgaben und Standards, an die sich die Auftragnehmer und Auftraggeber halten müssen oder wollen. Sinngemäß sollten mindestens folgende grundlegenden Phasen in jedem IT-Projekt vorkommen, auch wenn diese nicht streng voneinander getrennt und sequentiell durchlaufen werden müssen [HFA497]:

• Erstellung des fachlichen Feinkonzeptes
Im fachlichen Feinkonzept sind die Benutzeranforderungen festgelegt.

• Festlegung der Datenverarbeitungskonzeptes/Programmierung bzw. Software-Auswahl
Im Datenverarbeitungskonzept sind die Benutzeranforderungen IT-gerecht umgesetzt.

• Programmtests
Programmtests testen die Programme auf richtige Funktionsweise.

• Systemtests
Systemtests testen das zuverlässige Zusammenwirken der Programme und der organisatorischen Maßnahmen unter realistischen Bedingungen.

• Systeminstallation
Installation des IT-Systems in der Produktionsumgebung.

Ein Konzept zur Qualitätssicherung der Ergebnisse der Lieferanten wird in Analogie zum Produktionsbereich mit „Quality Gates" bezeichnet. Hinter diesem Konzept steckt die Idee, Meilensteine und Ergebnisse mit den erforderlichen Qualitätsanforderungen bereits bei der Planung zu definieren und diese Qualitätsanforderungen unmittelbar nach Fertigstellung zu überprüfen.

Die Aufnahme und Beurteilung der vorhandenen Projektsteuerungs- und -kontrollverfahren für das Projektkontrollziel „Auswahl und Management der Lieferanten" kann durch folgende Fragen unterstützt werden:

• Hat das Unternehmen bereits Erfahrung im Umgang mit externen Auftragnehmern?
• Wurden die Lieferanten in einem nachvollziehbaren Auswahlprozess ausgewählt? Wurden die vorhandenen Verfahren bei der Beschaffung eingehalten bzw. gibt es Genehmigungen für Abweichungen? Sind die notwendigen Unterlagen, die im Rahmen des Auswahlverfahrens vorgesehen sind (z.B. Anforderungen, Ausschreibung, Bewertungskriterien), vorhanden?
• Sind die Beziehungen zu Lieferanten und externen Mitarbeitern definiert und vertraglich geregelt? Wurde ein gemeinsames Verständnis über die gegenseitigen Rechte und Pflichten erzielt und klar formuliert? Sind die Aufgaben, Verantwortlichkeiten und Ergebnisse der Lieferanten klar definiert? Wurde ein phasenweises Vorgehen mit Qualitätssicherungsmaßnahmen nach jeder Projektphase vereinbart? Beinhalten die Verträge die not-

wendigen Geheimhaltungsklauseln? Sind Vertragsstrafen bei Nichtlieferung oder
Schlechtleistung vereinbart? Wurden die Verträge rechtlich überprüft und offiziell genehmigt?

- Wird die Einhaltung von gegenseitigen Rechten und Pflichten bzw. Service Level Vereinbarungen überwacht? Stellt der Lieferant regelmäßig Zeitpläne und Informationen über
seine Tätigkeiten und Ergebnisse zur Verfügung? Erlauben die Berichte der externen Auftragnehmer eine Überwachung der Leistung des Auftragnehmers? Werden die Abhängigkeiten zwischen IT-Projekt und Lieferanten überwacht?
- Findet ein ausreichender Wissenstransfer vom Lieferanten zum IT-Projekt bzw. zum
Unternehmen statt?
- Werden die Lieferanten und externen Mitarbeiter regelmäßig bewertet?

## 7.3.10    Problem und Change Management

*„No matter where you are in the system life cycle, the system will change, and the desire to
change will persist throughout the life cycle." (Bersoff's Law of System Engineering)*

Die vorhandenen Projektsteuerungs- und -kontrollverfahren sollten sicherstellen, dass Probleme dokumentiert und eskaliert werden sowie notwendige Änderungen am Projektumfang
vor der Umsetzung ausreichend untersucht und genehmigt werden und nur kontrolliert in die
Projektplanung einfließen können.

Als „scope creep„ bezeichnen die Amerikaner das Phänomen, dass im Laufe eines IT-
Projektes eine Vielzahl von Änderungen den Projektumfang und damit auch die Projektziel-
vorgaben beeinflussen. Jones hat beispielsweise beobachtet, dass sich die Anforderungen in
90% aller IT-Projekte während der Projektlaufzeit ändern. Er sieht die „creeping user requirements" als häufigste Ursache von Fehlläufern bei Softwareentwicklungs-Projekten [Jon98].
Auch Jensen und Tonies [JeTo79] führten bereits 1979 viele Projektfehlläufer auf Änderungen der Anforderungen zurück und nennen als Hauptgründe u.a. die unzureichende Überwachung der Änderungen der Anforderungen und deren Kommunikation sowie das mangelnde
Verständnis der Auswirkungen von Änderungsanforderungen in späten Projektphasen.

Bei einem größeren IT-Projekt ist es unrealistisch, dass die einmal definierten Anforderungen
unverändert über die gesamte Projektdauer bestehen bleiben. Änderungen des personellen,
sozialen, gesetzlichen Umfeldes, technologische Änderungen sowie fachliche oder technische
Korrekturen, die sich im Projektverlauf ergeben, sind einige der Gründe für das Auftreten
von Änderungen an den ursprünglichen Anforderungen.

In jedem IT-Projekt sollten daher Verfahren vorhanden sein, um Änderungswünsche zu dokumentieren (Identifikation), zu bewerten (Evaluierung) und deren Umsetzung bei entsprechender Priorität zu genehmigen (Autorisierung). Entsprechend fordert CMM bereits für die
Reifestufe zwei ein „Requirement Management", durch das die Anforderungen an die Software kontrolliert werden und damit als konsistente Basis für die Planung, Entwicklung und
Produkteinführung dienen können (s. Kapitel 3.2.1).

Probleme (z.B. Performancemängel), die im Projektverlauf erkannt werden, müssen ebenso dokumentiert, bewertet und ggf. eskaliert werden. Bei aufgetretenen Problemen sollte immer auch eine Ursachenanalyse durchgeführt werden, um evtl. vorhandene grundsätzliche Mängel zu erkennen.

Die Aufnahme und Beurteilung der vorhandenen Projektsteuerungs- und -kontrollverfahren für das Projektkontrollziel „Problem und Change Management" kann durch folgende Fragen unterstützt werden:

- Gibt es einen strukturierten Prozess, um Änderungen zu erfassen, zu bewerten und zu genehmigen?
- Wird die Auswirkung jeder Änderungsanforderung auf den Projektumfang, die Projektressourcen, die Projekttermine sowie die Projektkosten untersucht?
- Werden die Änderungen auf Basis einer Analyse priorisiert? Wird dadurch sichergestellt, dass nur solche Änderungen durchgeführt werden, die kritisch für das IT-Projekt sind, und dass alle anderen Änderungen zur Berücksichtigung in einer nachgelagerten Phase dokumentiert werden?
- Werden genehmigte Änderungen konsistent in allen Projektergebnissen (Projektplan, Konzepte, Programme, Testdaten, Dokumentation) nachgezogen?
- Führen Änderungen der Anforderungen zu Budgetanpassungen? Werden Kostensteigerungen genehmigt?
- Gibt es einen strukturierten Prozess, um Probleme zu erfassen, zu bewerten und eine Lösung herbeizuführen?
- Gibt es ein Eskalationsverfahren? Werden Probleme zeitnah eskaliert?
- Werden die Ursachen von Problemen analysiert?
- Werden Probleme Verantwortlichen zugeordnet? Werden der Status der Probleme und die offenen Punkte regelmäßig nachgehalten?

## 7.3.11    Qualitätsmanagement

*Management should ensure that the implementation of a new or modified system includes the preparation of a quality plan which is then integrated with the project master plan and formally reviewed and agreed to by all parties concerned. (Kontrollziel für den COBIT-Prozess „Manage Projects")*

Die vorhandenen Projektsteuerungs- und -kontrollverfahren sollten sicherstellen, dass konstruktive und analytische Qualitätssicherungsmaßnahmen für das IT-Projekt geplant und angewandt werden. Die Vernachlässigung der Qualitätssicherung gilt bei McConnell als einer der zwölf klassischen Projektfehler (s. Kapitel 4.2.3).

Qualität umfasst nach DIN 55 350 die „Gesamtheit aller Eigenschaften und Merkmale eines Produktes oder einer Tätigkeit, die sich auf die Eignung zur Erfüllung gegebener Erfordernisse beziehen." Die Qualität wird bei der Softwareentwicklung sowohl durch die Planungsqualität als auch die Ausführungsqualität bestimmt.

Das Qualitätsmanagement hat im Rahmen eines IT-Projektes dafür zu sorgen, dass alle Aktivitäten zur Softwarequalitätssicherung geplant sind und Softwareprodukte und -aktivitäten sich an die jeweils festgelegten Standards und Verfahren halten. Dies ist als Anforderung bereits für die Stufe zwei des CMM- Reifemodells definiert (s. Kapitel 3.2.1).

Unter Qualitätssicherung werden nach DIN ISO 8402 „alle geplanten und systematischen Tätigkeiten" verstanden, die ein angemessenes Vertrauen schaffen, „dass eine Einheit die Qualitätsanforderung erfüllen wird".

Qualitätssicherung kann in der Softwareentwicklung grundsätzlich durch konstruktive und analytische Aktivitäten erreicht werden.

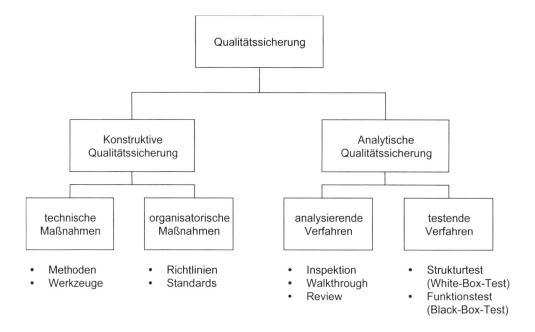

**Abb. 7.1** *Qualitätssicherungsbaum*

Konstruktive Qualitätssicherungsmaßnahmen sind Methoden, Richtlinien, Standards und Werkzeuge, die dafür sorgen, dass die entstehende Software bestimmte Eigenschaften besitzt. Beispiele für konstruktive Qualitätssicherungsmaßnahmen sind die unternehmensweite Festlegung eines Vorgehensmodells für die Softwareentwicklung (z.B. V-Modell, Wasserfallmodell) oder der Einsatz eines Konfigurationsmanagementsystems.

Ziel der konstruktiven Qualitätssicherungsmaßnahmen ist es, sicherzustellen, dass die Grundprinzipien der Software-Entwicklung, die notwendig sind, um das IT-System in der geforderten Qualität wirtschaftlich herzustellen, eingehalten werden. Dabei ist die Bereitstellung der notwendigen Methoden, Richtlinien, Standards und Werkzeuge nur ein Teil der

Aufgabe. Mindestens genauso wichtig ist die Vermittlung eines Qualitätsbewusstseins bei allen Projektbeteiligten. Jedem Projektmitarbeiter müssen die Zielqualitäten des Systems bekannt sein und auch die Wege, wie diese Qualität erreicht werden kann. Dabei ist die Einsicht in die Notwendigkeit einer bestimmten Vorgehensweise nicht ausreichend. Die Einhaltung der Vorgehensweise sollte auch in geeigneter Form kontrolliert werden, da IT-Projekte im Laufe der Zeit dazu neigen, aus Bequemlichkeit oder Termindruck auf bestimmte Schritte zur Qualitätssicherung zu verzichten.

Analytische Qualitätssicherungsmaßnahmen umfassen diagnostische Maßnahmen, die keine Qualität an sich bringen, durch die das existierende Qualitätsniveau aber gemessen und Fehler identifiziert werden können. Ziel der analytischen Qualitätssicherungsmaßnahmen ist es, vorhandene Fehler zu finden. Reviews und Tests gehört zu den analytischen Qualitätssicherungsmaßnahmen. Entscheidend ist, dass Projektergebnisse nicht erst in der Testphase validiert werden, sondern durch Reviews zeitnah bereits nach Fertigstellung [Boe83].

Die Aufnahme und Beurteilung der vorhandenen Projektsteuerungs- und -kontrollverfahren für das Projektkontrollziel „Qualitätsmanagement" kann durch folgende Fragen unterstützt werden:

- Gibt es konstruktive Qualitätsstandards für die Durchführung von IT-Projekten?
- Werden Methoden oder Richtlinien zur Durchführung des IT-Projektes befolgt?
- Gibt es einen unabhängigen Qualitätssicherungsprozess? Gibt es Verfahren zur formalen und inhaltlichen Qualitätssicherung? Werden alle Projektergebnisse qualitätsgesichert?
- Ist der Auftraggeber methodisch an der Abnahme von wichtigen Meilensteinen, Projektergebnissen und Änderungen beteiligt?
- Berücksichtigen die Qualitätssicherungsmaßnahmen auch die Vorgaben aus zutreffenden gesetzlichen und aufsichtsrechtlichen Regelungen?
- Wurde die interne oder externe Revision in das IT-Projekt einbezogen? Werden regelmäßig projektbegleitende Prüfungen durchgeführt?

## 7.3.12   Geplanter Projektabschluss

*The organisation's project management framework should provide, as an integral part of the project team's activities, for the development of a plan for a post-implementation review of every new or modified information system to ascertain whether the project has delivered the planned benefits. (Kontrollziel für den COBIT-Prozess „Manage Projects")*

Die vorhandenen IT-Projektsteuerungs- und Kontrollverfahren sollten sicherstellen, dass zum Projektende die notwendigen Abschlussarbeiten durchgeführt werden. Der Projektabschluss setzt die Übergabe der Projektergebnisse, z.B. an ein Betriebsteam, voraus. Mit der Übergabe der Projektergebnisse ist auch eine Abnahme der für die Nutzung oder Wartung verantwortlichen Institutionen verbunden. Weiterhin beinhaltet der Projektabschluss die Auflösung des Projektteams und der Projektinfrastruktur.

Im Sinne einer Verbesserung der zukünftigen Projektarbeit im Unternehmen sollte abschließend auch die Projektdurchführung und die dabei gewonnenen Erfahrungen und Kennzahlen dokumentiert werden.

Eine nachgelagerte Projektabschlusskontrolle ist ein sog. „Post-Implementation-Review". Dabei werden Erfahrungen der Anwender bei der Nutzung des Systems erhoben und der wirtschaftliche Nutzen des Systems mit dem geplanten Nutzen verglichen. Dies ist eine wichtige Kontrolle, um aus den Projekterfahrungen für zukünftige Projekte zu lernen.

Die Aufnahme und Beurteilung der vorhandenen Projektsteuerungs- und -kontrollverfahren für das Projektkontrollziel „Geplanter Projektabschluss" kann durch folgende Fragen unterstützt werden:

- Wird das Projekt überprüft, um sicherzustellen, dass die Projektergebnisse den Anforderungen genügen?
- Wird der Projektnutzen nachgehalten und mit dem in der Projektplanung vorgesehenen Nutzen verglichen?
- Wird die Projektleistung beurteilt und Lehren aus dem Projekt für zukünftige Projekte umgesetzt?
- Gibt es einen Prozess, um das durch das Projekt erstellte IT-System weiter zu verbessern?
- Wird die Leistung der Mitglieder des Projektteams bewertet? Werden die zukünftigen Aufgaben der Teammitglieder festgelegt?
- Werden die Verträge mit den Lieferanten überprüft?
- Wird die Projektdokumentation vervollständigt und überprüft?
- Wird die Projektinfrastruktur aufgelöst?

## 7.3.13    Projektkontroll-Checkliste

Der Projektkontrollbereich „Projektmanagement" wird in der folgenden Übersicht durch die Formulierung einer Leitfrage, die die Kernpunkte der einzelnen Projektkontrollziele umschreibt, zusammengefasst. Die beispielhaft aufgelisteten Dokumente können Grundlage für eine erste Beurteilung der vorhandenen Projektsteuerungs- und -kontrollverfahren sowie der konkreten Projektkontrollen sein.

*Tab. 7.5* Kontroll-Checkliste für den Projektkontrollbereich „Projektmanagement"

| IT-Projektkontrollziele | Leitfrage | Dokumentation |
|---|---|---|
| Bewährter Projektleitfaden | Gibt es einen bewährten Leitfaden für die Projektdurchführung? | Projektleitfaden |
| Dokumentierte Projektvereinbarung | Gibt es eine aussagekräftige Projektverein-barung zwischen dem Projektmanagement und dem Auftraggeber? | Projektvereinbarung |
| Realistische Aufgaben- und Aufwandsplanung | Sind alle Projektaktivitäten/Arbeitspakete sorgfältig geplant? | Aktivitätenplan Aufwandsschätzung |
| Umfassende Projektplanung | Gibt es einen detaillierten Projektplan? | Projektplan |
| Angemessene Projektorganisation | Ist die Projektorganisation angemessen? | Projektorganigramm Beschreibung der Projektrollen |
| Projektüberwachung und -steuerung | Gibt es effektive Berichts- und Überwa-chungsprozesse? | Beschreibung der Berichts- und Überwachungsprozesse Projektstatusberichte |
| Teammanagement | Wird das Projektteam effektiv geführt? | Zielvereinbarung mit Teammit-gliedern |
| Kommunikations-management | Sind die Kommunikationswege geplant und effektiv? | Kommunikationsplan |
| Auswahl und Management der Lieferanten | Werden die Lieferanten angemessen betreut und überwacht? | Auswahlverfahren Verträge mit Lieferanten |
| Problem und Change Management | Sind effektive Verfahren vorhanden, die eine zeitnahe Lösung von Problemen und eine Kontrolle über Änderungen der Pro-jektanforderungen sicherstellen? | Dokumentation der Problem und Change Management-Prozesse |
| Qualitätsmanagement | Sind effektive Verfahren zur Qualitätssi-cherung vorhanden? | Dokumentation des Qualitätssiche-rungsprozesses Reviewberichte |
| Geplanter Projektabschluss | Wurden die notwendigen Abschlussarbei-ten definiert bzw. durchgeführt? | Post-Implementation-Review |

# 7.3.14 Projektkontrollindikatoren

Für den Projektkontrollbereich „Projektmanagement" werden die nachfolgenden Projektkon-trollindikatoren vorgeschlagen, die wiederum einerseits eine einheitliche und objektive Be-wertung der Wirksamkeit der Projektkontrollen ermöglichen und andererseits als Frühwarn-indikator mögliche Änderungen in der Qualität der Projektsteuerungs- und -kontrollverfahren frühzeitig erkennen helfen können.

- **Größe der Aufgabenblöcke**

Dieser Indikator kann eine Überwachung der Planungsgenauigkeit beim Projektkontrollziel „Realistische Aufgaben- und Aufwandsplanung" unterstützen. Eine mögliche Einteilung [KPMG92] wäre beispielsweise:

| (1) | > 90% der Aufgabenblöcke umfassen $\leq$ 40 Stunden |
| (2) | > 90% der Aufgabenblöcke umfassen $\leq$ 60 Stunden |
| (3) | > 50% der Aufgabenblöcke umfassen > 60 Stunden |
| (4) | > 80% der Aufgabenblöcke umfassen > 60 Stunden |
| (5) | Keine Aufgabenblöcke definiert |

- **Anzahl der Änderungen des Projektplanes**

Dieser Indikator kann eine Überwachung der Stabilität des Projektplanes beim Projektkontrollziel „Umfassende Projektplanung" unterstützen.

- **Anzahl der Verschiebungen von Meilensteinen**

Dieser Indikator kann ebenfalls eine Überwachung der Stabilität des Projektplanes beim Projektkontrollziel „Umfassende Projektplanung" unterstützen.

- **Anzahl der Umstrukturierungen der Projektorganisation**

Dieser Indikator kann eine Überwachung der Stabilität der Projektorganisation beim Projektkontrollziel „Angemessene Projektorganisation" unterstützen.

- **Prozentuale Abweichung der Ist-Kosten von den geplanten Kosten**

Dieser Indikator kann eine Überwachung der Budgeteinhaltung beim Projektkontrollziel „Projektüberwachung und -steuerung" unterstützen.

- **Anzahl der Projektaufgaben, die nicht im Zeitplan liegen/Anzahl aller Projektaufgaben**

Dieser Indikator setzt die Anzahl der Projektaufgaben, die nicht im Zeitplan liegen, ins Verhältnis zur Anzahl aller Projektaufgaben. Der Indikator kann eine Überwachung der Termineinhaltung beim Projektkontrollziel „Projektüberwachung und -steuerung" unterstützen.

- **Anzahl Personalabgänge/Anzahl Projektmitarbeiter**

Dieser Indikator setzt die Anzahl der Personalabgänge im IT-Projekt ins Verhältnis zur Anzahl der Projektmitarbeiter. Der Indikator kann eine Überwachung der Fluktuationsrate beim Projektkontrollziel „Teammanagement" unterstützen. Eine mögliche Bewertungsgliederung [KPMG92] wäre:

| (1) | bis 3% Fluktuation |
| (2) | 3–10% Fluktuation |
| (3) | 11–15% Fluktuation |
| (4) | 16–20% Fluktuation |
| (5) | über 20% Fluktuation |

- **Anzahl der Überstunden**

Dieser Indikator kann eine Überwachung der Arbeitsbelastung des Projektpersonals beim Projektkontrollziel „Teammanagement" unterstützen. Varianten dieses Indikators wären: Anzahl der geplanten Überstunden.

- **Abwesenheitsquote der Projektmitarbeiter**

Dieser Indikator kann eine Überwachung der Motivation des Projektpersonals beim Projektkontrollziel „Teammanagement" unterstützen. Eine Variante dieses Indikators wäre: Anzahl der Fehlzeiten

- **Anzahl der erkannten Probleme**

Dieser Indikator kann eine Überwachung der Probleme beim Projektkontrollziel „Problem und Change Management" unterstützen. Varianten dieses Indikators wären: Anzahl der offenen Probleme (mit Priorität x) oder Anzahl der geschlossenen Probleme (mit Priorität x).

- **Anzahl der beantragten Change Requests**

Dieser Indikator kann eine Überwachung der Stabilität des Projektumfanges beim Projektkontrollziel „Problem und Change Management" unterstützen. Eine Variante dieses Indikators wäre: Anzahl der genehmigten Change Requests.

- **Anzahl genehmigter Change Requests/Anzahl beantragter Change Requests**

Dieser Indikator setzt die Anzahl der genehmigten Change Requests ins Verhältnis zur Anzahl der beantragten Change Requests. Der Indikator kann eine Überwachung der Qualität des Change Management-Prozesses beim Projektkontrollziel „Problem und Change Management" unterstützen.

- **Anzahl der offen Change Requests/Anzahl der geschlossenen Change Requests**

Dieser Indikator setzt die Anzahl der offenen Change Requests ins Verhältnis zur Anzahl der geschlossenen Change Requests. Der Indikator kann eine Überwachung des Projektfortschrittes beim Projektkontrollziel „Projektüberwachung und -steuerung" unterstützen.

- **Anzahl der geplanten Qualitätssicherungsmaßnahmen, die ausgelassen worden sind**

Dieser Indikator kann eine Überwachung des Qualitätssicherung beim Projektkontrollziel „Qualitätsmanagement" unterstützen.

# 7.4    Geschäftsprozesse

Zur Beurteilung dieses Projektkontrollbereiches werden vor allem Projektsteuerungs- und -kontrollverfahren im Zusammenhang mit der Reorganisation der Geschäftsprozesse als Teil des IT-Projektes adressiert. Die nachfolgenden Projektsteuerungs- und -kontrollverfahren sollen sicherstellen, dass die veränderten oder neuen, zukünftigen Geschäftsprozesse reibungslos funktionieren.

## 7.4.1    Dokumentierte Ist-Prozesse

*Wenn Projekte scheitern, liegt es selten an der Technologie selbst, sondern am Umfeld, an der Organisation und an den Prozessen. [WeSe02]*

Die vorhandenen Projektsteuerungs- und -kontrollverfahren sollten sicherstellen, dass die aktuellen Geschäftsprozesse zur Erreichung der Unternehmensziele dokumentiert sind.

Eine sorgfältige Aufnahme und Analyse der Geschäftsprozesse ist die Basis für das Verständnis des Geschäftes sowie der Anforderungen an die zukünftigen Geschäftsprozesse, an die zukünftige Organisation und letztendlich an das zukünftige, den Geschäftsprozess unterstützende IT-System.

Im Rahmen der Analyse der für das IT-Projekt relevanten Ist-Prozesse müssen die manuell durchgeführten oder IT-gestützten Tätigkeiten im Rahmen eines Geschäftsprozesses detailliert aufgenommen bzw. analysiert werden. Komplexe Prozesse sind dabei ggf. weiter in Teilprozesse zu untergliedern. Die elementaren Geschäftsprozesse können ggf. in einem zweiten Schritt zu Prozessketten zusammengefasst werden [Fed00].

Die Aufnahme und Beurteilung der vorhandenen Projektsteuerungs- und -kontrollverfahren für das Projektkontrollziel „Dokumentierte Ist-Prozesse" können folgende Fragen unterstützen:

- Sind die aktuellen Geschäftsprozesse mit Prozessziel, Beschreibung der Aktivitäten, Prozessdurchführende, der dazugehörigen Organisation sowie den dazugehörigen Leistungsmerkmalen dokumentiert, analysiert und verstanden?
- Sind die Geschäftsprozesskontrollen bei der Dateneingabe und weitere Verfahren zur Sicherstellung einer vollständigen und richtigen Datenerfassung dokumentiert und verstanden?
- Sind die Anforderungen des Geschäftsprozesses an die Daten und die Datenflüsse dokumentiert und analysiert?
- Ist das IT-Umfeld der betroffenen Geschäftsprozesse dokumentiert und analysiert? Sind die vorhandenen IT-Sicherheitsmaßnahmen in diesem IT-Umfeld dokumentiert?

## 7.4.2    Dokumentierte Soll-Prozesse

Die vorhandenen Projektsteuerungs- und -kontrollverfahren sollten sicherstellen, dass die zukünftigen Geschäftsprozesse zur Erreichung der Unternehmensziele definiert sind.

Die Dokumentation der zukünftigen Geschäftsprozesse kann mit den unterschiedlichsten Darstellungsmethoden erfolgen. Zentrale Anforderung an die gewählte Darstellungsmethode sollte aber sein, dass die Methode eine effektive Kommunikation zwischen Fach- und IT-Abteilung ermöglicht. Grundsätzlich bietet sich daher eine grafische Darstellung (z.B. Kontextdiagramm, Diebold-Notation, Datenflussdiagramm, Prozesshierarchie) an, die über verschiedene Ebenen immer weiter verfeinert werden kann (Teilprozesse) und schließlich durch beschreibende Bestandteile ergänzt werden sollte. Eine Standardgliederung oder die Vorgabe von Dokumentationsinhalten erleichtert dabei ein einheitliches Vorgehen.

Die Aufnahme und Beurteilung der vorhandenen Projektsteuerungs- und -kontrollverfahren für das Projektkontrollziel „Dokumentierte Soll-Prozesse" können folgende Fragen unterstützen:

- Sind die zukünftigen Geschäftsprozesse vollständig dokumentiert, verstanden und verabschiedet?
- Sind die Auswirkungen der zukünftigen Geschäftsprozesse auf die Geschäftspartner vollständig erkannt und adressiert?
- Sind die erforderlichen Datenflüsse zwischen den IT-Systemen vollständig erkannt und dokumentiert?
- Sind die Anwender in die Dokumentation der zukünftigen Geschäftsprozesse einbezogen worden?
- Sind die Anforderungen an Know-how, Fähigkeiten und Verantwortungsstrukturen der zukünftigen Organisationsstruktur vollständig erkannt?
- Ist das zukünftige IT-Umfeld definiert und dokumentiert? Sind Verfahren oder Kennzahlen zur Messung der Datenqualität definiert worden?

## 7.4.3    Ordnungsmäßigkeit der Prozesse

*Assurance tasks are to be identified during the planning phase of the project management framework. Assurance tasks should support the accreditation of new or modified systems and should assure that internal controls and security features meet the related requirements. (Kontrollziel für den COBIT-Prozess „Manage Projects")*

Die vorhandenen Projektsteuerungs- und -kontrollverfahren sollten sicherstellen, dass die Anforderungen an die Ordnungsmäßigkeit der Geschäftsprozesse erfüllt werden.

Rechnungslegungsrelevante Systeme unterliegen den Grundsätzen ordnungsgemäßer Buchführung, die u.a. die Nachvollziehbarkeit des einzelnen Geschäftsvorfalles durch Sicherung der Beleg-, Konten- und Journalfunktion sowie die Nachvollziehbarkeit des Verarbeitungsverfahrens fordern [GoBS95]. Weiterhin sollten zur Sicherstellung der Ordnungsmäßigkeit insbesondere ausreichende Kontrollen, Sicherheitsmaßnahmen und Abstimmmöglichkeiten für jeden Geschäftsprozess vorgesehen werden. Beispiele für Kontrollen in diesem Sinne sind Dateneingabekontrollen (u.a. Authentifikation, Autorisierung), Verarbeitungskontrollen (u.a. Prüfziffer, Grenzprüfung) und Ausgabekontrollen (u.a. Abstimmung, Aufbewahrung). Sicherheitsmaßnahmen umfassen insbesondere Maßnahmen zum Schutz der Daten gegen Verlust und unberechtigte Veränderungen, während Abstimmmaßnahmen die Vollständigkeit und Richtigkeit der Daten sicherstellen sollen.

Bei rechnungslegungsrelevanten Systemen sind darüber hinaus explizite Anforderungen an die Dokumentation der Prozesse zu beachten. Die Grundsätze ordnungsgemäßer Buchführung verlangen u.a. eine aktuelle Verfahrensdokumentation für die Ordnungsmäßigkeit rechnungslegungsrelevanter Systeme [GoBS95]. Die Verfahrensdokumentation umfasst dabei insbesondere eine Beschreibung der sachlogischen Lösung sowie Arbeitsanweisungen für den Anwender. Die sachlogische Beschreibung enthält die Darstellung der fachlichen Aufgabe aus der Sicht des Anwenders und sollte u.a. die generelle Aufgabenstellung, die Dateneingaben, die Verarbeitungsregeln einschließlich Kontrollen und Abstimmverfahren, die Fehlerbehandlung sowie die Datenausgabe beschreiben. In den Arbeitsanweisungen, die für den Anwender zur sachgerechten Erledigung und Durchführung seiner Aufgaben vorhanden sein müssen, sind insbesondere die vorgesehenen manuellen Kontrollen und Abstimmungen festzuhalten.

Um die Erfüllung der Anforderungen an die Ordnungsmäßigkeit sicherzustellen, sollte die interne und externe Revision bereits im Stadium der Planung und Entwicklung komplexer IT-Systeme in das IT-Projekt einbezogen werden [HFA497].

Die Aufnahme und Beurteilung der vorhandenen Projektsteuerungs- und -kontrollverfahren für das Projektkontrollziel „Ordnungsmäßigkeit der Prozesse" können folgende Fragen unterstützen:

- Wurden die Anforderungen an die Ordnungsmäßigkeit der Prozesse bei der Prozessgestaltung berücksichtigt?
- Sind effektive und effiziente Prozesskontrollen, Sicherheitsmaßnahmen und Abstimmmöglichkeiten vorgesehen und dokumentiert? Sind insbesondere die Kontrollen bei der Dateneingabe und weitere Verfahren zur Sicherstellung einer vollständigen und richtigen Datenerfassung definiert und dokumentiert?
- Sind aktuelle Arbeitsanweisungen und eine ausreichende Verfahrensdokumentation erstellt worden?
- Wurde die interne und externe Revision in die Gestaltung der Geschäftsprozesse einbezogen?

## 7.4.4    Test der Prozesse

Die vorhandenen Projektsteuerungs- und -kontrollverfahren sollten sicherstellen, dass alle Geschäftsprozesse zusammen mit dem neuen IT-System getestet sind, um sicherzustellen, dass die geplanten Geschäftsprozesse in der Praxis funktionieren und um mögliche Schwachstellen frühzeitig zu erkennen.

Geschäftsprozesse müssen analog zu jedem IT-System vor Produktionseinsatz getestet werden. Je eher die Prozesse getestet werden, desto frühzeitiger können Prozessschwächen erkannt und behoben werden. Um mit den Prozesstests bereits vor Fertigstellung des IT-Systems zu beginnen, können noch nicht realisierte Teilbereiche auch durch Prototypen oder Modelle ersetzt werden.

Die Aufnahme und Beurteilung der vorhandenen Projektsteuerungs- und -kontrollverfahren für das Projektkontrollziel „Test der Prozesse" können folgende Fragen unterstützen:

- Wurden alle Geschäftsprozesse (z.B. in Workshops) mit den Anwendern diskutiert?
- Wurden eine Teststrategie und Testpläne für den Test der Geschäftsprozesse entwickelt? Sind die Teststrategie und die Testpläne vom Auftraggeber, den Mitgliedern des Prozessteams und den Anwendern verabschiedet?
- Wird ein funktionaler Test der Prozesse frühzeitig durch Prototyping oder andere Modellierungstechniken unterstützt?
- Sind die notwendigen Systemparameter für alle Geschäftsprozesse dokumentiert?
- Werden Prozessmängel systematisch dokumentiert und Lösungen identifiziert? Werden Optimierungen der Prozesse mit den Anwendern abgestimmt, gegen die ursprünglichen Anforderungen abgeglichen und von der internen und externen Revision verabschiedet?
- Sind die Prozesse vollständig getestet und abgenommen?

## 7.4.5   Projektkontroll-Checkliste

Die folgende Übersicht fasst die Kernpunkte der einzelnen Projektkontrollen in dem Projektkontrollbereich „Geschäftsprozesse" durch die Formulierung einer Leitfrage zusammen. Die beispielhaft aufgelistete Dokumentation kann eine erste Beurteilung der vorhandenen Projektsteuerungs- und -kontrollverfahren ermöglichen.

*Tab. 7.6   Kontroll-Checkliste für den Projektkontrollbereich „Geschäftsprozesse"*

| IT-Projektkontrollziele | Leitfrage | Dokumentation |
|---|---|---|
| Dokumentierte Ist-Prozesse | Sind die aktuellen Geschäftsprozesse zur Erreichung der Unternehmensziele dokumentiert? | Dokumentation der Ist-Prozesse |
| Dokumentierte Soll-Prozesse | Sind die zukünftigen Geschäftsprozesse zur Erreichung der Unternehmensziele definiert? | Dokumentation der Soll-Prozesse |
| Ordnungsmäßigkeit der Prozesse | Sind die Anforderungen an die Ordnungsmäßigkeit der Geschäftsprozesse definiert? | Verfahrensdokumentation Arbeitsanweisungen |
| Test der Prozesse | Wurden alle Geschäftsprozesse im Zusammenhang mit dem neuen IT-System getestet? | Teststrategie Testpläne Testergebnisse |

## 7.4.6   Projektkontrollindikatoren

Die nachfolgenden Projektkontrollindikatoren für den Projektkontrollbereich „Geschäftsprozesse" sind als Anregungen für Kennzahlen zu verstehen, die einerseits eine einheitliche und objektive Bewertung der Wirksamkeit der Projektkontrollen ermöglichen und andererseits als Frühwarnindikator mögliche Änderungen in der Qualität der Projektsteuerungs- und -kontrollverfahren frühzeitig erkennen helfen sollen.

- **Anzahl dokumentierte Ist-Prozesse/Anzahl Ist-Prozesse**

Dieser Indikator setzt die Anzahl der dokumentierten Ist-Prozesse ins Verhältnis zur Anzahl der Ist-Prozesse. Der Indikator kann eine Überwachung des Projektfortschritts beim Projektkontrollziel „Dokumentierte Ist-Prozesse" unterstützen. Eine Variante dieses Indikators wäre: Anzahl der undokumentierten Ist-Prozesse/Anzahl Ist-Prozesse.

- **Anzahl definierter Soll-Prozesse/Anzahl zu definierender Soll-Prozesse**

Dieser Indikator setzt die Anzahl der definierten Soll-Prozesse ins Verhältnis zur Anzahl der zu definierenden Soll-Prozesse. Der Indikator kann eine Überwachung des Projektfortschritts beim Projektkontrollziel „Dokumentierte Soll-Prozesse" unterstützen. Eine Variante dieses Indikators wäre: Anzahl der undefinierten Soll-Prozesse/Anzahl zu definierender Soll-Prozesse.

- **Anzahl von der Revision abgenommener Soll-Prozesse/Anzahl Soll-Prozesse**

Dieser Indikator setzt die Anzahl der von der Revision abgenommenen Soll-Prozesse ins Verhältnis zur Anzahl der Soll-Prozesse. Dieser Indikator kann eine Überwachung des Projektfortschritts beim Projektkontrollziel „Ordnungsmäßigkeit der Prozesse" unterstützen. Eine Variante dieses Indikators wäre: Anzahl von der Revision nicht abgenommener Soll-Prozesse/Anzahl Soll-Prozesse.

- **Anzahl der getesteten Soll-Prozesse/Anzahl Soll-Prozesse**

Dieser Indikator setzt die Anzahl der getesteten Soll-Prozesse ins Verhältnis zur Anzahl der Soll-Prozesse. Dieser Indikator kann eine Überwachung des Projektfortschritts beim Projektkontrollziel „Test der Prozesse" unterstützen. Eine Variante dieses Indikators wäre: Anzahl ungetesteter Soll-Prozesse/Anzahl Soll-Prozesse.

## 7.5    Anwender

Zur Beurteilung dieses Projektkontrollbereiches werden vor allem Projektsteuerungs- und -kontrollverfahren im Zusammenhang mit dem Management der organisatorischen Veränderungen sowie dem Training und der Schulung der zukünftigen Nutzer adressiert. Die Projektsteuerungs- und -kontrollverfahren sollen dabei sicherstellen, dass die Mitarbeiter, die von der Entwicklung und Einführung des IT-Systems betroffen sind, das neue System akzeptieren, unterstützen und richtig anwenden.

### 7.5.1    Berücksichtigung organisatorischer Veränderungen

*The organisation's project management framework should provide for participation by the affected user department management in the definition and authorisation of a development, implementation or modification project. (Kontrollziel für den COBIT-Prozess „Manage Projects")*

Die vorhandenen Projektsteuerungs- und -kontrollverfahren sollten sicherstellen, dass die Auswirkungen der organisatorischen Änderungen auf die Mitarbeiter ausreichend berücksichtigt worden sind.

Die Einführung eines neuen IT-Systems bedeutet oftmals die Änderung organisatorischer Rahmenbedingungen, die Umstrukturierung der Arbeitsabläufe sowie die Veränderung der Arbeitsinhalte und -weisen der Mitarbeiter. Bekanntlich bauen Menschen erst einmal Widerstände gegen Veränderungen auf. Diesen Widerständen gilt es behutsam entgegenzuwirken.

Entscheidend für den Projekterfolg ist die Einbindung der zukünftigen Anwender bereits in den frühen Projektphasen. COBIT definiert die Beteiligung der Fachbereiche bei Projektbeginn als eines der 13 Kontrollziele des IT-Prozesses „Manage Projects". Dadurch können die Anwender die Entwicklung noch beeinflussen und stehen am Ende des IT-Projektes nicht nur vor der Wahl, das IT-System anzunehmen oder abzulehnen. Weiterhin steigt durch die frühzeitige Einbindung das Verständnis für das neue IT-System, was sich für die spätere Akzeptanz sehr positiv auswirkt.

Stellen Sie sich einen kleinen Jungen vor, der eingeschult werden soll. Die Eltern werden ihrem Sohn wohl kaum am Tag vor der Einschulung sagen: „Ab morgen früh gehst Du jeden Morgen zur Schule." Sie werden vielmehr bereits Monate vorher dem Jungen von der Schule erzählen, Wochen vorher immer wieder dort vorbeigehen und den Kindern beim Spielen auf dem Pausenhof zusehen und Tage vorher mit Berichten über bekannte Mitschüler, nette Lehrer und die gefüllte Schultüte die Vorfreude wecken. Was bei Kindern selbstverständlich ist, wird in IT-Projekten aber häufig komplett vergessen.

Die folgenden Fragen können bei der Aufnahme und Beurteilung der vorhandenen Projektsteuerungs- und -kontrollverfahren für das Projektkontrollziel „Berücksichtigung organisatorischer Veränderungen" unterstützen:

- Wurde eine „Gap-Analyse" der aktuellen und zukünftigen Fähigkeiten, Aufgaben und Kompetenzen der betroffenen Mitarbeiter durchgeführt? Wurden die geänderten Anforderungen an die Stelleninhaber aufgenommen und im Trainingsplan berücksichtigt?
- Wurden die Arbeitsabläufe und Arbeitsbedingungen der betroffenen Organisationseinheiten auf die projektbedingten Änderungen überprüft?
- Sind die notwendigen organisatorischen Änderungen und der entsprechende Änderungsplan dokumentiert und von den Auftraggebern und vom Management verabschiedet? Sind die notwendigen Änderungen transparent kommuniziert worden?
- Wurden die Stellenbeschreibungen überarbeitet und mit den Stelleninhabern und dem Management abgestimmt?
- Wurde der Betriebsrat in den Änderungsprozess einbezogen? Unterstützt der Betriebsrat die organisatorischen Veränderungen?

## 7.5.2     Schulungsplanung

*The organisation's project management frame-work should require that a training plan be created for every development, implementation and modification project. (Kontrollziel für den COBIT-Prozess „Manage Projects")*

Die vorhandenen Projektsteuerungs- und -kontrollverfahren sollten sicherstellen, dass für die betroffenen Mitarbeiter Schulungen in ausreichendem Umfang eingeplant sind.

Die Schulungsplanung betrifft sowohl die Projektmitarbeiter als auch die Projektbetroffenen und Anwender des Projektergebnisses. Die Projektmitarbeiter sollten dabei nicht nur technische Fähigkeiten vermittelt bekommen, sondern auch fachliche Fähigkeiten und sog. „Softskills". Die Bedeutung der Schulungsplanung wird häufig unterschätzt. COBIT definiert die Schulungsplanung als eines der 13 Kontrollziele des IT-Prozesses „Manage Projects".

Bei der Schulungsplanung der Anwender sollte insbesondere berücksichtigt werden, dass die Anwender zeitnah vor dem Funktions- oder Paralleltest im Umgang mit der Anwendung geschult werden sollten, um die Effektivität der Tests zu erhöhen.

Die folgenden Fragen können bei der Aufnahme und Beurteilung der vorhandenen Projektsteuerungs- und -kontrollverfahren für das Projektkontrollziel „Schulungsplanung" unterstützen:

- Gibt es ein Schulungskonzept, um die Mitarbeiter effizient und angemessen auszubilden?
- Wurde eine Bedarfsanalyse durchgeführt, um den aktuellen und zukünftigen Aus- und Weiterbildungsbedarf zu erfassen?
- Gibt es eine detaillierte Aus- und Weiterbildungsplanung mit konkreten Schulungsdaten, die vorhandene Projektabhängigkeiten und den Ressourcenbedarf berücksichtigt?
- Berücksichtigt die Aus- und Weiterbildungsplanung sowohl fachliche und technische Fähigkeiten als auch sog. „Softskills"?
- Sind die Schulungen gebucht und bestätigt?

## 7.5.3     Professionelle Schulungsdurchführung

*„Investment in staff development is fundamental for project success." [Swa98]*

Die vorhandenen Projektsteuerungs- und -kontrollverfahren sollten sicherstellen, dass die Schulungen professionell durchgeführt werden.

Schulungen und Einweisungen in das neue IT-System dienen der Vorbereitung der Endbenutzer und gelten als einer der vernachlässigten Erfolgsfaktoren für IT-Projekte [Lic92]. Schulungen und Einweisungen sollen dem Anwender Sicherheit und Souveränität im Umgang mit dem neuen IT-System vermitteln. Damit die Umsetzung in der Praxis funktioniert, sollten die Schulungen und Einweisungen durch Handbücher und Organisationsanweisungen unterstützt werden. Auch sollten in der ersten Zeit des Test- und Produktivbetriebes Ansprechpartner für Fragen zur Verfügung stehen.

Die folgenden Fragen können bei der Aufnahme und Beurteilung der vorhandenen Projektsteuerungs- und -kontrollverfahren für das Projektkontrollziel „Professionelle Schulungsdurchführung" unterstützen:

- Gibt es detaillierte Anforderungen an die Schulungsumgebung mit Systemanforderungen und entsprechender Dokumentation?
- Ist die Schulungsadministration sichergestellt, d.h. sind Buchungen, Trainer und Schulungsdaten abgestimmt und kommuniziert?
- Sind die Schulungsunterlagen vorbereitet und verteilt?
- Ist die Schulungsumgebung unter der Kontrolle von Verfahren für das Konfigurationsmanagement?
- Sind Anwender und Bediener im Umgang mit den neuen Systemen und Geschäftsprozessen geschult?
- Gibt es einen Prozess, damit Anregungen aus den Schulungen im IT-Projekt zur Verbesserung der Anforderungen oder der Schulungen aufgenommen werden können?
- Werden die Benutzer auf die Bedeutung der vollständigen und richtigen Dateneingabe und Datenpflege hingewiesen?

## 7.5.4 Projektkontroll-Checkliste

Die folgende Übersicht fasst die Kernpunkte der einzelnen Projektkontrollen in dem Projektkontrollbereich „Anwender" kurz zusammen. Die beispielhaft aufgelistete Dokumentation kann eine erste Beurteilung der vorhandenen Projektkontrollverfahren ermöglichen

*Tab. 7.7   Kontroll-Checkliste für den Projektkontrollbereich „Anwender"*

| IT- Projektkontrollziele | Leitfrage | Dokumentation |
|---|---|---|
| Berücksichtigung organisatorischer Veränderungen | Werden die organisatorischen Änderungen ausreichend vom IT-Projekt berücksichtigt? | Analyse der organisatorischen Änderungen<br>Gap-Analyse des Schulungsbedarfs |
| Schulungsplanung | Wurde der Trainingsbedarf erhoben und geplant? | Schulungsplan |
| Professionelle Schulungsdurchführung | Gibt es eine separate Ausbildungsinfrastruktur? | Schulungsunterlagen |

## 7.5.5 Projektkontrollindikatoren

Die nachfolgenden Projektkontrollindikatoren für den Projektkontrollbereich „Anwender" sind als Anregungen für Kennzahlen zu verstehen, die einerseits eine einheitliche und objektive Bewertung der Wirksamkeit der Projektkontrollen ermöglichen und andererseits als Frühwarnindikator mögliche Änderungen in der Qualität der Projektsteuerungs- und -kontrollverfahren frühzeitig erkennen helfen sollen.

- **Anzahl durchgeführter Schulungen/Anzahl geplanter Schulungen**

Dieser Indikator setzt die Anzahl der durchgeführten Schulungen ins Verhältnis zur Anzahl der geplanten Schulungen. Der Indikator kann eine Überwachung des Projektfortschritts beim Projektkontrollziel „Professionelle Schulungsdurchführung" unterstützen.

- **Durchschnittliche Bewertung der Schulungsmaßnahmen**

Dieser Indikator lässt Rückschlüsse auf die Qualität der Schulungen zu. Der Indikator kann eine anwendergerechte Schulung beim Projektkontrollziel „Professionelle Schulungsdurchführung" sicherstellen.

- **Anzahl der Verbesserungsvorschläge aus den durchgeführten Schulungen**

Die Anzahl der bei den durchgeführten Schulungen aufgeworfenen Verbesserungsvorschläge für das IT-Projekt kann einerseits ein positiver Indikator für eine aktive Beteiligung beim Projektkontrollziel „Professionelle Schulungsdurchführung" oder anderseits ein negativer Indikator für die Zielerreichung beim Projektkontrollziel „Berücksichtigung organisatorischer Veränderungen" sein.

## 7.6    Technologie

Zur Beurteilung dieses Projektkontrollbereiches werden vor allem Projektsteuerungs- und -kontrollverfahren im Zusammenhang mit der Softwareentwicklung adressiert. Die Projektsteuerungs- und -kontrollverfahren sollen dabei insbesondere sicherstellen, dass angemessene Prozesse für die Softwareentwicklung sowie für das Test- und Konfigurationsmanagement vorhanden sind.

### 7.6.1    Bewährtes Vorgehensmodell

*A system development life cycle methodology has been defined and is used by the organization (Critical Success Factor für den COBIT-Prozess „Manage Projects")*

Die vorhandenen Projektsteuerungs- und -kontrollverfahren sollten sicherstellen, dass die Entwicklung nach einem einheitlichen Vorgehensmodell mit erprobten Entwicklungsmethoden und -werkzeugen durchgeführt wird. Die fehlende Erfahrung in einer neuen Vorgehensweise wurde in einer Befragung der Computerwoche als eines der am höchsten bewerteten Probleme in IT-Projekten aufgeführt (s. Kapitel 4.1.4).

Das Vorgehensmodell stellt allgemein einen Rahmen dar, mit dem die Ablauforganisation für die Projektabwicklung festgelegt wird [RePo97]. In der Softwaretechnik beschreibt ein Vorgehensmodell die Aktivitäten (Tätigkeiten) und Produkte (Ergebnisse), die während des gesamten Software-Lebenszyklus durchzuführen bzw. zu erstellen sind. Das Vorgehensmodell zerlegt den Softwareentwicklungsprozess dabei in der Regel in überschaubare Phasen mit eingebauten Meilensteinen und Verifizierungen. Das Vorgehensmodell sollte insbesondere sicherstellen, dass frühzeitig erkannt wird, wenn fachliche oder technische Anforderungen nicht umsetzbar sind. Um die Umsetzbarkeit zu beurteilen, können Techniken wie Prototyping, Analyse, Modellierung oder Simulation eingesetzt werden.

Ein Vorgehensmodell, das eine systematische und einheitliche Entwicklung einschließlich der notwendigen Sicherungsschritte – wie Reviews zur Überprüfung der Ergebnisse – sicherstellt, vereinfacht die Kooperation innerhalb der Projektteams, vereinheitlicht die Arbeitsprozesse, stellt die Einhaltung von Terminen und Budgets sicher, gewährleistet die Nachvollziehbarkeit von Entwicklungsentscheidungen und ermöglicht die langfristige Pflege des IT-Systems [BMBF00].

Viele große Unternehmen haben eigene Vorgehensmodelle entwickelt, die sich jedoch meist an bekannten klassischen Vorgehensmodellen, wie dem Wasserfallmodell oder dem Spiralmodell für die iterative Softwareentwicklung, anlehnen. Im „time-to-market"-Zeitalter sind auch verschiedene Modelle für eine schnelle und leichtgewichtigere Softwareentwicklung entstanden, die durch kurze, inkrementelle Entwicklungszyklen und aktive Beteiligung der Nutzer eine Fokussierung auf die Kodierung ermöglichen sollen. Bekannte Vertreter dieser Ansätze sind insbesondere die Extreme Programmierung (XP) von Kent Beck [Beck00] sowie die Dynamic Systems Development Method (DSDM), die Adaptive Software Development (ASP) oder die Feature Driven Development (FDD). Diese Modelle für das sog. „Rapid Development" von Software sind jedoch noch sehr umstritten, insbesondere weil es keine kompletten Vorgehensmodelle sind und mit den Modellen bisher noch zu wenig Erfahrung vorhanden ist. Bemerkenswert ist jedoch die durchgängige Betonung der laufenden Validierung und Verifizierung, die anstelle einer Abnahme nach Abschluss der Entwicklung beim Wasserfallmodell tritt. Bei XP werden die Testfälle beispielsweise vor dem Beginn der Kodierung spezifiziert. Eine Funktionalität, für die kein Testfall existiert, wird entsprechend nicht kodiert. XP sieht weiterhin vor, die Testdurchführung soweit wie möglich zu automatisieren.

Die Aufnahme und Beurteilung der vorhandenen Projektsteuerungs- und -kontrollverfahren für das Projektkontrollziel „Bewährtes Vorgehensmodell" kann durch folgende Fragen unterstützt werden:

• Gibt es ein definiertes und dokumentiertes Vorgehensmodell? Hat sich dieses Vorgehensmodell in der Vergangenheit bereits bewährt?
• Wird ein Vorgehensmodell einheitlich im gesamten IT-Projekt angewandt?
• Wird die Einhaltung des Vorgehensmodells überwacht?
• Sieht das Vorgehensmodell eine durchgängige Qualitätssicherung vor?
• Werden angemessene Methoden und Werkzeuge für die Softwareentwicklung eingesetzt?
• Wird die Produktivität und Qualität des Entwicklungsprozesses gemessen?
• Sind die Mitarbeiter mit dem Vorgehensmodell und den Entwicklungsmethoden und -werkzeugen vertraut?

## 7.6.2      Geeignete Entwicklungsumgebung

*An appropriate software library structure is in place, addressing the needs of development, testing and production environments (Critical Success Factor für den COBIT-Prozess „Manage the Configuration")*

Die vorhandenen Projektsteuerungs- und -kontrollverfahren sollten sicherstellen, dass die technische Umgebung für die Entwicklung ausreichend dimensioniert ist und die Produktivität der Softwareentwicklung nicht behindert.

Die technische Umgebung der Entwickler sollte ein effizientes Arbeiten ermöglichen. Dies umfasst sowohl die Dimensionierung der Hardware als auch die installierte Software. Anzahl und Kapazität der Rechnerarbeitsplätze müssen ausreichend sein; Entwicklungswerkzeuge, wie CASE-Tools, Simulatoren, Compiler oder Testwerkzeuge, die für die Projektarbeit benötigt werden, müssen vorhanden sein.

Die eingesetzte Entwicklungsumgebung sollte möglichst alle wichtigen Aufgaben im Entwicklungsprozess unterstützen. Dies umfasst u.a. das DV-Design, die Realisierung, den Test, die Dokumentation sowie das Konfigurationsmanagement. Bei IT-Projekten mit neuer Technologie sind häufig Anpassungen der bisher verwendeten Entwicklungsmethoden und -werkzeuge notwendig.

Die Komplexität der modernen Softwareentwicklungswerkzeuge und der daraus resultierende Weiterbildungsbedarf muss bereits bei der Projektplanung berücksichtigt werden. Auch sollten die verwendeten Werkzeuge vor Projektbeginn gründlich getestet werden, da die Verwendung ungeeigneter Werkzeuge zu enormen Produktivitäts- und Qualitätseinbußen führen kann.

Die Aufnahme und Beurteilung der vorhandenen Projektsteuerungs- und -kontrollverfahren für das Projektkontrollziel „Geeignete Entwicklungsumgebung" kann durch folgende Fragen unterstützt werden:

- Sind genügend Entwicklerarbeitsplätze vorhanden? Sind die Entwicklungsrechner ausreichend dimensioniert?
- Ist die Entwicklungsumgebung für die Aufgabenstellung geeignet?
- Unterstützt die Entwicklungsumgebung alle wichtigen Aufgaben im Entwicklungsprozess?
- Ist die Entwicklungsumgebung anwenderfreundlich und gut dokumentiert?
- Sind die Mitarbeiter mit der Entwicklungsumgebung vertraut?
- Wurde die Entwicklungsumgebung sorgfältig getestet? Wird die Entwicklungsumgebung bei Problemen und Fragen durch den Hersteller unterstützt?

## 7.6.3      Qualität des DV-Konzeptes

Die vorhandenen Projektsteuerungs- und -kontrollverfahren sollten sicherstellen, dass das DV-Konzept den notwendigen Qualitätsanforderungen genügt.

Das DV-Konzept muss einerseits die fachlichen Anforderungen korrekt umsetzen und andererseits eine umsetzbare Vorlage für die Programmierung darstellen. Im DV-Konzept wird auch die software-technische Lösung im Sinne einer Softwarearchitektur festgelegt und beschrieben [Bal96]. Insbesondere sind auch Umgebungs- und Randbedingungen, wie Schnittstellen und nicht-funktionale Anforderungen (z.B. Skalierbarkeit, Durchsatz, Antwortzeit), im DV-Konzept zu beschreiben.

Das DV-Konzept sollte – wie alle Projektergebnisse – zeitnah einer Qualitätssicherung unterworfen werden. Diese sollte analog zur Überprüfung der Anforderungen (s. Kapitel 7.2.4) auch die Aspekte Stabilität, Vollständigkeit, Klarheit, Korrektheit und Umsetzbarkeit umfassen. Dazu können beispielsweise folgende Aspekte überprüft werden:

- Funktionalität
Gibt es Funktionen oder Algorithmen, die vorhandene Anforderungen nicht oder nur teilweise erfüllen? Sind Funktionen oder Algorithmen falsch, unvollständig oder zu komplex?

- Schwierigkeitsgrad
Basiert das Design auf unrealistischen Annahmen? Sind die Annahmen zu optimistisch? Gibt es Anforderungen oder Funktionalitäten, die schwierig in einem DV-Konzept umzusetzen sind?

- Schnittstellen
Sind die Schnittstellen ausreichend beschrieben?

- Performance und Qualität
Sind Probleme mit der erwarteten Performance oder Qualität zu erwarten?

- Testbarkeit
Wird die Anwendung schwierig zu testen sein?

- Hardware-Einschränkungen
Gibt es Einschränkungen bei der Entwicklungs- oder Produktions-Hardware, die verhindern, dass die Anforderungen erfüllt werden?

- Wiederverwendung von Software
Gibt es wiederverwendbare Software? Ist eine Wiederverwendbarkeit ohne Modifikationen gegeben?

Die Qualität des DV-Konzeptes ist entscheidend für den weiteren Projektverlauf, daher sollten konkrete Projektkontrollen im Sinne konstruktiver und analytischer Qualitätssicherungsmaßnahmen vorgesehen bzw. durchgeführt werden.

Die Aufnahme und Beurteilung der vorhandenen Projektsteuerungs- und -kontrollverfahren für das Projektkontrollziel „Qualität des DV-Konzeptes" kann durch folgende Fragen unterstützt werden:

- Basiert das DV-Konzept auf dem aktuellen Fachkonzept?
- Sind Vorgaben für die Erstellung des DV-Konzeptes vorhanden?

- Wurde das DV-Konzept unter den Aspekten Stabilität, Vollständigkeit, Klarheit, Korrektheit und Umsetzbarkeit überprüft?
- Wurden nicht-funktionale Anforderungen (z.B. Zuverlässigkeit, Sicherheit, Wartbarkeit) im DV-Konzept ausreichend berücksichtigt?
- Sind übergreifende Aspekte wie Abstimmungen sowie Sicherheits- und Kontrollmaßnahmen im DV-Konzept ausreichend berücksichtigt?

## 7.6.4     Qualität der Realisierung

Die vorhandenen Projektsteuerungs- und -kontrollverfahren sollten sicherstellen, dass die Realisierung den notwendigen Qualitätsanforderungen genügt.

Die Realisierung bezeichnet die Umsetzung des DV-Konzeptes in durch den Rechner interpretierbare Objekte, wie Programme, Module oder Makros. Alle wesentlichen technischen Entscheidungen sollten im DV-Konzept getroffen worden sein, so dass die Realisierung weitgehend mechanisch aus dem DV-Konzept ableitbar ist. Die Realisierung sollte die Anforderungen des DV-Konzeptes korrekt umsetzen und gleichzeitig darauf achten, dass das Programm test- und wartbar ist. Die Wartbarkeit kann durch die Vorgabe von Programmierrichtlinien erleichtert werden. Programmierrichtlinien umfassen u.a. Anweisungen für eine strukturierte und normierte Programmierung sowie Namenskonventionen.

Bei kritischen Programmteilen kann eine Überprüfung des Source Codes auf Programmierfehler mit Hilfe einer analysierenden Methode (z.B. Inspektion, Review, Walk-through) sinnvoll sein. Dabei können z.B. mögliche Fehler bei der Deklaration und Referenzierung von Variablen, Fehler in Formeln und Vergleichen, Fehler im Kontrollfluss, bei Schnittstellen sowie bei Ein- und Ausgaben abgeprüft werden. Für die jeweiligen Programmiersprachen sollten zusätzlich sprachenspezifische Checklisten zur Überprüfung der Einhaltung der relevanten Programmierrichtlinien genutzt werden [Kit95].

Besondere Probleme können auftreten, wenn fremde Softwarekomponenten wiederverwendet werden sollen. Bei wiederverwendbaren Softwarekomponenten sollte insbesondere eine ausreichende Dokumentation und Performance sowie leichte Anpassbarkeit gewährleistet sein.

Die Aufnahme und Beurteilung der vorhandenen Projektsteuerungs- und -kontrollverfahren für das Projektkontrollziel „Qualität der Realisierung" kann durch folgende Fragen unterstützt werden:

- Ist das DV-Konzept ausreichend detailliert und stabil?
- Gibt es Komponenten, die schwierig zu realisieren sind? Sind die Aufwandsschätzungen für diese Komponenten realistisch? Wurden diese kritischen Programmteile einem Review unterzogen?
- Gibt es bedarfsgerechte und aktuelle Programmierrichtlinien?
- Ist das Programm in Übereinstimmung mit verabschiedeten Programmierrichtlinien realisiert worden? Werden die Regeln der strukturierten Programmierung angewandt?
- Sind die Compiler-Optionen zur Überprüfung des Programms bewusst eingestellt?

- Wird für kritische Programmkomponenten eine nachgelagerte Qualitätssicherung durchgeführt?
- Ist die Programmdokumentation für eine Wartung des Programms durch Dritte ausreichend?

## 7.6.5    Teststrategie und -planung

*The organisation's project management framework should require that a test plan be created for every development, implementation and modification project. (Kontrollziel für den CO-BIT-Prozess „Manage Projects")*

Die vorhandenen Projektsteuerungs- und -kontrollverfahren sollten sicherstellen, dass die Tests sorgfältig geplant, ausreichend Testfälle definiert werden und die Testdurchführung nachvollziehbar dokumentiert wird. Probleme bei der Qualitätssicherung bzw. beim Testen wurden in der Untersuchung zur „Analyse und Evaluation der Softwareentwicklung in Deutschland" als eines der Hauptprobleme bei der Softwareentwicklung erkannt (s. Kapitel 4.1.7).

Testen ist ein Qualitätssicherungsprozess, in dem ein IT-Produkt mit manuellen oder automatischen Hilfsmitteln bewertet wird, um damit die Erfüllung der spezifizierten Anforderungen an das Produkt nachzuweisen. In diesem Prozess können Abweichungen zwischen den erwarteten (in den Testfällen spezifizierten) und den tatsächlichen, vom System erzeugten Ergebnissen auftreten. Solche Abweichungen werden als Fehler bezeichnet. Testen hat als primäres Ziel, Fehler aufzudecken [Mye95].

Im Sinne einer übergeordneten und nachvollziehbaren Qualitätssicherung müssen die Tests geplant und systematisch durchgeführt, kontrolliert und dokumentiert werden. Auch COBIT fordert als eines der 13 Kontrollziele des IT-Prozesses „Manage Projects" einen Testplan für jedes Entwicklungs-, Wartungs- und Implementierungsprojekt.

Ein Testkonzept sollte die generelle Teststrategie festlegen und dabei sowohl die Planung der analysierenden Testverfahren für jeden Ergebnistyp (Anforderungen, Fachkonzept, DV-Konzept) als auch die Planung der testenden Verfahren (Modul-, Integrations-, Systemtest, Funktions- und Abnahmetest sowie den Paralleltest) berücksichtigen.

Zur konkreten Planung der Testvorbereitung und Testdurchführung sollte ein Testplan erstellt werden. Der Testplan ist Bestandteil des Projektplanes und enthält die zeitliche (Wann wird getestet?) und personelle (Wer führt den Test durch?) Einplanung der Testaktivitäten (Was wird getestet?). Eine ausreichende Einplanung des Testaufwandes (rund 40–50 % des Gesamtaufwandes) gilt als einer der Erfolgsfaktoren für IT-Projekte [Lic92].

Die Testplanung setzt sich aus folgenden wichtigen Aktivitäten zusammen, die sich entsprechend in der Projektplanung widerspiegeln sollten:

- **Festlegen der Testobjekte, Testziele und Testanforderungen**
Unter einem Testobjekt wird ein Prüfgegenstand verstanden. Dies kann eine Komponente, ein Teilsystem oder ein System sein. Für die einzelnen Testobjekte sind Testszenarien aus

fachlicher und technischer Sicht zu definieren. Dazu muss festgelegt werden, welche Teile, Abläufe oder Prozesse des Testobjektes zu testen sind. Für diese Teile, Abläufe oder Prozesse sind Testszenarien zu entwickeln. Jedes Testszenario benennt eine unterschiedliche Variante, mit denen ein Testobjekt getestet werden soll.

Die Festlegung der Reihenfolge der zu testenden Testobjekte und Testszenarien kann nach verschiedenen Kriterien erfolgen, z.B. nach sachlogischen Abhängigkeiten oder nach dem Grad der Komplexität der Testobjekte/Testszenarien.

Für jedes Testobjekt sind Testendekriterien festzulegen. In der Praxis wird als Testendekriterium häufig der Ablauf der geplanten Testdauer je Testobjekt oder die Realisierung des geplanten Testumfangs genommen. Testendekriterien sollten jedoch spezifisch und entsprechend der Priorisierung des Testszenarios festgelegt werden. Spezifische Testendekriterien für einen Modultest sind beispielsweise, dass alle Bedingungsausgänge fehlerfrei getestet oder alle Anweisungen und Zweige einmal fehlerfrei durchlaufen worden sind.

Für jedes Testszenario ist der Testumfang risikoorientiert zu bestimmen, wobei die für die Testobjekte definierten Testendekriterien und die Bedeutung der Testszenarien für das Unternehmen zu beachten sind. Die Festlegung des Testumfangs kann in detaillierter oder grober Weise vorgegeben werden. Ein Beispiel für eine grobe Definition des Testumfangs sind unbestimmte Ausprägungen (z.B. intensiv, normal, gering); eine detaillierte Definition umfasst dagegen messbare Kriterien (z.B. Testen von 50 Testfällen für ein bestimmtes Testszenario).

- **Ableiten der konkreten Testfälle und ihrer Soll-Ergebnisse**

Aus den Testszenarien sind in diesem Schritt konkrete Testfälle abzuleiten. Im Vorfeld der Entwicklung von Testfällen sollte für die Testteilnehmer eine Schulung zur Vorgehensweise bei der Testfallentwicklung durchgeführt werden. Dabei ist den Testteilnehmern insbesondere aufzuzeigen, nach welcher Gliederung die Testfälle zu beschreiben und welche Hilfsmittel bei der Testfallentwicklung zu nutzen sind.

Die fachlichen Testfälle sollten gemeinsam vom Projektteam und den Fachbereichen erarbeitet werden. Dabei sind nicht nur die Geschäftsvorfälle zu entwickeln, die am häufigsten vorkommen, sondern gerade auch Ausnahmen, Raritäten (exotische Eingabekonstellationen) und Grenzfälle. Die Testfälle sollten risikoorientiert z.B. nach Häufigkeit des Geschäftsvorfalles im normalen Tagesgeschäft, Komplexität und Fehlerrisiko priorisiert werden. Bei auftretenden zeitlichen Engpässen während des Testens kann dann zumindest sichergestellt werden, dass alle hochpriorisierten Vorfälle getestet worden sind.

- **Vorbereiten der Testdaten in den jeweiligen Umgebungen**

Zur Vorbereitung und Erstellung der Testumgebung sollten die bestehenden Anforderungen an die Hardware, die Software, die Datenbanken, etc. ermittelt und anschließend das IT-System entsprechend installiert sowie konfiguriert und parametrisiert werden. Die Testumgebung ist zu dokumentieren.

Bei der Vorbereitung der Testdaten sollte auch die Bereitstellung von Daten bedacht werden, die nur indirekt für die Testdurchführung notwendig sind. Dies können beispielsweise

Stammdaten wie Vertragsdaten oder Gattungsdaten bei Wertpapieren sein. Weiterhin ist darauf zu achten, dass der Testdatenbestand so gespeichert wird, dass die Testdaten jederzeit wieder unverändert installiert werden können, um die Tests zu wiederholen.

Testdaten können oftmals relativ leicht durch die Migration produktiver Daten erzeugt werden. Diese sind jedoch bei Bedarf zu anonymisieren und um fehlende Daten manuell zu ergänzen. Der Testdatenbestand sollte für einmal spezifizierte Testfälle immer gleich sein, um die Vergleichbarkeit und Nachvollziehbarkeit der Ergebnisse zu erleichtern. Daher sollten die Testdaten spätestens in der Abnahmeumgebung einem Konfigurationsmanagement unterliegen.

Die Aufnahme und Beurteilung der vorhandenen Projektsteuerungs- und -kontrollverfahren für das Projektkontrollziel „Teststrategie und -planung" kann durch folgende Fragen unterstützt werden:

- Gibt es eine Teststrategie, die alle wichtigen Testobjekte und Testziele beschreibt?
- Gibt es einen Testplan mit Aufgaben, Terminen und Verantwortlichen für die einzelnen Testaufgaben? Enthält der Testplan die wesentlichen Testaktivitäten? Ist ausreichend Zeit für die Testdurchführung eingeplant? Wurde der Testplan von den Auftraggebern und Anwendern verabschiedet?
- Wurden Kriterien für das Testende definiert?
- Decken die Testszenarien bzw. Testfälle alle Anforderungen aus dem Fachkonzept ab? Werden auch fremdentwickelte Programme, alle Schnittstellen sowie übergreifende Funktionen wie Datensicherung und -wiederherstellung getestet?
- Gibt es Standards für die Testdokumentation, um die Nachvollziehbarkeit der Tests sicherzustellen?

## 7.6.6    Systematische Testdurchführung

*„Erfolgreiche Tests haben drei elementare Erfolgsfaktoren: Ressourcen, Systematik und Dokumentation." (Martin Kütz)*

Die vorhandenen Projektsteuerungs- und -kontrollverfahren sollten sicherstellen, dass die Durchführung der Tests in den einzelnen Projektphasen ausreichend definiert, geplant und dokumentiert wird.

Testen ist ein eigener Prozess, der auf den Entwicklungsprozess für IT-Projekte des Unternehmens abgestimmt sein muss. Testen ist dabei jedoch keine der Entwicklung nachgelagerte Aktivität, da die relativen Kosten, einen Fehler zu beheben, mit zunehmender Verweilzeit des Fehlers im Produkt steigen (sog. „Summationseffekt"). Ziel der Testaktivitäten muss daher sein, innerhalb jeder Entwicklungsphase die vorhandenen Fehler im Sinne von Abweichungen von den Anforderungen sowie die Inkonsistenzen in den Anforderungen frühzeitig zu erkennen.

In der Praxis verwenden Unternehmen allerdings meist zu wenig Ressourcen für das Testen, so dass neue oder geänderte Software vor Erreichen eines stabilen Zustandes in Produktion geht. Auch die Daily Telegraph-Studie (s. Kapitel 4.1.5) nennt insbesondere kompetente

Projektmitarbeiter in der Test- und Abnahmephase als einen der kritischen Erfolgsfaktoren für IT-Projekte. Die Folgen von unzureichenden Ressourcen bei der Testdurchführung reichen von hohen Wartungskosten, über unzureichende Funktionalitäten bis zum sichtbaren Misserfolg der Einführung. Die geplante und systematische Durchführung der verschiedenen Testphasen ist daher ein wesentliches Kontrollverfahren im Rahmen eines IT-Projektes.

Bei der Softwareentwicklung werden in der Regel folgende Testphasen unterschieden:

- **Modultest**

Der Modultest ist der Test der kleinsten Programmeinheiten (Module). Er wird vom Programmentwickler selbst auf dem Entwicklungsrechner durchgeführt. Der Modultest erfolgt unabhängig von den anderen Modulen, die zum Gesamtprogramm gehören und hat das Ziel, die Anforderungen des DV-Konzeptes (Design) sowie die externen Schnittstellen des Moduls zu testen.

Die gefundenen Fehler werden vom Entwickler beseitigt. Anschließend werden alle Tests zu diesem Modul noch einmal ausgeführt, um eventuelle Auswirkungen der Änderungen zu überprüfen. Wird die Funktionalität eines Moduls erweitert oder geändert, so müssen die Testfälle entsprechend der neuen Spezifikation angepasst und der Test erneut durchgeführt werden.

- **Integrationstest**

Ziel des Integrationstests ist die Prüfung der Schnittstellen und des Zusammenwirkens der einzelnen Module. Die bereits überprüften Module werden dabei schrittweise zu immer größeren Komponenten bis hin zum Gesamtsystem zusammengeführt. Ein weiteres Ziel des Integrationstests ist die Prüfung der Vollständigkeit der Systemkomponenten.

Für die Durchführung des Integrationstests wird in der Regel ein Integrationsplan benötigt, in dem die Reihenfolge und die Abhängigkeiten der Module dargestellt ist. Aus dem Integrationsplan muss auch hervorgehen, welche Testtreiber und Platzhalter (stubs, dummies) benötigt werden.

Die gefundenen Fehler werden von den Programmierern in den Modulen beseitigt. Anschließend müssen alle Tests der Integrationsphase für diese Module, sowie alle Tests aus der Phase Modultest, die sich auf das veränderte Modul beziehen, wiederholt werden.

- **Systemtest**

Beim Systemtest geht es darum, das System hinsichtlich der funktionalen Leistungsfähigkeit zu testen. Es gilt u.a.

- die Vollständigkeit der Erfüllung der funktionalen Anforderungen (Funktionstest),
- das Verhalten bei der Verarbeitung von umfangreichen Datenmengen (Massentest),
- die Systemperformance (Antwortzeiten, Durchsatzraten) bei starker Systemlast (Performancetest),
- die Zuverlässigkeit bei dauernder Spitzenlast (Lasttest),
- die Fehlertoleranz bei Überlast sowie das Verhalten bei Systemabstürzen und -ausfällen inkl. der damit verbundenen Recovery-Mechanismen (Stresstest),

– die Benutzbarkeit aus Sicht des Endbenutzers (Usability Test),
– die Sicherheit durch Datenschutzmechanismen (Sicherheitstest),
– das Zusammenspiel und die Schnittstellen zu allen externen Systemen und Daten (Interoperabilität),
– die Installierbarkeit auf unterschiedlichen Plattformen (Konfigurationstest) sowie
– die Dokumentation (Dokumentenprüfung)

zu testen. Insofern besteht der Systemtest aus verschiedenen Teiltests. Der Systemtest sollte der abschließende Test ohne den Auftraggeber sein. Basis des Systemtests ist die Produktdefinition (z.B. DV-Grobkonzept, Pflichtenheft, Benutzerhandbuch).

Die gefundenen Fehler können nicht immer durch Änderung des Programms beseitigt werden, sondern müssen z.B. durch eine Optimierung der technischen Infrastruktur behoben werden. Bei Programmänderungen sind für die betroffenen Module die Phasen Modul- und Integrationstest zu wiederholen.

- **Abnahmetest**

Der Abnahmetest ist eine besondere Ausprägung des Systemtests. Dabei wird überprüft, dass das System so reagiert, wie es im Fachkonzept bzw. im Benutzerhandbuch beschrieben wurde. In der Regel konzentriert sich der Anwender auf den Test des Systems unter normalen Betriebsbedingungen. Für den Abnahmetest kann auf die Testfälle des Systemtests zurückgegriffen werden, gleichzeitig sollten aber auch eigene Testfälle definiert werden. Die Testfälle sollten sowohl korrekte als auch fehlerhafte Datenkombinationen umfassen, um zu prüfen, ob zulässige Testfälle vom System richtig erkannt und verarbeitet bzw. fehlerhafte Testfälle abgewiesen werden. Weitere Anregungen über Testinhalte und Umfang gibt u.a. die DIN ISO/IEC 12119, nach deren Bestehen zertifizierte Produkte das RAL-Gütezeichen Software und das DIN-Prüf- und Überwachungszeichen erhalten, sowie der IDW-Prüfungsstandard 880 zur Erteilung und Verwendung von Softwarebescheinigungen [IDWPS880].

Fehler sollten in einem Protokoll festgehalten und die dazugehörigen Testfälle dokumentiert werden. Die gefundenen Fehler sollten priorisiert und von den Entwicklern entsprechend dieser Priorisierung beseitigt werden. Anschließend muss für die betroffenen Module der Modul- und Integrationstest sowie für die entsprechenden Funktionalitäten der Abnahmetest wiederholt werden.

- **Paralleltest (Probebetrieb)**

Beim Paralleltest (Probebetrieb) werden alle Geschäftsvorfälle doppelt erfasst: in der aktuellen Produktionsumgebung und parallel dazu innerhalb einer separaten Umgebung in das neu entwickelte IT-System. Da der Paralleltest nur mit echten Daten durchgeführt wird, brauchen keine separaten Testfälle definiert werden. Die Funktionalität wird anhand der tatsächlichen Geschäftsvorfälle überprüft und die Ergebnisse mit den Ergebnissen des Altsystems aus der Produktionsumgebung abgestimmt.

Die Aufnahme und Beurteilung der vorhandenen Projektsteuerungs- und -kontrollverfahren für das Projektkontrollziel „Systematische Testdurchführung" kann durch folgende Fragen unterstützt werden:

- Sind Modultests für die einzelnen Programmkomponenten durch den Entwickler geplant bzw. durchgeführt worden?
- Sind Integrationstests für das Zusammenspiel der Programmkomponenten geplant bzw. durchgeführt worden?
- Sind Systemtests für das Gesamtsystem geplant bzw. durchgeführt worden? Sind insbesondere Last- und Performancetests geplant bzw. durchgeführt worden?
- Sind Abnahmetests der Teilsysteme und des Gesamtsystems durch die Anwender geplant bzw. durchgeführt worden?
- Sind Testfälle sowohl mit korrekten als auch mit fehlerhaften Datenkombinationen geplant bzw. erstellt worden?
- Ist die Durchführung von Regressionstests in den obengenannten Testphasen vorgesehen?
- Sind Paralleltests geplant bzw. durchgeführt worden?

## 7.6.7    Testmanagement

Die vorhandenen Projektsteuerungs- und -kontrollverfahren sollten sicherstellen, dass der Testprozess ausreichend betreut und überwacht wird.

Für die Planung, Vorbereitung und Überwachung der Tests sollte ein Testmanager festgelegt werden. Zu seinen Aufgaben gehören

- die Definition der Rahmenbedingungen (z.B. Teststrategie, Testobjekte, Testdokumente, Qualitätsanforderungen, Fehlerklassen),
- die Planung der Testdurchführung inkl. Schulungen und Anleitungen,
- die Ermittlung und Bereitstellung der erforderlichen Ressourcen (z.B. Tester, Maschinen und Arbeitsplätze),
- die Überwachung der Testdurchführung (z.B. Kontrolle der Aktivitäten, Einhaltung der Anforderungen),
- die Mitwirkung bei der Fehlerverfolgung,
- die Verwaltung der Testfälle und der Testprotokolle (Testdokumentation),
- die Freigabe von Testobjekten für die nächste Testphase,
- die Koordination und Protokollierung der fachlichen Parameter und der Systemeinstellungen (u.a. zur Sicherstellung der Reproduzierbarkeit von Tests),
- die Koordination der Bereitstellung von Daten sowie
- die Berichterstattung an den Projektleiter.

In der Praxis wird mit dem eigentlichen Testen oftmals zu früh begonnen. Daher sollten für einen Test Testfreigabekriterien definiert werden, die genau festlegen, wann mit dem Test begonnen werden kann. Testfreigabekriterien können sein, dass andere Programme freigegeben sind, die Methoden der Testdurchführung definiert sind, die Art und Weise der Testdokumentation beschrieben (z.B. Formulare) ist oder die Testendekriterien sowie die Abnahmeverfahren definiert sind.

Eine detaillierte Testdokumentation ist wichtig, um die durchgeführten Tests nachvollziehbar für Dritte zu machen, die Vollständigkeit zu gewährleisten und um einen genauen Überblick über den Testfortschritt zu behalten. Aus der Dokumentation muss ersichtlich werden, wer wann welchen Test in welcher Testumgebung mit welchem Ergebnis durchgeführt hat.

Weitere Hilfsmittel zur Überwachung des Testfortschritts können Testtagebücher, die Fehlerdokumentation oder Abnahmeprotokolle sein. In einem Testtagebuch werden die durchgeführten Testaktivitäten sowie der Status der getesteten Fälle vom Testverantwortlichen beschrieben. Aus den Testtagebüchern können auch wertvolle Indikatoren über den Testfortschritt gewonnen werden (s. Kapitel 7.6.12).

Ein Fehler ist jede Abweichung in Aufbau, Verhalten und Ergebnissen von den vorgegebenen Sollwerten. Auftretende Fehler sind zu dokumentieren und zu klassifizieren. Eine Klassifizierung von Fehlern könnte wie folgt aussehen:

*Tab. 7.8*   *Klassifizierung von Fehlern*

| Fehlerkategorie | Bedeutung | Konsequenz |
|---|---|---|
| 1 | Das Programm ist nicht lauffähig. Die Lauffähigkeit kann nicht durch eine Behelfslösung bzw. Umgehungsmöglichkeit hergestellt werden. | Testabbruch<br>Fehler muss zwingend beseitigt werden |
| 2 | Das Programm ist nur eingeschränkt lauffähig durch die Nutzung von Behelfslösungen bzw. Umgehungsmöglichkeiten. | Eingeschränkte Testdurchführung<br>Sofortige Fehlerbehebung |
| 3 | Fehler hat keinen Einfluss auf die Möglichkeit des weiteren funktionalen und technischen Testablaufs. Fehler beeinträchtigt die Programmausführung nur leicht. | Uneingeschränkte Testdurchführung<br>Fehler sammeln und beheben |
| 4 | Zu diesen Fehlern zählen Schönheitsfehler und/oder unwesentliche Mängel. Es handelt sich hierbei um wünschenswerte Änderungen des Programms. | Uneingeschränkte Testdurchführung<br>Fehlerbehebung kann zu späterem Zeitpunkt durchgeführt werden |

Die Abnahme sollte anhand von im Vorfeld definierten Qualitätsmerkmalen durch den jeweils für das Testobjekt benannten Testverantwortlichen erfolgen. Qualitätsmerkmale können z.B. sein, dass

- keine Fehler der Fehlerkategorie eins und/oder zwei bestehen bzw. alle Fehler beseitigt worden sind,
- aufgetretene Fehler der Fehlerkategorie drei zu 75 % beseitigt worden sind,
- für festgestellte Fehler der Fehlerkategorie vier die weitere Vorgehensweise festgelegt wurde.

Abnahmen sind in einem Abnahmeprotokoll zu dokumentieren. Die Abnahmeerklärungen aller Testverantwortlichen werden vom Testmanager zusammengefasst und dienen als Basis für die Gesamtabnahme des IT-Systems.

Die Aufnahme und Beurteilung der vorhandenen Projektsteuerungs- und -kontrollverfahren für das Projektkontrollziel „Testmanagement" kann durch folgende Fragen unterstützt werden:

- Gibt es einen Testmanager? Sind dessen Aufgaben klar definiert?
- Werden beim Testmanagement die organisatorischen Vorgaben der Organisation eingehalten?
- Sind die einzelnen Testaufgaben explizit bestimmten Mitarbeitern zugewiesen, die ausreichend Kenntnisse auf diesem Gebiet haben?
- Stehen die Testumgebungen für die geplanten Tests bereit?
- Sind Testszenarien und Testfälle für alle Anforderungen erstellt worden? Sind die Testszenarien und Testfälle dokumentiert?
- Gibt es Verfahren, um den Testfortschritt zu überwachen und aufgetretene Fehler zu kategorisieren und weiterzuverfolgen?
- Wird das Testmanagement durch angemessene Tools unterstützt?
- Sind erfolgreich abgeschlossene Tests durch Test- und Abnahmeprotokolle dokumentiert?
- Wurden Kriterien für die Testfreigabe definiert? Sind Abnahmekriterien für alle Testobjekte definiert worden?

## 7.6.8    Konfigurationsmanagement

*„To avoid losing control of the project in the face of changes, it is essential that changes be properly controlled and managed." (Jalote in [Jal00])*

Die vorhandenen Projektsteuerungs- und -kontrollverfahren sollten sicherstellen, dass während der Softwareentwicklung die Konfiguration des Systems jederzeit überwacht wird, Änderungen nachvollziehbar sind und jede Version eines Programmes wiederherstellbar ist. Konfigurationsmanagement gilt sowohl bei McConnell als auch bei Boehm als einer der wichtigsten Erfolgsfaktoren bei der Softwareentwicklung (s. Kapitel 4.2.3 und 4.2.5).

Eine Konfiguration eines modernen IT-Systems besteht in der Regel aus Programmen (Kern und Oberfläche), fachlichen Parametern und Systemeinstellungen, sowie aus Daten und Dokumenten. Unter Konfigurationsmanagement versteht man im wesentlichen die Verwaltung aller greifbaren Ergebnisse (z.B. Programme, Datei- und Programmbeschreibungen, Testfälle und Anwenderdokumentation), die im Laufe eines IT-Projektes erzeugt werden.

Ein Softwareprodukt besteht aus verschiedenen Elementen (u.a. Pflichtenheft, Module, Testfälle, Handbücher, etc.), die zusammengehören. Diese Elemente sind letztendlich wertvolle Vermögensgegenstände, in die das IT-Projekt viel Geld und Zeit investiert hat. Wenn Zusammenhänge zwischen diesen verschiedenen Projektergebnissen nicht kontrolliert werden, können bereits kleine Änderungen sie wertlos werden lassen. Bei IT-Projekten besteht daher die Notwendigkeit, ein formales und dokumentiertes Verfahren zum Konfigurationsmanagement einzuführen, damit die unterschiedlichen Projektergebnisse eindeutig identifiziert, kontrolliert und verfügbar sind. Entsprechend fordert CMM bereits für die Reifestufe zwei ein „Software Configuration Management" (s. Kapitel 3.2.1).

Software-Konfigurationsmanagement soll die Entwicklung und Pflege eines Software-Produktes erleichtern und transparent machen. Dies umfasst die Sicherstellung der Nachvollziehbarkeit eines IT-Produktes, die Überwachung der Konfiguration während des gesamten Lebenszyklus sowie die Gewähr, dass jederzeit eine vorangegangene Version wiederhergestellt werden kann. Ein umfassendes Konfigurationsmanagementsystem sollte daher folgende Funktionalitäten beinhalten [Jal00]:

- Lieferung von aktuellen Statusinformationen und historischen Daten
- Bereitstellung der jeweils letzten Version eines Programms
- Umgang mit konkurrierenden Änderungsanfragen
- Zurückführen einer Programmänderung
- Zurückführen einer Anforderungsänderung
- Verhinderung unautorisierter Änderungen und Löschungen
- Herstellung der Nachvollziehbarkeit zwischen einer Änderung der Anforderungen und den zugehörigen Programmänderungen
- Zusammenstellung aller Quellprogramme, Dokumente und anderer Informationen zu einer sog. „baseline"

Für rechnungslegungsrelevante IT-Systeme ist die Sicherstellung der Programmidentität im Sinne einer inhaltlichen Übereinstimmung zwischen eingesetzter Software und der Dokumentation zu dieser Software zwingend vorgeschrieben [GoBS95]. Grundsätzlich muss daher das IT-System, sei es eine Eigenentwicklung oder eine Standardsoftware, beim Abnahmetest unter Konfigurationskontrolle stehen. Bei Eigenentwicklungen kann beispielsweise das IT-System aus den Quellprogrammen erzeugt werden und von diesem neu generierten IT-System eine Prüfsumme berechnet sowie eine Kopie extern gesichert werden.

Die Aufnahme und Beurteilung der vorhandenen Projektsteuerungs- und -kontrollverfahren für das Projektkontrollziel „Konfigurationsmanagement" kann durch folgende Fragen unterstützt werden:

- Wird das Konfigurationsmanagement durch angemessene Systeme unterstützt?
- Gibt es ein wirksames Kontrollverfahren, um nicht autorisierte Änderungen zu verhindern?
- Werden die unterschiedlichen Versionen bzw. Release der Software ausreichend überwacht?
- Wird die zugehörige Dokumentation mit jeder Änderung entsprechend angepasst (Programmidentität)?
- Wird der Stand der Änderungen mit Hilfe von aussagekräftigen Auswertungen überwacht? Ist ein aktueller, konsolidierter Status aller Anforderungen jederzeit abrufbar?

## 7.6.9      Aussagekräftige Dokumentation

*The degree and form of documentation required is agreed upon and followed in the implementation (Critical Success Factor für den COBIT-Prozess „Acquire and Maintain Application Software")*

Die vorhandenen Projektsteuerungs- und -kontrollverfahren sollten sicherstellen, dass die technische Dokumentation ausreichend für den späteren Betrieb und die Wartung des IT-Systems ist.

Die Dokumentation ist häufig ein trauriges Kapitel bei IT-Projekten. Dokumentation genießt bei Verantwortlichen und Mitarbeitern häufig nicht den notwendigen Stellenwert und wird bei Termindruck als erstes vernachlässigt. Im besten Fall entstehen dann einige Alibi-Dokumente, die nur den Formalismus befriedigen, aber die Wartung und den Betrieb des IT-Systems nicht effektiv unterstützen. Eine gute Dokumentation ist aber zweifellos einer der unentdeckten Erfolgsfaktoren in einem IT-Projekt [Lic92]. Das Erstellen einer guten Dokumentation ist jedoch beinahe genauso schwierig wie das Programmieren einer guten Software.

Die Dokumentation eines IT-Systems lässt sich grundsätzlich in eine Benutzerdokumentation und eine Systemdokumentation unterteilen. Die Benutzerdokumentation beinhaltet z.B.

- eine funktionale Beschreibung des IT-Systems (d.h. eine kurze Beschreibung der Anforderungen und der wesentlichen Leistungen des IT-Systems),
- ein Anwendungshandbuch (d.h. eine Beschreibung der normalen Nutzung des IT-Systems),
- ein Referenzhandbuch (d.h. eine vollständige Beschreibung aller Funktionen des IT-Systems) sowie
- ein Installationshandbuch (d.h. eine Beschreibung der Konfigurationsmöglichkeiten, der Dateistrukturen und der Systemanforderungen).

Das Anwendungshandbuch sollte sich dabei insbesondere an den unerfahrenen Benutzer wenden und Beispiele sowie typische Fehlersituationen enthalten.

Die Systemdokumentation umfasst neben allen Unterlagen aus den einzelnen Phasen des Softwareentwicklungsprozesses (u.a. Fachkonzept, DV-Konzept, kommentierter Source-Code, Testkonzepte und Testdaten) insbesondere ein Betriebskonzept. Dieses sollte u.a. Angaben zu folgenden Punkten enthalten:

- Allgemeine Betriebsbedingungen (z.B. Verfügbarkeit, Maßnahmen zur Systempflege wie Wartung, Störungsmanagement und Change Management, Betriebsüberwachung, Systemadministration, Datensicherung, Notfallkonzept)
- Hardware (z.B. Systemübersicht, Konfiguration, Beschreibung der operativen Tätigkeiten wie Systemstart, Anmeldung, Shut-down, Reaktion im Fehlerfall)
- System- und systemnahe Software (z.B. Programmübersicht, Produktbeschreibung inkl. Schnittstellen, Konfiguration, Beschreibung der operativen Tätigkeiten wie Installation, Aufruf, Reaktion im Fehlerfall, etc.)

- Netzwerk (z.B. Netzwerkübersicht, Beschreibung der operativen Tätigkeiten wie Überwachung, Reaktion im Fehlerfall, etc.)
- Anwendungssoftware (z.B. Softwareübersicht/Produktbeschreibung inkl. Schnittstellen, Installation, Konfiguration, Beschreibung der operativen Tätigkeiten wie Anwendungsaufruf, Anmeldung und Reaktion im Fehlerfall sowie Beschreibung von administrativen Tätigkeiten wie Kontrolle von Protokollen, Log-Dateien, Up- und Downloads, etc.)

Für buchführungsrelevante IT-Systeme fordert der Gesetzgeber explizit eine Beschreibung der programmtechnischen Lösung als Bestandteil der Verfahrensdokumentation [GoBS95]. Dies gilt auch bei fremderworbener Software, bei der die Dokumentation vom Softwarehersteller anzufertigen ist. Die Beschreibung der programmtechnischen Lösung hat zu zeigen, wo und wie die sachlogischen Anforderungen in den Programmen umgesetzt sind. Tabellen, über die Funktionen der Programme beeinflusst werden können, sind dabei wie Programme zu behandeln.

Die Aufnahme und Beurteilung der vorhandenen Projektsteuerungs- und -kontrollverfahren für das Projektkontrollziel „Aussagekräftige Dokumentation" kann durch folgende Fragen unterstützt werden:

- Gibt es Standards (z.B. Dokumentenformate, Gliederungen, Fonts, Logos, Update-Regeln) für die Erstellung der Dokumentation von IT-Systemen? Werden die Standards und Regeln beachtet?
- Wird die Erstellung der Dokumentation durch entsprechende Tools unterstützt?
- Gibt es eine umfassende Benutzerdokumentation? Ist die Dokumentation verständlich und aktuell?
- Gibt es eine umfassende Systemdokumentation? Ist die Dokumentation verständlich und aktuell? Ist die Dokumentation ausreichend für die spätere Wartung des Systems?

## 7.6.10     Ordnungsgemäße Inbetriebnahme

*The transition from the implementation team to the operational team is a well-managed process (Critical Success Factor für den COBIT-Prozess „Manage Projects")*

Die vorhandenen Projektsteuerungs- und -kontrollverfahren sollten sicherstellen, dass die Inbetriebnahme des IT-Systems ausreichend geplant ist und das IT-System ordnungsgemäß in den Produktivbetrieb übergeben werden kann.

Die Übergabe des IT-Systems in die Produktion ist in der Regel der wichtigste Meilenstein im einem IT-Projekt. In der Praxis kommt es jedoch häufig vor, dass die Projektmitarbeiter, die sich mit dem IT-System auskennen, das IT-System auch nach der Übergabe noch immer, mehr oder weniger intensiv, betreuen. Dadurch wird häufig die gebotene Funktionstrennung zwischen Betrieb und Programmentwicklung [FAIT02] verletzt. Auch sind Aufgaben und Verantwortlichkeiten oftmals nicht klar definiert.

Ein wichtiges Projektergebnis vor der Produktivsetzung sollte daher das Betriebskonzept sein, in dem die Anforderungen an den Betrieb sowie die operativen (z.B. Systemstart, Anmeldung, Shut-down, Reaktion im Fehlerfall) und administrativen Tätigkeiten (z.B. Kontrolle von Protokollen und Log-Dateien, Up- und Downloads) beschrieben werden (s. auch Kapitel 7.6.9). Dort muss vor allem auch geklärt werden, welche Betriebsaufgaben von der Fachseite und welche Aufgaben von internen oder externen IT-Dienstleistern übernommen werden. Alle Betriebsfragen sollten in Servicevereinbarungen klar und messbar geregelt sein. Typische Vereinbarungen betreffen

- die Verfügbarkeit,
- die Performance,
- die Servicezeiten,
- die Systemsicherheit,
- die Datensicherung und -archivierung,
- die Wartung,
- das Störungsmanagement und
- die Notfallvorsorge.

Die Aufnahme und Beurteilung der vorhandenen Projektsteuerungs- und -kontrollverfahren für das Projektkontrollziel „Ordnungsgemäße Inbetriebnahme" kann durch folgende Fragen unterstützt werden:

- Wurde geprüft, ob die vorhandene IT-Infrastruktur geeignet und sicher ist? Wurden vorhandene, technische Beschränkungen (z.B. Kompatibilität, Kapazität) berücksichtigt? Sind die Auswirkungen auf die Schnittstellen (z.B. auf das Netzwerk, Internet) bedacht worden?
- Wurde die Installation getestet? Gibt es eine Installationsanweisung?
- Wurde ein Meilenstein für die offizielle Inbetriebnahme des IT-Systems definiert? Wurden die Abnahme- bzw. Freigabekriterien für die Produktivsetzung festgelegt?
- Gibt es einen Implementations- oder „Roll out"-Plan? Wurde der Implementationsplan allen betroffenen internen und externen Anwendern und den Betriebsverantwortlichen kommuniziert?
- Gibt es einen „back out"-Plan für den Fall, dass die Implementation scheitert?
- Stehen ausreichend geschulte Help Desk- und Support-Mitarbeiter zur Unterstützung der Anwender während und nach der Produktivsetzung zur Verfügung? Sind Eskalationsprozesse definiert?
- Sind die Verfahren zur Berechtigungsadministration für interne und externe Anwender, Programmierer und Administratoren definiert?
- Sind Anweisungen für den Betrieb des IT-Systems vorhanden (z.B. Einplanung der Datensicherungen, der Jobläufe und Bedienung der Schnittstellen)? Sind die Anweisungen verständlich und vollständig? Sind die notwendigen Service Level für den Betrieb vereinbart worden?
- Wurde das Wissen vom Projektteam auf die für den Betrieb und die Systemunterstützung verantwortlichen Mitarbeiter übertragen?

- Ist die laufende Pflege der Systemdokumentation sichergestellt (Verantwortlichkeiten, Prozess)?
- Wurde ein Vorgehen für den Notfall definiert und getestet? Wurde der kritische Pfad für das Einleiten der Notfallmaßnahmen definiert und abgestimmt?

## 7.6.11 Projektkontroll-Checkliste

Die folgende Checkliste fasst die Kernpunkte der einzelnen Projektkontrollziele in dem umfangreichen Projektkontrollbereich „Technologie" nochmals zusammen.

*Tab. 7.9 Kontroll-Checkliste für den Projektkontrollbereich „Technologie"*

| IT-Projektkontrollziele | Leitfrage | Dokumentation |
|---|---|---|
| Bewährtes Vorgehensmodell | Erfolgt die Softwareentwicklung nach einem einheitlichen und bewährten Vorgehensmodell? | Vorgehensmodell |
| Geeignete Entwicklungsumgebung | Gibt es eine erprobte Entwicklungsumgebung, die die wichtigsten Aufgaben im Entwicklungsprozess unterstützt? | Dokumentation der Entwicklungsumgebung |
| Qualität des DV-Konzeptes | Gibt es ein qualitätsgesichertes DV-Konzept? | DV-Konzept<br>Reviewnachweise |
| Qualität der Realisierung | Erfolgt die Realisierung nach einheitlichen Programmierrichtlinien? | Programmierrichtlinien<br>Reviewnachweise |
| Teststrategie und -planung | Sind die Tests ausreichend geplant und dokumentiert? | Teststrategie<br>Testkonzept |
| Systematische Testdurchführung | Werden die Tests in den einzelnen Testphasen systematisch durchgeführt? | Testpläne<br>Testdokumentation |
| Testmanagement | Wird der gesamte Testprozess ausreichend betreut und überwacht? | Fehlerdokumentation<br>Testprotokolle<br>Abnahmeprotokolle |
| Konfigurationsmanagement | Wird die Konfiguration des IT-Systems jederzeit überwacht? | Beschreibung des Konfigurationsmanagementverfahrens |
| Aussagekräftige Dokumentation | Ist die technische Dokumentation ausreichend für den Betrieb und die Wartung des IT-Systems? | Programmbeschreibungen<br>Anwenderdokumentation<br>Betriebskonzept |
| Ordnungsgemäße Inbetriebnahme | Wurde die Inbetriebnahme ausreichend geplant? | Implementationskonzept<br>Service Level Agreements |

## 7.6.12 Projektkontrollindikatoren

Nachfolgend sind Projektkontrollindikatoren für den Projektkontrollbereich „Technologie" als Vorschläge für Kennzahlen aufgeführt. Auch auf die Gefahr hin, mich zu wiederholen: Die angestrebte Funktion als Bewertungs- und Frühwarnindikator wird nur erreicht, wenn die passenden Indikatoren projektspezifisch ausgewählt und kalibriert werden.

- **Anzahl der Design-Fehler**

Dieser Indikator kann eine Überwachung der Qualität des DV-Konzeptes beim Projektkontrollziel „Qualität des DV-Konzeptes" unterstützen. Die Designfehler können sowohl beim Review des DV-Konzeptes als auch beim Testen entdeckt werden.

- **Anzahl der Programmierfehler**

Dieser Indikator kann eine Überwachung der Qualität der Umsetzung beim Projektkontrollziel „Qualität der Realisierung" unterstützen. Die Anzahl der Programmierfehler bezieht sich sowohl auf die beim Review als auch auf die beim Testen entdeckten Fehler.

- **Anzahl Programmzeilen/Aufwand in Personenmonaten**

Dieser Indikator setzt die Anzahl der erstellten Programmzeilen ins Verhältnis zum Programmieraufwand in Personenmonaten. Der Indikator kann eine Überwachung der Produktivität der Entwickler beim Projektkontrollziel „Qualität der Realisierung" unterstützen. Varianten dieses Indikators wären: Anzahl programmierte Objekte im Verhältnis zum Aufwand in Personenmonaten oder Anzahl der programmierten Module im Verhältnis zum Aufwand in Personenmonaten.

- **Anzahl der Fehler je Fehlerklasse**

Dieser Indikator kann eine Überwachung der Fehlerverteilung beim Projektkontrollziel „Testmanagement" unterstützen.

- **Anzahl Fehler je Modul oder Funktion**

Dieser Indikator kann eine Überwachung der Fehlerdichte beim Projektkontrollziel „Testmanagement" unterstützen.

- **Anzahl Fehler im Verhältnis zur Modulgröße**

Dieser Indikator kann eine Überwachung der Fehlerdichte beim Projektkontrollziel „Testmanagement" unterstützen.

- **Testaufwand je gefundenem Fehler**

Dieser Indikator kann eine Überwachung der Fehlerdichte oder der Testeffizienz beim Projektkontrollziel „Testmanagement" unterstützen.

- **Umsetzungsaufwand je gefundenem Fehler**

Dieser Indikator kann eine Überwachung der Qualität der Umsetzung beim Projektkontrollziel „Qualität der Realisierung" oder des Aufwands zur Beseitigung der Fehler beim Projektkontrollziel „Testmanagement" unterstützen.

- **Anzahl durchgeführter Tests/Anzahl geplanter Tests**

Dieser Indikator setzt die Anzahl der durchgeführten Tests ins Verhältnis zur Anzahl der geplanten Tests. Der Indikator kann eine Überwachung des Testfortschrittes beim Projektkontrollziel „Testmanagement" unterstützen.

- **Anzahl ausgebuchter Module/Anzahl Module**

Dieser Indikator setzt die Anzahl der ausgebuchten Module ins Verhältnis zur Gesamtanzahl der Module. Der Indikator kann eine Überwachung der Realisierungsaktivitäten beim Projektkontrollziel „Konfigurationsmanagement" unterstützen.

- **Durchschnittliche Ausbuchungsdauer**

Dieser Indikator kann eine Überwachung der Effektivität der Wartungs- und Realisierungsarbeiten beim Projektkontrollziel „Konfigurationsmanagement" unterstützen.

- **Anzahl der Module, die länger als 30 Tage ausgebucht worden sind**

Dieser Indikator kann eine Überwachung der Effektivität der Wartungs- und Realisierungsarbeiten beim Projektkontrollziel „Konfigurationsmanagement" unterstützen.

# 7.7    Daten

Zur Beurteilung dieses Projektkontrollbereiches werden vor allem Projektsteuerungs- und -kontrollverfahren im Zusammenhang mit den Anforderungen der zukünftigen Nutzer an die Daten und den Verfahren zur Datenübernahme adressiert. Die Projektsteuerungs- und -kontrollverfahren sollen dabei sicherstellen, dass die notwendigen Maßnahmen ergriffen worden sind, damit die für das IT-Projekt benötigten Daten vollständig und korrekt bereitgestellt werden können.

Viele IT-Projekte sind heutzutage Migrationsprojekte. Unter Migration wird die Ablösung vorhandener IT-Systeme durch ein neues IT-System verstanden. Dabei kann es sich beispielsweise um eine neue Individualsoftware, um eine neue Standardsoftware oder um die Portierung auf eine neue Plattform handeln. Bei der Migration werden in der Regel bestimmte Teile des Altsystems, insbesondere die Datenbestände, in das neue System übernommen. Der Aufwand für die Migration der Daten vom Altsystem zum Neusystem wird dabei regelmäßig unterschätzt. Die Altsysteme sind häufig komplex und nicht ausreichend dokumentiert, gelegentlich sind nicht einmal Datenzugriff und Anwendungslogik voneinander unabhängig.

## 7.7.1    Definierte Datenanforderungen

*Before one can measure and improve information quality, one must be able to define it in ways that are both meaningful and measurable. (Larry English in [Engl99])*

Die vorhandenen Projektsteuerungs- und -kontrollverfahren sollten sicherstellen, dass die Datenanforderungen ausreichend spezifiziert sind.

Die korrekte Spezifikation der Anforderungen an die Daten hat einen erheblichen Einfluss auf die Integrität der technischen Lösung. Die Anforderungen an die Daten und an die Datenqualität werden von den Anwendern oder „Informations-Kunden" definiert. Allerdings gibt es in der Regel nicht nur einen „Informations-Kunden", der am Ort der Datenentstehung arbeitet, sondern auch indirekte „Informations-Kunden", die an einem nachgelagerten Ort zur Datenentstehung arbeiten. Diese werden häufig nicht ausreichend in die Definition der Anforderungen an die Daten einbezogen. So leidet die Datenqualität vieler Data Warehouse Implementationen darunter, dass die darin eingehenden Daten nicht zum Zwecke von Auswertungen erzeugt worden sind [Red96].

Als Konsequenz sollten daher alle „Informations-Kunden" in die Datenmodellierungs- und -designphase einbezogen werden. Jeder „Informations-Kunde" muss die Informationen definieren, die er benötigt. Datenbanken, die von mehreren Anwendern genutzt werden sollen, müssen die Anforderungen aller „Informations-Kunden" befriedigen. Die Datenanforderungen der „Informations-Kunden" sollten hinsichtlich Korrektheit, Relevanz und Aktualität der Daten so genau spezifiziert sein, dass die Datenqualität gemessen und verbessert werden kann.

Folgende Fragen können bei der Aufnahme und Beurteilung der vorhandenen Projektsteuerungs- und -kontrollverfahren für das Projektkontrollziel „Definierte Datenanforderungen" unterstützen:

- Gibt es dokumentierte und abgestimmte Anforderungen an die Daten?
- Haben alle betroffenen (und nicht nur die direkt beteiligten) Organisationseinheiten und „Informations-Kunden" ihre Datenanforderungen dokumentiert bzw. den Anforderungen zugestimmt?
- Sind die Datenanforderungen so genau spezifiziert, dass die Datenqualität gemessen und verbessert werden kann?

## 7.7.2    Umfassende Datenqualitätskontrollen

*Transaction data entered for processing (people-generated, system-generated or interfaced inputs) should be subject to a variety of controls to check for accuracy, completeness and validity. Procedures should also be established to assure that input data is validated and edited as close to the point of origination as possible. (Kontrollziel für dem COBIT-Prozess „Manage Data")*

Die vorhandenen Projektsteuerungs- und -kontrollverfahren sollten sicherstellen, dass die Datenqualität durch geeignete Datenkontrollen in den vorhandenen und zukünftigen Geschäftsprozessen sichergestellt wird.

Wichtige Kontrollen zur Sicherstellung der Datenqualität sind vorbeugende Kontrollen wie Formatprüfungen, Plausibilitätsprüfungen, das Vier-Augen-Prinzip als auch nachgelagerte Kontrollen wie Datenkonsistenzprüfungen und Abstimmungen. Diese Kontrollen sollten nicht nur bei der Dateneingabe vorhanden sein, sondern auch bei der weiteren Verarbeitung der Daten. Unzureichend sind in der Praxis häufig die Verarbeitungskontrollen bei Schnittstellen sowie die Integritätskontrollen bei Datenbanken.

Folgende Fragen können bei der Aufnahme und Beurteilung der vorhandenen Projektsteuerungs- und -kontrollverfahren für das Projektkontrollziel „Umfassende Datenqualitätskontrollen" unterstützen:

- Sind die Kontrollmechanismen in den aktuellen und zukünftigen Geschäftsprozessen dokumentiert und verstanden?
- Sind ausreichende Kontrollen in den aktuellen und zukünftigen Geschäftsprozessen vorhanden, die die Datenqualität und -integrität bei der Erfassung und weiteren Verarbeitung gewährleisten?
- Sind die Datenflüsse in, innerhalb und zwischen den Systemen untersucht und dokumentiert worden?
- Sind ausreichende Kontrollen in den aktuellen und zukünftigen Schnittstellen vorhanden, die die Datenqualität und -integrität bei der Verarbeitung gewährleisten?

## 7.7.3    Planung der Datenbereitstellung

*The objective for data conversion is not just to transform legacy data to a target data architecture. The objective must include improving the existing information quality, filling in missing values and new fields... (Larry English in [Engl99])*

Die vorhandenen Projektsteuerungs- und -kontrollverfahren sollten sicherstellen, dass die Aufwände und Meilensteine für Datenbereinigung, Datenkonvertierung, Datenmigration und -integration in der Projektplanung ausreichend berücksichtigt worden sind.

Der Aufwand für die Datenbereitstellung wird bei der Projektplanung häufig nicht ausreichend berücksichtigt. Für eine abschließende Planung der Datenbereitstellung müssen die zu migrierenden Datenbestände auf Qualität und Integrität überprüft werden. Erst dann kann der Aufwand für die Datenbereinigung solide geplant werden.

Folgende Fragen können bei der Aufnahme und Beurteilung der vorhandenen Projektsteuerungs- und -kontrollverfahren für das Projektkontrollziel „Planung der Datenbereitstellung" unterstützen:

- Hat das IT-Projekt alle relevanten Datenspeicher analysiert? Sind alle Anforderungen an die Daten mit den vorhandenen Datenspeichern abgeglichen worden?
- Wurden alle Anwender der vorhandenen Daten in die Bewertung der Datenqualität (z.B. Richtigkeit, Vollständigkeit, Konsistenz und Aktualität) einbezogen?
- Gibt es einen detaillierten Plan mit priorisierten Aktivitäten zur Bereinigung bzw. Nacherfassung der Daten, die migriert werden sollen? Ist geplant, die vorhandenen Datenspeicher mit den fehlenden Daten der zukünftigen Datenanforderungen bereits vor der Migration zu füllen?
- Haben die Projektmitarbeiter Erfahrung mit der Bereinigung von Daten?
- Gibt es detaillierte Anweisungen für jede Aktivität zur Datenbereinigung? Wurden Datenqualitätskennzahlen festgelegt?

## 7.7.4      Test der Datenübernahme

*Tests to be performed include comparing the original and converted files, checking the compatibility of the converted data with the new system, checking master files after conversion to ensure the accuracy of master file data and ensuring that transactions affecting master files update both the old and the new master files during the period between initial conversion and final implementation. (Kontrollziel für den COBIT-Prozess „Install and Accredit Systems")*

Die vorhandenen Projektsteuerungs- und -kontrollverfahren sollten sicherstellen, dass die Tests für die Datenübernahme ausreichend definiert, geplant und dokumentiert werden.

Ziel des Tests einer ordnungsgemäßen Datenübernahme ist, sicherzustellen und nachzuweisen, dass die Daten vollständig und richtig aus dem Altsystem in das neue IT-System überführt werden können.

Zur Sicherstellung der Vollständigkeit und Richtigkeit sollten die Datenübernahmeprogramme durch die Fachabteilung abgenommen werden. Für diese Abnahme muss ein Test der Datenübernahme unter Produktivbedingungen durchgeführt und die dabei vorgenommenen Prüfungen und Abstimmungen dokumentiert werden. Die Richtigkeit der übernommenen Daten beinhaltet insbesondere, dass die Geschäftsprozesse der betroffenen Organisationseinheiten auf Basis der konvertierten Daten mit dem neuen IT-System wie vorgesehen abgewickelt werden können. Daher sollten beim Test der Datenübernahme auch die wichtigsten Verarbeitungsprogramme des neuen IT-Systems mit diesem Datenbestand getestet und die erzielten Ergebnisse mit vergleichbaren Verarbeitungsläufen aus dem Altsystem verglichen werden.

Folgende Fragen können bei der Aufnahme und Beurteilung der vorhandenen Projektsteuerungs- und -kontrollverfahren für das Projektkontrollziel „Test der Datenübernahme" unterstützen:

- Wurde eine Teststrategie mit Testzielen und Testobjekten erstellt?
- Gibt es eine Testplanung mit Aufgaben, Terminen und Verantwortlichkeiten? Deckt der Testplan sowohl technische als auch fachliche Anforderungen ab? Sind die Testpläne durch den Auftraggeber und die Anwender verabschiedet worden?
- Sind ausreichende Abstimmungen und Kontrollen als Voraussetzung für die Freigabe bzw. Abnahme des Tests der Datenübernahme vorgesehen?
- Sind Vorgaben für die Testdokumentation definiert worden?

## 7.7.5      Ordnungsgemäße Datenübernahme

*Management should require that a data conversion plan is prepared, defining the methods of collecting and verifying the data to be converted and identifying and resolving any errors found during conversion. (Kontrollziel für den COBIT-Prozess „Install and Accredit Systems")*

Die vorhandenen Projektsteuerungs- und -kontrollverfahren sollten sicherstellen, dass die Daten vollständig und korrekt in das neue Systeme übernommen worden sind.

Ziel einer ordnungsgemäßen Datenübernahme ist sicherzustellen und nachzuweisen, dass die Daten vollständig und richtig aus dem Altsystem in das Neusystem überführt worden sind. Dabei gelten insbesondere für rechnungslegungsrelevante Systeme hohe Nachweispflichten. Dieser Nachweis muss revisionsfähig sein, d.h. die vorhandenen Unterlagen müssen einem außenstehenden, sachverständigen Dritten auch im Nachhinein ermöglichen, sich von der Vollständigkeit und Richtigkeit der Datenübernahme zu überzeugen. Dies beinhaltet u.a., dass

- die Vorgehensweise zur Datenübernahme in einem Datenübernahmekonzept (insbesondere die für die Vollständigkeit und Richtigkeit vorgesehenen Abstimmungs- und Kontrollmaßnahmen) dargestellt und durch die betroffene Fachabteilungen abgenommen worden ist,
- die Durchführung der Datenübernahme (insbesondere die zeitliche Abfolge der Aktivitäten und deren kausaler Zusammenhang) schriftlich dokumentiert wird,
- die Durchführung der im Datenübernahmekonzept beschriebenen Abstimmungen und sonstigen Kontrollen anhand von Abstimmunterlagen nachgewiesen werden kann,
- die durch die Konversion vorgenommenen Änderungen an den Daten nachvollziehbar bleiben.

Die letzte Forderung bedeutet, dass für manuelle Änderungen erkennbar sein muss, welches Feld inhaltlich geändert wurde, wie der vorherige Wert war, wann die Änderung durchgeführt wurde und wer die Änderung genehmigt hat. Automatisch geänderte Felder sind über die Dokumentation der Konvertierungsprogramme, deren Freigabe und die entsprechenden Ablaufprotokolle nachzuweisen.

Die Produktivdatenübernahme ist von der Fachabteilung abzunehmen. Für rechnungslegungsrelevante Systeme sind darüber hinaus die Nachweise der ordnungsgemäßen Datenübernahme als Bestandteil der Übernahmedokumentation entsprechend der gesetzlichen Aufbewahrungsfristen zu archivieren. Über alle Unterlagen, die archiviert werden, sollte zum Nachweis der Vollständigkeit und zur besseren Wiederauffindbarkeit der Dokumente ein Verzeichnis erstellt werden.

Umfasst die Migration auch steuerrelevante Daten, muss in Deutschland beachtet werden, dass mit Wirkung zum 1. Januar 2002 durch das Steuersenkungsgesetz (StSenkG) die Abgabenordnung (AO) geändert wurde und damit die Ordnungsvorschriften für die Buchführung, für die Aufzeichnungen und für die Aufbewahrung von Unterlagen (§§ 146 und 147 AO) neu geregelt wurden. § 146 Abs. 5 AO verlangt für die Dauer der Aufbewahrungsfrist, dass originär digitale Daten unverzüglich lesbar und elektronisch auswertbar vorgehalten werden. Originär digital erstellte steuerlich relevante Daten dürfen entsprechend künftig nur noch digital archiviert werden. Folglich reicht für originär digitale Daten die bisher übliche Praxis einer Archivierung ausschließlich in Papierform oder auf Mikrofilm nicht aus [GDPdU01].

Folgende Fragen können bei der Aufnahme und Beurteilung der vorhandenen Projektsteuerungs- und -kontrollverfahren für das Projektkontrollziel „Ordnungsgemäße Datenübernahme" unterstützen:

- Wurde die Datenmigration bzw. -integration in das neue Systeme sorgfältig getestet und von allen Beteiligten (z.B. Anwendern, Qualitätssicherung, interne und externe Revision) abgenommen?
- Wurden „Fall back"-Strategien und Notfallpläne für den Fall, das die Datenübernahme scheitert, entwickelt, getestet und verabschiedet?
- Wurde die Vorgehensweise und Durchführung der Datenübernahme dokumentiert?
- Sind die vorgenommenen Änderungen an den Daten nachvollziehbar?
- Wurden ausreichende Abstimmungs- und Abnahmeverfahren für die Datenübernahme definiert und dokumentiert?
- Ist sichergestellt, dass die Daten und Unterlagen der Datenübernahme für den Zeitraum der gesetzlichen Aufbewahrungsfrist archiviert werden?
- Wurden die Anforderungen der Abgabenordnung an die digitale Archivierung beachtet?

## 7.7.6    Projektkontroll-Checkliste

Die folgende Übersicht fasst abschließend die Kernpunkte der einzelnen Projektkontrollen in dem Projektkontrollbereich „Daten" nochmals zusammen.

**Tab. 7.10**   *Kontroll-Checkliste für den Projektkontrollbereich „Daten"*

| IT-Projektkontrollziele | Leitfrage | Dokumentation |
|---|---|---|
| Definierte Daten-anforderungen | Sind die Datenanforderungen ausreichend spezifiziert, abgestimmt und analysiert worden? | Datenspezifikation |
| Umfassende Datenqualitätskontrollen | Sind ausreichende Kontrollen in den existierenden und zukünftigen Geschäfts-prozessen vorgesehen, die die Datenquali-tät und -integrität bei der Erfassung und weiteren Verarbeitung gewährleisten? | Beschreibung der maschinellen und manuellen Kontrollen |
| Planung der Datenbereitstellung | Wurden die zu migrierenden Datenbestän-de analysiert und der Aufwand für die Datenbereinigung, -konvertierung, -migration und -integration ausreichend in der Projektplanung berücksichtigt? | Projektplan |
| Test der Datenübernahme | Wurde der Test der Datenübernahme ausreichend definiert, geplant und doku-mentiert? | Teststrategie<br>Testplan<br>Testdokumentation<br>Testabnahmen |
| Ordnungsgemäße Datenübernahme | Wurden die Daten nachweisbar vollstän-dig und korrekt in das neue IT-Systeme übernommen? | Datenübernahmekonzept<br>Kontroll- und Abstimmnachweise<br>Abnahmeprotokoll<br>Archivierungskonzept |

## 7.7.7    Projektkontrollindikatoren

Zum Abschluss sind Projektkontrollindikatoren für den Projektkontrollbereich „Daten" als Anregungen für Kennzahlen zur Bewertung der Wirksamkeit der Kontrollen bzw. als Frühwarnindikatoren aufgeführt.

- **Anzahl „Informations-Kunden", die Datenanforderungen definiert haben/Anzahl „Informations-Kunden"**

Dieser Indikator setzt die Anzahl der „Informations-Kunden", die Datenanforderungen definiert haben ins Verhältnis zur Anzahl aller „Informations-Kunden". Der Indikator kann eine Überwachung der Vollständigkeit der Datenanforderungen beim Projektkontrollziel „Definierte Datenanforderungen" unterstützen.

- **Anzahl der Kontrollen zur Datenqualität**

Dieser Indikator kann eine Überwachung der Kontrollintensität beim Projektkontrollziel „Umfassende Datenqualitätskontrollen" unterstützen.

- **Anzahl bereinigter Datensätze/Anzahl zu bereinigender Datensätze**

Dieser Indikator setzt die Anzahl der bereinigten Datensätze ins Verhältnis zur Anzahl der zu bereinigenden Datensätze. Der Indikator kann eine Überwachung des Fortschritts der Datenbereinigungsmaßnahmen beim Projektkontrollziel „Planung der Datenbereitstellung" unterstützen.

- **Anzahl durchgeführter Tests/Anzahl geplanter Tests**

Dieser Indikator setzt die Anzahl der durchgeführten Tests ins Verhältnis zur Anzahl der geplanten Tests. Der Indikator kann eine Überwachung des Testfortschritts beim Projektkontrollziel „Test der Datenübernahme" unterstützen.

- **Anzahl durchgeführter Abstimmungen/Anzahl geplanter Abstimmungen**

Dieser Indikator setzt die Anzahl der durchgeführten Abstimmungen ins Verhältnis zur Anzahl der geplanten Abstimmungen. Der Indikator kann eine Überwachung des Fortschritts der Datenübernahme beim Projektkontrollziel „Test der Datenübernahme" unterstützen.

# 8  Risikoanalyse und -priorisierung

*„You can never really control risks, only manage them." (Gregory Parker)*

Die Risikoanalyse und -priorisierung findet bei IT-Projekten auf zwei Ebenen statt. Einerseits erfolgt eine Darstellung der Risikointensität und der Kontrollstärke auf Ebene der Projektrisiko- und -kontrollbereiche, die einen sehr guten Überblick über die allgemeine Risikosituation des IT-Projektes erlaubt. Andererseits muss eine Analyse und Priorisierung auf der Ebene der einzelnen Projektrisikofaktoren und Projektkontrollziele bzw. der konkreten Projekteinzelrisiken und -kontrollschwächen erfolgen, da erst auf dieser Ebene eine wirtschaftliche Maßnahmensteuerung und Risikoüberwachung ermöglicht.

## 8.1  Projektrisiko- und -kontrollbereiche

Auf Basis der bewerteten Projektrisikofaktoren und Projektkontrollziele wird das Restrisiko bzw. Netto-Risiko für jeden Projektrisiko- und -kontrollbereich ermittelt. Zur Darstellung der ermittelten Restrisiken bietet sich auf Ebene der Projektrisiko- und -kontrollbereiche eine Risiko-Kontroll-Matrix an. Diese Darstellung gibt die Einschätzung der Projektrisiken nach Beurteilung der implementierten Projektsteuerungs- und -kontrollverfahren wieder. Hierbei resultiert der Wert auf der Ordinate aus der Beurteilung der inhärenten Projektrisikofaktoren in den genannten Projektbereichen und der Wert auf der Abszisse aus der Beurteilung des Erreichungsgrades der Projektkontrollziele. Dabei ist in der Abbildung folgende Zuordnung der Projektrisiko- und -kontrollbereiche (PB) getroffen worden:

1. Geschäftliche Ausrichtung
2. Projektmanagement
3. Geschäftsprozesse
4. Anwender
5. Technologie
6. Daten

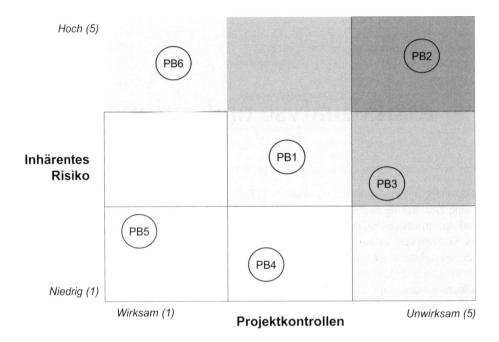

**Abb. 8.1**   *Risiko-Kontroll-Matrix auf Ebene der Projektrisiko- und -kontrollbereiche (PB)*

Bei hohen inhärenten Projektrisiken und unwirksamen Projektkontrollen besteht eine hohe Wahrscheinlichkeit, dass das IT-Projekt scheitert. In diesem Beispiel trifft dies auf den Projektrisiko- und -kontrollbereich „Projektmanagement" (PB2) zu. Der Projektrisiko- und -kontrollbereich „Technologie" (PB5) stellt in diesem Beispiel dagegen keine wahrscheinliche Ursache für einen Projektfehlläufer dar, weil weder hohe Risiken noch Kontrollschwächen in diesem Bereich identifiziert worden sind. Im Rahmen eines risikoorientierten Ansatzes hätte die Aufnahme der Kontrollen bei den Projektrisiko- und -kontrollbereichen „Technologie" (PB5) und „Anwender" (PB4) sogar entfallen können. Auch der Projektrisiko- und -kontrollbereich „Daten" (PB6) stellt in diesem Beispiel keine wahrscheinliche Ursache für einen Projektfehlläufer dar, weil den hohen Risiken wirksame Projektkontrollen gegenüber stehen.

## 8.2    Projektrisiken und Projektkontrollen

Unterhalb der Ebene der Projektrisikofaktoren und Projektkontrollziele unterscheidet die Methodik die Ebene der konkreten Projektrisiken und Projektkontrollen. Der Projektrisikofaktor „Neue Technologie" kann beispielsweise durch die konkreten Projektrisiken „Erstmalige Anwendung von Java" und „Erstmalige Nutzung der ATM-Technologie" weiter ausgeprägt werden. Dem Projektkontrollziel „Qualitätsmanagement" können konkrete Pro-

jektkontrollen wie „Vorhandener Qualitätsplan" oder „Vorhandene Vorgaben für alle Pro-
jektergebnisdokumente" zugrunde liegen. Da die Risikoanalyse auf der Ebene der Projektrisikofaktoren und Projektkontrollziele analog zu der Ebene der zuvor dargestellten
Projektbereiche erfolgt, wollen wir uns an dieser Stelle die Behandlung der konkreten Projektrisiken und Projektkontrollen näher ansehen.

Auf Ebene der konkreten Projekteinzelrisiken und -kontrollen ist für die Risikopriorisierung
die Bildung einer Risikoziffer für die erkannten Projektrisiken und den dazugehörigen Projektkontrollen hilfreich. Die Risikoziffer kann beispielsweise als Produkt aus einem ordinalen
Maßstab (z.B. 1 = gering bis 5 = sehr hoch) für die Eintrittswahrscheinlichkeit und für die
Auswirkung bzw. Schadenshöhe darstellt werden. Es können aber auch quantitative Faktoren
wie Wahrscheinlichkeit in Prozent oder Schadenshöhe in Euro verwendet werden.

Die Risikoziffern sollten vor dem Hintergrund der durchgeführten Projektrisiko- und
-kontrollanalyse und in Diskussion mit den Projektverantwortlichen und -beteiligten gemeinsam festgelegt werden. Dazu sind die erkannten Projektrisiken und dazugehörigen Projektkontrollen in dieser Phase detailliert zu beschreiben, damit das gleiche Risikoverständnis bei
allen Beteiligten besteht. Die Priorisierung der Projektrisiken in Verbindung mit den vorhandenen Projektkontrollen ist die notwendige Basis, um aus wirtschaftlicher Sicht angemessene
Maßnahmen festlegen zu können.

*Tab. 8.1   Projektrisikoübersicht für Risikoportfolio*

| Risiko-Nr. | Risiko-beschreibung | Auswirkung/Schadenshöhe | Identifizierte Kon-trollen | Eintritts-wahrscheinlichkeit | Risiko-ziffer |
|---|---|---|---|---|---|
| R1 | Projektrisiko 1 | 3 | Projektkontrollen 2,3,4 | 2 | 6 |
| R2 | Projektrisiko 2 | 1 | | 5 | 5 |
| R3 | Projektrisiko 3 | 3 | Projektkontrollen 6,7 | 3 | 9 |
| R4 | Projektrisiko 4 | 5 | Projektkontrollen 1,8,9 | 2 | 10 |
| R5 | Projektrisiko 5 | 4 | Projektkontrolle 12 | 4 | 16 |
| R6 | Projektrisiko 6 | 2 | Projektkontrollen 2,5,6 | 2 | 4 |

Handlungsbedarf bestünde in diesem Fall vor allem für die Risiken R4 und R5, da diese Risiken einerseits eine hohe Schadenswirkung hätten und andererseits – trotz vorhandener Projektkontrollen – die Risikoeintrittswahrscheinlichkeit immer noch relativ hoch ist.

Die Darstellung der einzelnen Projektrisiken und der zugeordneten Projektkontrollen kann
wiederum in einer Matrix erfolgen, z.B. als Projektrisiko-Matrix mit der Eintrittswahrscheinlichkeit als Ordinate und der Schadenshöhe als Abszisse. Die vier Quadranten in der Matrix
verdeutlichen, bei welchen Projektrisiken Handlungsbedarf besteht und welche Projektrisiken
keine zusätzlichen Risikosteuerungsmaßnahmen erfordern.

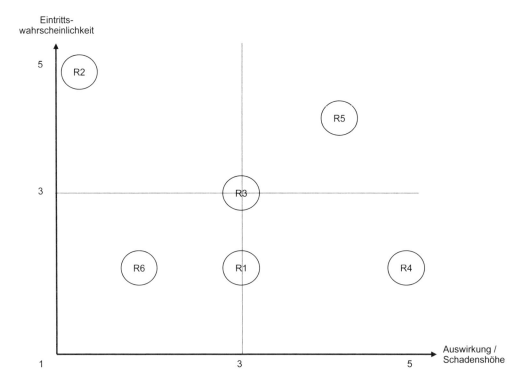

**Abb. 8.2**   *Projektrisiko-Matrix auf Ebene der konkreten Projekteinzelrisiken und -kontrollen*

Die Risikokennziffer ermöglicht die Verwendung weiterer, klassischer Analyse-Methoden wie die ABC-Analyse. Die ABC-Analyse ist jedem Betriebswirtschaftsstudenten aus der Materialwirtschaft zur Einteilung der Materialien in A-Teile (geringer Mengenanteil, hoher Wertanteil), B-Teile (mittlerer Mengen- und Wertanteil) und C-Teile (hoher Mengenanteil, geringer Wertanteil) bekannt. Aufbauend auf dieser Analyse werden in der Materialwirtschaft beispielsweise unterschiedliche Beschaffungs- und Bereitstellungsprozesse festgelegt.

Analog kann die ABC-Analyse auch für das Risikomanagement in IT-Projekten angewandt werden. Dabei werden die Einzelrisiken entsprechend ihres Anteils am Gesamtrisiko in A-, B- und C-Risiken eingeteilt. Denkbar sind auch Gruppierungen nach Eintrittswahrscheinlichkeit oder Auswirkung bzw. Schadenshöhe.

*Tab. 8.2*   *Projektrisikoübersicht für ABC-Analyse*

| Risiko-Nr. | Risikobeschreibung | Risikoziffer | %-Anteil am Gesamtrisiko |
|---|---|---|---|
| R1 | Projektrisiko 1 | 6 | 12 |
| R2 | Projektrisiko 2 | 5 | 10 |
| R3 | Projektrisiko 3 | 9 | 18 |
| R4 | Projektrisiko 4 | 10 | 20 |
| R5 | Projektrisiko 5 | 16 | 32 |
| R6 | Projektrisiko 6 | 4 | 8 |
| **Gesamtrisiko** | | **50** | **100** |

Bei absteigender Sortierung nach prozentualem Anteil am Gesamtrisiko und anschließender Ermittlung des kumulierten prozentualen Anteils wird deutlich, dass die beiden Projektrisiken R4 und R5 bereits über 50 % des Gesamtprojektrisikos darstellen. Für die Einteilung der Risiken nach dem ABC-Schema ist die in der letzten Spalte der nachfolgenden Tabelle dargestellte Aufteilung denkbar, der eine Klassenbildung der A-Risiken bis 60 % der kumulierten Risiken, der B-Risiken bis 90 % und der C-Risiken ab 90 % der kumulierten Risiken zugrunde liegt.

*Tab. 8.3*   *Sortierte Projektrisikoübersicht für ABC-Analyse*

| Risiko-Nr. | Risikobeschreibung | Risikofaktor | %-Anteil am Gesamtrisiko | Kumulierter %-Anteil | ABC-Einteilung |
|---|---|---|---|---|---|
| R5 | Projektrisiko 5 | 16 | 32 | 32 | A |
| R4 | Projektrisiko 4 | 10 | 20 | 52 | A |
| R3 | Projektrisiko 3 | 9 | 18 | 70 | B |
| R1 | Projektrisiko 1 | 6 | 12 | 82 | B |
| R2 | Projektrisiko 2 | 5 | 10 | 92 | C |
| R6 | Projektrisiko 6 | 4 | 8 | 100 | C |
| **Gesamtrisiko** | | **50** | **100** | | |

Als Abschluss der Risikopriorisierung können die Abhängigkeiten zwischen den Risiken, die bislang nicht mitbetrachtet worden sind, analysiert werden. Methodisch bietet sich die Wirkungsanalyse zur Darstellung der gegenseitigen Abhängigkeiten an. Dazu sollte ein Wirkungsnetz (z.B. im Rahmen eines Workshops) aufgebaut werden. Die Abhängigkeiten zwischen den einzelnen Risiken werden dabei mit Pfeilen markiert. Eine Pfeilrichtung von R1 nach R2 bedeutet dabei, dass das Eintreten von Projektrisiko R1 das Projektrisiko R2 verstärkt. Durch unterschiedliche Pfeildicke oder farbige Darstellung kann die Stärke der Abhängigkeit ausgedrückt werden.

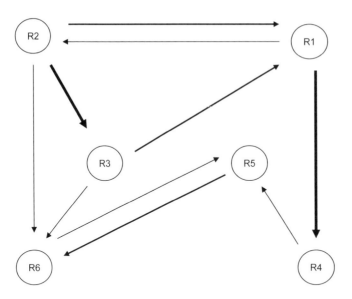

***Abb. 8.3***   *Wirkungsnetz für Projektrisiken*

Die Ergebnisse aus dem Wirkungsnetz können anschließend in einer Wirkungsmatrix weiter analysiert werden. Dazu wird die Stärke der Abhängigkeiten von 0 (keine Abhängigkeit) bis drei (starke Abhängigkeit) quantifiziert. Die Pfeile werden dabei von den Zeilen ausgehend in Richtung der Spalten interpretiert, d.h. die Risiken der Spalten sind von den Risiken der Zeilen abhängig.

***Tab. 8.4***   *Wirkungsmatrix für Projektrisiken*

|        | R1 | R2 | R3 | R4 | R5 | R6 | AS |
|--------|----|----|----|----|----|----|----|
| **R1** | -  | 1  | 0  | 3  | 0  | 0  | **4** |
| **R2** | 2  | -  | 3  | 0  | 0  | 1  | **6** |
| **R3** | 2  | 0  | -  | 0  | 0  | 1  | **3** |
| **R4** | 0  | 0  | 0  | -  | 1  | 0  | **1** |
| **R5** | 0  | 0  | 0  | 0  | -  | 2  | **2** |
| **R6** | 0  | 0  | 0  | 0  | 1  | -  | **1** |
| **PS** | **4** | **1** | **3** | **3** | **2** | **4** | |

Die obenstehende Wirkungsmatrix für Projektrisiken lässt zwei Rückschlüsse zu:

1. Je höher die Aktivsumme (AS), desto stärker ist der Einfluss des Risikos auf andere Risiken. In diesem Fall hat das Projektrisiko R2 die stärksten Auswirkungen auf andere Projektrisiken.
2. Je höher die Passivsumme (PS), desto stärker ist das Risiko von anderen Risiken abhängig. In diesem Fall sind die Projektrisiken R1 und R6 stark von anderen Projektrisiken abhängig.

# 9 Risikobehandlungsmaßnahmen ergreifen

*„If you do not actively attack the risks on your project, they will actively attack you."*
*(Tom Gilb)*

Auf Basis der analysierten und priorisierten Projektrisiken können in dieser Phase des Risikomanagementprozesses für IT-Projekte gezielt Projektsteuerungs- und -kontrollmaßnahmen zur weiteren Risikobehandlung festgelegt werden. Bei der Festlegung der Maßnahmen zur Risikobehandlung sollte sich an der klassischen Risikoreduktionstreppe [Gau00] orientiert werden, die aus den folgenden abgestuften Typen von Maßnahmen besteht:

- Risikovermeidung
- Risikoverminderung
- Risikobegrenzung
- Risikoverlagerung
- Risikoakzeptanz

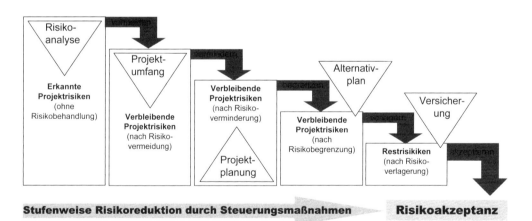

*Abb. 9.1    Risikoreduktionstreppe*

Die Risikoreduktionstreppe verdeutlicht die schrittweise Reduktion der erkannten Projektrisiken. Nicht erkannte Projektrisiken sind offensichtlich nicht Gegenstand der Behandlungsmaßnahmen. Die Dreiecke symbolisieren beispielhaft Maßnahmen zur Risikobehandlung. Am Ende der Risikotreppe steht die Risikoakzeptanz als bewusste Entscheidung der Projektverantwortlichen.

## 9.1    Maßnahmenauswahl

Die Entscheidung, welche Risikobehandlungsmaßnahmen aus der Vielzahl der Alternativen ergriffen werden sollen, obliegt den Projektverantwortlichen. In der Praxis sollte diese Entscheidung gemeinsam vom Management und dem Projektleiter getroffen werden. Anhaltspunkte können die Risikoeintrittswahrscheinlichkeit, die Risikoauswirkungen oder die Risikoziffer des Projektrisikos sowie die Kosten, die Wirksamkeit oder die Umsetzbarkeit der Maßnahme sein.

Methodisch kann die Entscheidungsbewertung durch verschiedene Verfahren zur Entscheidungsunterstützung wie die Nutzwertanalyse, die Entscheidungsmatrix, der Entscheidungsbaum oder die Entscheidungstabelle unterstützt werden. Diese Verfahren sind teilweise jedoch sehr komplex. Daher sollte die Anwendung von diesen Techniken im Rahmen des Projektrisikomanagements auf hoch priorisierte und komplexe Risiken beschränkt werden.

Oftmals bietet sich ein Workshop-basiertes Vorgehen an, bei dem die Teilnehmer die verschiedenen Risikobehandlungsalternativen für jedes priorisierte Projektrisiko sammeln und diskutieren. Voraussetzung für dieses Vorgehen ist, dass ausreichende Informationen über die Projektrisiken und ihre Auswirkungen vorhanden sind und die Projektrisiken und ihre Auswirkungen genau beschrieben werden können. Ein wichtiger Maßstab für die Kenntnisse über ein Risiko und damit die Genauigkeit der Risikoeinschätzung ist die „Präzision" (precision) [Grav00]. Ist die Präzision zu gering, müssen ggf. noch weitere Informationen über dieses Risiko und seine Auswirkungen eingeholt werden oder das Projektrisiko muss erst einmal nur unter Beobachtung gestellt werden.

Als Ergebnis des Workshops sollten für jedes priorisierte Projektrisiko die verschiedenen Risikobehandlungsmaßnahmen (Maßnahmenliste) aufgeführt werden und ausreichende Informationen für die Auswahl der geeigneten Projektsteuerungs- und -kontrollmaßnahmen bereitgestellt werden.

Die Entscheidungsfindung bei der Maßnahmenauswahl kann sowohl durch eine Wirkungsmatrix als auch durch eine einfache Kosten-/Nutzen-Betrachtung unterstützt werden. Analog zur dargestellten Vorgehensweise bei der Risikoanalyse- und -priorisierung der einzelnen Projektrisiken (s. Kapitel 8.2) kann in einer Wirkungsmatrix für Projektsteuerungs- und -kontrollmaßnahmen die Stärke der Verminderung der Eintrittswahrscheinlichkeit eines Projektrisikos von null (keine Verminderung) bis drei (starke Verminderung) angegeben werden.

*Tab. 9.1* *Wirkungsmatrix für Projektsteuerungs- und -kontrollmaßnahmen*

|      | R1 | R2 | R3 | R4 | R5 | R6 | AS |
|------|----|----|----|----|----|----|----|
| **M1** | 2 | 1 | 0 | 3 | 0 | 0 | **6** |
| **M2** | 0 | 0 | 3 | 0 | 0 | 1 | **4** |
| **M3** | 0 | 0 | 1 | 1 | 1 | 0 | **3** |
| **M4** | 0 | 0 | 0 | 0 | 1 | 0 | **1** |
| **PS** | **2** | **1** | **4** | **4** | **2** | **1** | |

Die Wirkungsmatrix für Projektsteuerungs- und -kontrollmaßnahmen lässt wiederum zwei Rückschlüsse zu:

1.  Je höher die Aktivsumme (AS), desto besser ist die Projektsteuerungs- und -kontrollmaßnahme zur Verminderung der Projektrisiken generell geeignet. In diesem Fall hat die Maßnahme M1 den größten Effekt auf die Verminderung der vorhandenen Projektrisiken.
2.  Je höher die Passivsumme (PS), desto besser ist das Projektrisiko durch Projektsteuerungs- und -kontrollmaßnahmen in den Griff zu bekommen. In diesem Fall sind die Projektrisiken R3 und R4 durch Maßnahmen gut zu verringern.

Eine Kosten-/Nutzen-Betrachtung kann darüber hinaus helfen, die Vor- und Nachteile der einzelnen Projektsteuerungs- und -kontrollmaßnahmen systematisch gegenüberzustellen. Für jede mögliche Maßnahme werden dabei die verschiedenen Auswirkungen (z.B. Auswirkungen auf Kosten, Termin, Funktionalität) ermittelt und die unterschiedlichen Maßnahmen auf dieser Basis bewertet.

Für die Umsetzung der Risikomaßnahmen sollten schließlich für jedes Risiko Verantwortliche und Termine festgelegt werden und deren Einhaltung regelmäßig – z.B. im Rahmen des regulären Projektcontrollings – überwacht werden.

# 9.2     Maßnahmen zur Risikovermeidung

Maßnahmen zur Risikovermeidung (engl. avoidance) setzen auf strategischer Ebene an und zielen auf die Beseitigung der Projektrisiken. Dies kann beispielsweise dadurch erfolgen, dass geplante IT-Projekte nicht durchgeführt werden oder der Projektumfang – z.B. durch Beschränkung der Anforderungen auf die absolut notwendige Funktionalität oder durch Vermeidung von Projektaktivitäten mit hohem Risiko – deutlich reduziert wird. Risikovermeidung bedeutet dabei zwangsläufig auch die Vermeidung von Chancen, da durch IT-Projekte in der Regel geschäftliche Zielsetzungen umgesetzt werden sollen. Diese Maßnahmen stehen daher mit den ursprünglichen Geschäfts- und Projektzielen in Konflikt und müssen sorgfältig abgewogen werden.

Mögliche Maßnahmen zur Risikovermeidung sind:

- Projekt absagen/abbrechen
- Projektumfang reduzieren
- Verzicht auf Einsatz innovativer Technologien
- Verzicht auf Einsatz innovativer Methoden

# 9.3      Maßnahmen zur Risikoverminderung

Maßnahmen zur Risikoverminderung (engl. prevention bzw. mitigation) haben zum Ziel, die Eintrittswahrscheinlichkeit der erkannten Projektrisiken durch vorbeugende Maßnahmen zu reduzieren. Dies kann sowohl durch die Verbesserung der ermittelten Kontrollschwächen aus Kapitel 7 (z.B. durch Präzisierung der Anforderungen, Verbesserung der Kommunikation) als auch durch zusätzliche Projektsteuerungsmaßnahmen erfolgen.

Die möglichen Maßnahmen zur Risikoverminderung sind die klassischen Projektsteuerungsmaßnahmen, die folgendermaßen gruppiert werden können:

- **Projektplanung und Projektziele korrigieren**
  - Zeitziele korrigieren
  - Kostenziele korrigieren
  - Sachziele (Funktionalität, Qualität) korrigieren

- **Produktivität erhöhen**
  - Präzisierung der Anforderungen
  - Neue Anforderungen zurückstellen/Änderungswünsche ablehnen
  - Zusammenarbeit verbessern (z.B. durch Team-Building)
  - Leistungsbereitschaft der Mitarbeiter durch Anreize (z.B. durch Prämien, Incentives, Karrieremöglichkeiten, Verantwortungsübernahme) erhöhen
  - Mitarbeiter vor Störungen (z.B. Arbeitsumfeld verbessern, Projektbesprechungen effizienter gestalten) besser abschirmen
  - Mitarbeiter von anderen Aufgaben freistellen
  - Verwaltungsarbeiten reduzieren
  - Arbeitsschritte effizienter gestalten (z.B. Verbesserung der Arbeitsplatzrechner, Nutzung Bürokommunikation)
  - Infrastruktur verbessern (z.B. Vernetzung, räumliche Zusammenlegung)

- **Ressourcen verändern**
  - Wechsel der Lieferanten
  - Austausch von internen und/oder externen Mitarbeitern
  - Zukauf von Teilprodukten
  - Fremdvergabe von Arbeitspaketen
  - Kapazitäten zwischen Teilaufgaben umverteilen

- **Ressourceneinsatz erhöhen**
  – Zusätzliche interne und/oder externe Mitarbeiter einsetzen
  – Einsatz der vorhandenen Mitarbeiter erhöhen (z.B. durch Mehrarbeit)
  – Mitarbeiter schulen
  – Einsatz zusätzlicher Arbeitsmittel

- **Projektstruktur neu gestalten**
  – Projekt in überschaubare Teilprojekte untergliedern
  – Arbeitspakete aufteilen oder zusammenlegen

- **Entwicklungsprozess neu gestalten**
  – Entwicklung in kleinen Schritten (z.B. durch Release-Konzept)
  – Simulation oder Prototyping für zeitnahe Ergebnisrückmeldung einsetzen
  – Verstärkte Einbindung der Anwender
  – Verbesserung des Konfigurationsmanagements
  – Erhöhter Einsatz früher Qualitätssicherungsmaßnahmen
  – Redundante Programmierung kritischer Module
  – Wiederverwendung von Komponenten (z.B. Komponentenbibliothek anlegen)

Als allgemeine Regel bei der präventiven Minimierung erkannter Risiken durch Projektsteuerungs- und -kontrollmaßnahmen kann gelten, dass die Kosten einer Maßnahme zur Risikoverminderung deutlich günstiger sein sollten als die Differenz der Kosten bei Risikoeintritt der betroffenen Projektrisiken vor und nach dieser Maßnahme.

Zur Überprüfung dieser Regel muss jede Maßnahme zur Risikoverminderung hinsichtlich Aufwand und Ergebnis bewertet werden. Auch wenn eine Quantifizierung häufig nicht exakt möglich ist, kann folgende einfache Formel als Anhaltspunkt für den Nutzen (N) einer Maßnahme zur Risikoverminderung (MRV) dienen:

$$N(MRV) = [R(vMRV) - R(nMRV)]/K(MRV)$$

mit

$N(MRV)$ = Nutzen der Maßnahme zur Risikoverminderung

$R(vMRV)$ = quantitativ bewertetes Risiko vor Maßnahme zur Risikoverminderung,

$R(nMRV)$ = quantitativ bewertetes Risiko nach Maßnahme zur Risikoverminderung und

$K(MRV)$ = Kosten der Maßnahme zur Risikoverminderung.

Die Anwendung dieser Formel zur Unterstützung der Maßnahmenauswahl soll kurz anhand eines Beispiels illustriert werden: Nehmen wir an, dass der Ausfall einer Programmkomponente Kosten in Höhe von fünf Millionen Euro verursachen würde. Die Ausfallwahrscheinlichkeit beträgt beim jetzigen Vorgehen 10%. Die Ausfallwahrscheinlichkeit könnte durch zusätzliche konstruktive Qualitätssicherungsmaßnahmen auf 5% gesenkt werden. Für diese Maßnahmen würden Kosten in Höhe von 100.000 Euro anfallen (Maßnahme 1). Die Ausfallwahrscheinlichkeit könnte aber auch durch zusätzliche Tests auf 3% gesenkt werden. Für die erweiterten Tests würden Kosten in Höhe von 250.000 Euro anfallen (Maßnahme 2). Eine kombinierte Vorgehensweise würde die Ausfallwahrscheinlichkeit sogar auf 1% absenken, die anfallenden Kosten betrügen 350.000 Euro (Maßnahme 3).

N (Maßnahme 1) = (5.000.000*0,1 – 5.000.000*0,05) / 100.000 = 250.000 / 100.000 = 2,5

N (Maßnahme 2) = (5.000.000*0,1 – 5.000.000*0,03) / 250.000 = 350.000 / 250.000 = 1,4

N (Maßnahme 3) = (5.000.000*0,1 – 5.000.000*0,01) / 350.000 = 450.000 / 350.000 = 1,3

Bei diesem Beispiel wäre Maßnahme eins die wirtschaftlich sinnvollste Alternative, da der Nutzen die Kosten um das 2,5-fache übersteigt, während die anderen Maßnahmen nur einen geringen Zusatznutzen erbringen.

Die rein quantitative Kosten-/Nutzen-Betrachtung von Maßnahmen zur Risikoverminderung ist jedoch nicht ausreichend. Insbesondere Maßnahmen zur Neugestaltung von Prozessen und Strukturen sowie zur Veränderung oder Aufstockung von Personalressourcen können nicht rein quantitativ bewertet werden, sondern müssen sorgsam abgewogen werden. Beispielsweise erhöhen Überstunden die Produktivität der Mitarbeiter nur kurzfristig, reduzieren aber langfristig die Mitarbeitermotivation und die Produktivität. Dagegen wirkt sich eine Personalaufstockung überhaupt erst langfristig positiv auf ein IT-Projekt aus, da die neuen Mitglieder des Projektteams – soweit überhaupt Mitarbeiter mit der benötigten Erfahrung und Sachkenntnis rekrutiert werden können – eingearbeitet sowie die vorhandenen Aufgaben neu strukturiert werden müssen. Auch steigt die Anzahl der Kommunikationswege im Projekt überproportional, was – wie bereits dargestellt – zu einer geringeren Produktivität der Projektmitarbeiter führt (sog. „Brooks'sche Gesetz"). Eine Personalaufstockung kann sogar zu einer sinkenden Gesamtproduktivität führen. Als Obergrenze für die Personalaufstockung kann bei IT-Mitarbeitern als Faustregel rund 30% pro Jahr angenommen werden.

# 9.4      Maßnahmen zur Risikobegrenzung

Ziel der Maßnahmen zur Risikobegrenzung (engl. contingency) ist die Minimierung der Auswirkungen (Schadensausmaß) des Risikos bei Risikoeintritt. Die Maßnahmen zur Risikobegrenzung greifen also erst, wenn das Risiko zum Problem geworden ist (Eintrittswahrscheinlichkeit = 1).

Die möglichen präventiven Maßnahmen zur Risikobegrenzung können in zwei Bereiche gruppiert werden:

• **Aufbau von Redundanzen**
In der Softwareentwicklung ist die redundante Programmierung eine häufig verwendete Methode, um für Systeme mit hohem Anspruch an die Verfügbarkeit extrem zuverlässige Software zu erhalten. Mehrere Entwicklergruppen erstellen dabei unabhängig voneinander unter-

schiedliche Versionen des gleichen Programms. Jede Programmversion liefert im Praxisbetrieb dann ein Ergebnis, das von einem Entscheidermodul ausgewertet wird [Gau96].

Im Rahmen eines IT-Projektes bedeutet der Aufbau von Redundanzen z.B. die Beauftragung eines zweiten Teams oder Lieferanten mit der gleichen Aufgabenstellung. Sollte ein Auftragnehmer die beauftragten Projektergebnisse nicht zeit- oder qualitätsgerecht liefern, stehen dem IT-Projekt als Alternative die Projektergebnisse des zweiten Auftragnehmers zur Verfügung. Die Vorgehensweise ist allerdings aus Kostengründen nur bei extrem zeitkritischen Projekten vertretbar.

- **Erarbeitung von Handlungsalternativen**
Erarbeitung von Handlungsalternativen bedeutet Maßnahmen für den Fall eines Scheiterns von Projektaktivitäten im Vorfeld festzulegen und vorzubereiten. Dadurch sollen in der Regel vor allem die Auswirkungen bei Risikoeintritt reduziert werden, da aufgrund der vorgedachten Maßnahmen ohne langwierige Entscheidungsfindung und Vorbereitung umgehend reagiert werden kann.

Maßnahmen zur Risikobegrenzung sind vor allem bei geschäftskritischen Projekten, bei denen ein Scheitern erhebliche Auswirkungen auf die Ertragslage des Unternehmens haben kann, sinnvoll.

# 9.5 Maßnahmen zur Risikoverlagerung

Ziel der Maßnahmen zur Risikoverlagerung (engl. transference) ist es, die Projektrisiken auf Dritte zu übertragen. Wie die Maßnahmen zur Risikobegrenzung wirken diese Maßnahmen nur gegen die Dimension Schadenshöhe, da sie erst greifen, wenn das Risiko zum Problem geworden ist. Als Dritte kommen dabei insbesondere Versicherungen, aber auch Auftragnehmer in Betracht.

Eine Risikoverlagerung an Versicherungen ist in der Regel nur für Risiken mit hohem Schadensausmaß und niedriger Eintrittswahrscheinlichkeit sinnvoll, da für die Risikoverlagerung der Versicherung eine Prämie bezahlt werden muss.

Bestimmte Projektrisiken können durch vertragliche Vereinbarung von Schadensersatzansprüchen auch an einen Auftragnehmer übertragen werden. Wie bei der Risikoverlagerung an Versicherungen wird das Risiko dadurch allerdings nicht beseitigt, sondern nur in seinen finanziellen Auswirkungen abgemildert. Auch wird sich die Übernahme von Projektrisiken durch den Auftragnehmer in einem Risikoaufschlag im Angebot widerspiegeln.

# 9.6       Maßnahmen zur Risikoakzeptanz

Ziel der Maßnahmen zur Risikoakzeptanz (engl. acceptance) ist es, die Risiken bewusst in Kauf zu nehmen und keine risikovermeidende, -vermindernde, -begrenzende oder -verlagernde Maßnahmen zu ergreifen.

Die einzige Maßnahme im Rahmen der Risikoakzeptanz ist die Bildung einer sog. „Contingency Allowance", einer Art Puffer oder Risikozuschlag für die aus den akzeptierten Risiken resultierenden Überschreitungen des Budgets, der Termine oder des Ressourcenbedarfs. Die Bildung einer auf dieser Basis gebildeten „Contingency Allowance" dokumentiert somit, dass das Management bestimmte Projektrisiken sehenden Auges in Kauf nimmt.

In Abhängigkeit der Eintrittswahrscheinlich und Schadenshöhe der Projektrisiken veranschaulicht folgende Matrix die Eignung der einzelnen Maßnahmentypen.

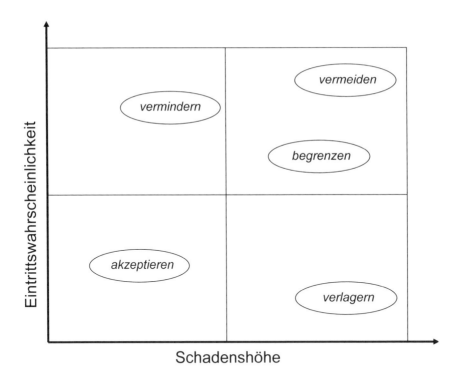

**Abb. 9.2**   *Einordnung der Maßnahmentypen*

Die Matrix verdeutlicht, das Risiken mit einer hohen Schadenshöhe tendenziell zu vermeiden, zu begrenzen oder zu verlagern sind. Bei Risiken mit niedriger Schadenshöhe wird die Eintrittswahrscheinlichkeit in der Praxis dagegen eher ermindert oder das Risiko akzeptiert.

# 10    Projektrisiken überwachen

*„In summary, risk assessment is a tool that can yield excellent results at a low investment –
but requires an unbiased, external mediator to establish the right mind-set as well as follow-
through to be effective." [Mag01]*

Projektrisiken überwachen bedeutet, die identifizierten Risiken laufend zu beobachten, neue
und sich verändernde Risiken zu identifizieren sowie die Umsetzung und Wirksamkeit der
geplanten Maßnahmen zu kontrollieren.

Im Sinne einer Funktionstrennung und der Umsetzung des „Vier-Augen-Prinzips" sollte die
Überwachung der Projektrisiken in jedem Fall durch eine unabhängige Stelle erfolgen, die
sowohl vom Projektleiter als auch von den IT- und Fachbereichen unabhängig ist [Gau01].
Hintergrund dieser Forderung ist u.a., dass die in das Projekt involvierten Personen sich häufig schnell daran gewöhnen, mit den Risiken zu leben anstatt diese konsequent zu managen
[Mag01]. Auch DeMarco fordert einen neutralen Risikobeauftragten zu ernennen und diesen
von der „Das-Schaffen-wir-Haltung" zu entbinden [DeM98].

Die Hauptaufgaben eines Projektrisikomanagers im engeren Sinne sind:

- **Verfolgung der identifizierten Projektrisiken und geplanten Maßnahmen**
Zur Verfolgung der identifizierten Projektrisiken und geplanten Maßnahmen sollte eine Risi-
koliste (sog. „Projektrisikoregister") angelegt werden, die alle identifizierten Risiken, die
Einschätzung ihrer Auswirkungen sowie die beschlossenen Maßnahmen und Termine be-
schreibt. Das Projektrisikoregister sollte von Projektbeginn an geführt werden und stellt die
Basis für die Risikoberichterstattung als auch für alle Risikobesprechungen dar. Für jedes
Projektrisiko sollte ferner ein Risikoeigentümer (engl. Risk Owner) festgelegt werden, der für
die Umsetzung der beschlossenen Projektsteuerungs- und -kontrollmaßnahmen zum
festgesetzten Termin und damit für die zeitgerechte Bewältigung des identifizierten
Projektrisikos verantwortlich ist.

- **Überwachung der Projektrisiken**
Anhand von Frühwarnindikatoren können Projektrisiken permanent verfolgt werden. Anregungen für solche Risikoindikatoren sind am Ende der einzelnen Projektrisiko- und
-kontrollbereiche für die dargestellten Projektrisikofaktoren und Projektkontrollziele aufgeführt (s. Kapitel 6 und 7). Veränderungen dieser Frühwarnindikatoren können auf Risiken
hindeuten und müssen analysiert werden.

- **Identifikation neuer Projektrisiken**

Eine Risikoanalyse stellt eine Momentaufnahme („Snapshot") der Risikosituation zum Aufnahmezeitpunkt dar. Eine einmalige Risikoaufnahme des Projektes ist für ein effektives Risikomanagement nicht ausreichend, da sich die Projektrisiken durch interne und externe Entwicklungen im Laufe des IT-Projektes verändern. Während der Projektlaufzeit sollte die Beurteilung der Projektrisiken und -kontrollen in regelmäßigen Abständen, spätestens nach größeren Meilensteinen bzw. zu Beginn einer neuen Projektphase aktualisiert werden. Dabei müssen insbesondere phasenspezifische Projektrisiken und -kontrollen ergänzt und ggf. weitere Maßnahmen definiert und umgesetzt werden.

- **Berichterstattung über Projektrisiken**

Der Projektrisikomanager muss die Projektverantwortlichen und -beteiligten regelmäßig über den Status der akuten und potentiellen Projektrisiken (Risikobericht) informieren. Dazu eignen sich sowohl tabellarische oder graphisch aufbereitete Risikoberichte (z.B. Risiken nach Kategorie, Eigentümer, Einschätzung) als auch Risikometriken (z.B. Anzahl neuer, offener, geschlossener Risiken; Kosten der Maßnahmen zur Risikovermeidung, Verhältnis Risikokosten zu Projektbudget). Weiterhin sollte der Projektrisikomanager als Bestandteil eines unternehmensweiten Risikomanagements an den zentralen Risikomanager berichten, der diese Risikoinformationen auf Unternehmensebene aggregiert.

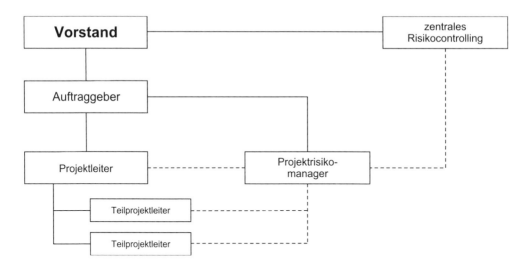

*Abb. 10.1*   *Projektrisikomanager als Bestandteil eines unternehmensweiten Risikomanagements*

Das Schaubild zeigt eine idealtypische organisatorische Einbindung des Projektrisikomanagers. Der Projektrisikomanager untersteht dem Auftraggeber als gegenüber dem Vorstand für das Projekt Verantwortlichem. Die gestrichelte Linie zum zentralen Risikocontrolling verdeutlicht die Einbindung in das unternehmensweite Risikomanagement. Die beispielhaft dargestellten gestrichelten Linien zum Projektleiter und zu den Teilprojektleitern symbolisieren dagegen die enge Zusammenarbeit mit dem Projektteam.

- **Weiterentwicklung der Risiko-Checkliste**

Aus der Erfahrung der laufenden IT-Projekte sollte das unternehmensindividuelle Risikoregister für IT-Projekte laufend angepasst und historische Daten und Kennzahlen gesammelt werden, um die Risikoerkennung und -einschätzung bei zukünftigen IT-Projekten weiter zu verbessern.

Als einfaches, aber effizientes Tool zur Überwachung der Projektrisiken hat sich in der Praxis eine Datenbank als Unterstützung des projektspezifischen Risikoregisters erwiesen, in der alle erkannten Risiken mit Kategorisierungen und Bewertungen, Auswirkungen, Maßnahmen und Terminen, Verantwortlichen und Status dokumentiert werden. Die Risikoeigentümer können mit Hilfe dieser Datenbank die ihnen zugewiesenen Projektrisiken überwachen sowie Maßnahmen, Termine, Verantwortliche und Status aktualisieren. Der Projektrisikomanager kann damit jederzeit einen Überblick über den Stand der Maßnahmen erhalten und zur Generierung aktueller Risikoberichte eine Neubewertung der Projektrisiken und eine Statusaktualisierung von den Risikoeigentümern einfordern. Darüber hinaus kann die Datenbank dem Projektrisikomanager auch als Basis für das Risikoregister und als historische Datenbank dienen.

Umfassender betrachtet kann der Projektrisikomanager neben der Kernfunktion des Risikomanagements auch weitere qualitätssichernde Funktionen, wie die Überwachung der konkreten Projektergebnisse durch unabhängige Reviews, die Kontrolle der Qualität der Lieferanten sowie den Abgleich des Status des IT-Projekts zu den Projektplänen, in einem IT-Projekt übernehmen und damit als übergreifende Projektkontrollinstanz agieren [CR1299]. Die ausführliche Darstellung der Projektrisiken und -kontrollen in diesem Buch sollen den Projektrisikomanager auch im Sinne dieser umfassenden Sicht als Berater bei der Auswahl, Umsetzung und Kontrolle von einzelnen Projektkontrollmaßnahmen unterstützen.

# 11    Anhang

# Übersicht Projektrisikofaktoren/ Projektkontrollziele

| Projektrisikofaktoren | Bewer-tung (1–5) | Projektkontrollziele | Bewer-tung (1–5) |
|---|---|---|---|
| **Geschäftliche Ausrichtung** | | | |
| Fehlende geschäftliche Unterstützung | | Übereinstimmung mit Geschäftszielen | |
| Mangelnde Stabilität der Organisation | | Management des Projektportfolios | |
| Hohe Dynamik des Marktumfeldes | | Definierte Projektziele | |
| Kritikalität des IT-Systems | | Umfassende Projektspezifikation | |
| Außergewöhnliche Risiken | | Projektrisikomanagement | |
| | | Genehmigtes Projektbudget | |
| **Projektmanagement** | | | |
| Fehlende Erfahrung und Sachkenntnis | | Bewährter Projektleitfaden | |
| Mangelnde Ressourcen | | Dokumentierte Projektvereinbarung | |
| Projektumfang | | Realistische Aufgaben- und Aufwandsplanung | |
| Abhängigkeiten | | Umfassende Projektplanung | |
| Glücklose Projekthistorie | | Angemessene Projektorganisation | |
| Vielzahl externer Auftragnehmer | | Projektüberwachung und -steuerung | |
| | | Teammanagement | |
| | | Kommunikationsmanagement | |
| | | Auswahl und Management der Lieferanten | |
| | | Problem und Change Management | |
| | | Qualitätsmanagement | |
| | | Geplanter Projektabschluss | |

| Inhärente Risikofaktoren | Bewertung (1–5) | Steuerungs- und Kontrollverfahren | Bewertung (1–5) |
|---|---|---|---|
| **Geschäftsprozesse** | | | |
| Fehlendes Verständnis der vorhandenen Geschäftsprozesse | | Dokumentierte Ist-Prozesse | |
| Auswirkungen auf zukünftige Geschäftsprozesse | | Dokumentierte Soll-Prozesse | |
| | | Ordnungsmäßigkeit der Prozesse | |
| | | Test der Prozesse | |
| **Anwender** | | | |
| Starre Organisationskultur | | Berücksichtigung organisatorischer Veränderungen | |
| Mangelnde Zielübereinstimmung | | Schulungsplanung | |
| | | Professionelle Schulungsdurchführung | |
| **Technologie** | | | |
| Innovative bzw. neue Technologie | | Bewährtes Vorgehensmodell | |
| Komplexität des IT-Systems | | Geeignete Entwicklungsumgebung | |
| Komplexität der Systemimplementation | | Qualität des DV-Konzepts | |
| | | Qualität der Realisierung | |
| | | Teststrategie und -planung | |
| | | Systematische Testdurchführung | |
| | | Testmanagement | |
| | | Konfigurationsmanagement | |
| | | Aussagekräftige Dokumentation | |
| | | Ordnungsgemäße Inbetriebnahme | |
| **Daten** | | | |
| Fehlende Informationsarchitektur | | Definierte Datenanforderungen | |
| Unzureichend dokumentierte Datenspeicher | | Umfassende Datenqualitätskontrollen | |
| Mangelnde Datenqualität | | Planung der Datenbereitstellung | |
| | | Test der Datenübernahme | |
| | | Ordnungsgemäße Datenübernahme | |

# Literaturverzeichnis

[APM97]     U.K. Association for Project Management (Hrsg.): „Project risk analysis and management guide", High Wycombe 1997.

[Bal96]     Balzert, Helmut: Lehrbuch der Software-Technik: Software-Entwicklung, Heidelberg, Berlin, Oxford 1996.

[Bas03]     Basler Ausschuss für Bankenaufsicht (Hrsg.): Die Neue Basler Eigenkapital-vereinbarung – Konsultationspapier in der Übersetzung der Deutschen Bundesbank, April 2003.

[Beck00]    Beck, Kent: Extreme Programming Explained, Reading, Massachusetts 2000.

[Bet0602]   Projekte, Projektorganisation und Projektüberwachung – Stellungnahme des Arbeitskreises „Externe und interne Überwachung der Unternehmung" der Schmalenbach-Gesellschaft für Betriebswirtschaft e.V. in: Der Betrieb, Nr. 6 vom 8. Februar 2002, S. 281–286.

[BMBF00]    Bundesministerium für Bildung und Forschung: Studie „Analyse und Evaluation der Softwareentwicklung in Deutschland", Bonn, Dezember 2000.

[Boe83]     Boehm, B.W.: Seven Basic Principles of Software Engineering; in: Journal of Systems and Software, No. 3, 1983, S. 3-24.

[Boe91]     Boehm, B.W.: Software Risk Management: Principles and Practices; in: IEEE Software, Vol. 8, No. 1, Januar 1991, S. 32–41.

[BoPa88]    Boehm, B.W., Papaccio, P.N.: Understanding and Controlling Software Costs; in: IEEE Transactions on Software Engineering, Oktober 1988.

[Bro75]     Brooks, Frederick P.: The mythical man-month, Reading, Massachusetts 1975.

[BZ401]     Credit Suisse stellt Online-Broker ein; in: Börsen-Zeitung vom 26. April 2001.

[Cap1903]   Chance vertan – Ziele verfehlt – Zeit vergeudet; in: Capital 19/2003, S. 121.

[CCTA00]    Central Computer and Telecommunication Agency: Risk Handbook, DRAFT, 31. Dezember 2000.

[Cel95]     Celko, J.: Don't warehouse dirty data; in: Datamation, 15. Oktober 1995, S. 42–52.

[CDS86]      Conte, S.D., Dunsmore, H.E., Shen, V.Y.: Software Engineering Metrics and Models, Menlo Park 1986.

[Chaos95]    The Standish Group International Inc.: Chaos (Application Project and Failure), Januar 1995.

[COBIT00]    COBIT Steering Committee and Information Systems Audit and Control Foundation/IT Governance Insitute (Hrsg.): Complete COBIT $3^{rd}$ Edition, Juli 2000.

[CR1299]     Müller-Hengstenberg, Claus D.: Risikomanagement in DV-Projekten; in: Computer und Recht, 12/1999, S. 789–795.

[CW2595]     Für Projekt-Fehlschläge zahlen US-Firmen 81 Milliarden Dollar; in: Computerwoche, Nr. 25 vom 23. Juni 1995, S. 4.

[CW1097]     Zuerst programmieren, dann sehen wir weiter; in: Computerwoche, Nr. 44 vom 31. Oktober 1997, S. 9–10.

[CW698]      Wo bei Projekten der Schuh drückt; in: Computerwoche, Nr. 6 vom 26. Juni 1998.

[CW1298]     Why do so many projects still fail when we invest so much in training?; in: Computer Weekly vom 17. Dezember 1998, S.12.

[CW5298]     Interview: „Kleinere Projekte haben größere Aussicht auf Erfolg"; in: Computerwoche, Nr. 52 vom 25. Dezember 1998, S. 8.

[CW3400]     Viele E-Business-Projekte scheitern mangels Strategie; in: Computerwoche, Nr. 34 vom 25. August 2000, S. 24.

[CZ3203]     Portfoliomanagement bringt den Blick für das Wesentliche; in: Computerzeitung, Nr. 32–33 vom 11. August 2003, S. 11.

[CZ0104]     Datenqualität frisst die Hälfte des Data-Warehouse-Etats; in: Computerzeitung, Nr. 1–3 vom 12. Januar 2004, S. 12.

[DeLi99]     DeMarco, T., Lister, T.: Wien wartet auf Dich! Der Faktor Mensch im DV-Management, München 1999.

[DeLi03]     DeMarco, T., Lister, T.: Bärentango – Mit Risikomanagement Projekte zum Erfolg führen, München, Wien 2003.

[DeM98]      DeMarco, Tom: Der Termin – ein Roman über Projektmanagement, München, Wien 1998.

[DIN62198]   DIN Deutsches Institut für Normung e.V. (Hrsg.): Risikomanagement für Projekte – Anwendungsleitfaden, Ref.Nr. DIN IEC 62198:2002-09.

[DriveSPI97] DriveSPI consortium (Hrsg.): Reference Manual: Risk Driven Software Process Improvement (DriveSPI), September 1997.

[Engl99]      English, Larry: Improving data warehouse and business information quality: methods for reducing costs and increasing profits, New York 1999.

[FAIT02]      Institut der Wirtschaftsprüfer (IDW) – Fachausschuss für Informations-technologie (FAIT) (Hrsg.): Stellungnahme zur Rechnungslegung: Grundsätze ordnungsmäßiger Buchführung bei Einsatz von Informationstechnologie (IDW RS FAIT 1), 24. September 2002.

[FAZ902]      Hohe Kosten durch gescheiterte Projekte; in: Frankfurter Allgemeine Zeitung vom 16. September 2002, S. 23.

[FAZ703]      Kaum professionelles Projektmanagement; in: Frankfurter Allgemeine Zeitung vom 28. Juli 2003, S. 17.

[Fed00]       Fedtke, Stephen (Hrsg.): Projektkompass Softwareentwicklung; Braun-schweig, Wiesbaden 2000.

[Fied01]      Fiedler, Rudolf: Controlling von Projekten, Braunschweig, Wiesbaden 2001.

[Frei01]      Freiboth, Michael, Gottschalk, Arnd: Human Soft Factors in IT-Projekten der Deutschen Bank AG; Vortrag beim SQM-Kongress 2001 in Bonn.

[Gant01]      Gantner, Thomas, Nagel, Oliver: Experiences on the Definition and Validation of Prescriptive Software Process Models; Vortrag beim SQM-Kongress 2001 in Bonn.

[Gau96]       Gaulke, Markus: Digitale Abgründe, Landsberg, 1996.

[Gau00]       Gaulke, Markus: Risikomanagement bei IT-Projekten; in: KES – Zeitschrift für Kommunikations- und DV-Sicherheit, Ingelheim, Nr. 5/2000, S. 66–68.

[Gau01]       Gaulke, Markus: Frühwarnsystem Risiko-Management; in: Computerwoche 13/2001 vom 23.03.01, S. 82.

[Gau02]       Gaulke, Markus: Konzentration auf Kernkompetenzen – Voraussetzung für IT-Outsourcing: Mandantenfähigkeit; in: geldinstitute 10/2002, S. 22–25.

[Gau03]       Gaulke, Markus: IT-Goverance im Trend; in: <kes>, Nr. 5/2003, S. 57.

[Gab88]       Gabler Wirtschafts-Lexikon, Wiesbaden, 1988.

[GDPdU01]     Bundesministerium der Finanzen (Hrsg.): Grundsätzen zum Datenzugriff und zur Prüfbarkeit digitaler Unterlagen, BMF-Schreiben vom 16.07.2001 – IV D2 – S0316 – 136/01.

[Gern01]      Gernert, Christiane: IT-Management, System statt Chaos, München 2001.

[Gla98]       Glass, R.L.: Software Runaways, Upper Saddle River 1998.

[GoBS95]      Schreiben des Bundesministeriums der Finanzen vom 7. November 1995: Grundsätze ordnungsmäßiger DV-gestützter Buchführungssysteme (GoBS), in: Bundessteuerblatt 1995, Teil 1, Nr. 18, S. 738–747.

[Grad92]      Grady, R.B.: Practical Software Metrics for Project Management and Process Improvement, Englewood Cliffs 1992.

[Grav00]      Graves, Roger: Qualitative Risk Assessment; in: PM Network, Oktober 2000.

[Har03]       Hardy, Gary: Coordinating IT Governance – A New Role for IT Strategy Committees; in: IS Audit & Control Journal, Vol. 3, 2003, S. 21–24.

[Hau00]       Hauer, Siegbert: Risikoanalyse als Bestandteil der Priorisierung von IT-Vorhaben; Vortrag bei der IIR-Fachkonferenz „Risiko-Management in der IT" am 8. November 2000 in Köln.

[HFA497]      IDW (Hrsg.): HFA-Stellungnahme 4/1997: Projektbegleitende Prüfung EDV-gestützter Systeme; in: FN-IDW, Nr. 10/1997, S. 522–525.

[HuSw87]      Humphrey, W.S., Sweet, W.L.: A Method for Assessing the Software Engineering Capability of Contractors; SEI Technical Report SEI-87-TR-23, Pittsburgh 1987.

[IDWPS880]    IDW-Prüfungsstandard: Erteilung und Verwendung von Softwarebescheinigungen; in: FN-IDW, Nr. 12/1998, S. 597–604.

[ITKOST02]    IT-Kosten und IT-Performance 2002 – Betriebswirtschaftliche Studie der Schweizer Informatikabteilungen, Ernst & Young (Hrsg).

[IW100]       Project meets portal; in: INFOWORLD vom 31. Januar 2000, S. 62–74.

[IW1099]      IT-Lösung: Projektmanagement-Software; in: Information Week, Nr. 10, vom 29. April 1999, S. 30–33.

[IWE0698]     Ohlson, Kathleen: IT projects are succeeding more often, researcher says; in: InfoWorld Electric, Juni 1998.

[Jal00]       Jalote, Pankaj: CMM in practice, processes for executing software projects at Infosys, Reading, Massachusetts 2000.

[JeTo79]      Jensen, Randall W., Tonies, Charles C.: Software Engineering, Englewood Cliffs, N.J. 1979.

[JiKlMe00]    Jiang, James J., Klein, Gary, Means, Thomas L.: Project Risk Impact on Software Development Team Performance; in: Project Management Journal, Vol. 31, Nr. 4, Dezember 2000.

[JJ0302]      Johnson, James: It's a New World! And it's Called ROI!, Keynote am 13. März 2002 bei der Chaos University 2002.

[Jon94]       Jones, C.: Assessment and Control of Software Risks, Yourdon Press 1994.

[Jon98]        Jones, C.: Conflict and litigation between software clients and developers; in: IEEE Engineering Management Review, Fall 1998, S. 46–54.

[Kar01]        Kargl, Herbert: Projektcontrolling; in: HMD-Praxis der Wirtschaftsinformatik, Nr. 217, Februar 2001, S. 29–42.

[Kei00]        Keitsch, Detlef: Risikomanagement, Stuttgart 2000.

[Kit95]        Kit, Edward: Software testing in the real world, ACM Press 1995.

[KeMa97]       Keil, Mark, Mann, Joan: The Nature and Extent of IT Project Escalation: Results From a Survey of IS Audit and Control Professionals; in: IS Audit & Control Journal, Vol. 1, 1997, S. 40–48.

[KeRo99]       Keil, Mark, Robey, Daniel: Blowing the whistle on troubled software projects; Paper accepted for publication at Communications of the ACM, 7. Oktober 1999.

[KPMG94]       KPMG Management Consulting (Hrsg.): Report on IT Runaway Systems, 12. Dezember 1994.

[KPMG97]       KPMG Strategic and Technology Service Group (Hrsg.): What went wrong? Unsuccessful information Technology Projects, 1997.

[KPMG00]       KPMG Risk Management Services (Hrsg.): Erkennen und Beherrschen von Unternehmensrisiken, März 2000.

[KPMG203]      www.kpmg.co.uk/kpmg/uk/services/audit/surveys.cfm, abgerufen am 11. Februar 2003

[Kue00]        Kütz, Martin: Benutzerorientiertes Projektmanagement in großen Softwareentwicklungs- und -einführungsprojekten; in: IT-Projektmanagement – Fallstricke und Erfolgsfaktoren, hrsg. von Etzel, H.J., Heilmann, H., Richter, R., Heidelberg 2000.

[Lic92]        Lichtenberg, Gunthard: Risiko-Management bei EDV-Projekten, Technische und vertragliche Aspekte, Ehningen bei Böblingen, 1992.

[Lig93]        Light, M.: Data Pollution can choke business process reengineering; in: Inside Gartner Group This Week, Vol.23, April 1993, S. 5–6.

[Mad00]        Madauss, Bernd J.: Handbuch Projektmanagement, Stuttgart 2000.

[Mag01]        Magerl, Jessy: Risk Assessment in the Europe – Middle East – Africa Environment; in: Risk Management Newsletter, Vol. 3, Nr. 1, März 2001, S. 6–11.

[Mar82]        Martin, James: Program design which is provably correct, Carnforth, Lancashire 1982.

[McC96]        McConnell, Steve: Classic Mistakes; in: IEEE Software, Vol. 13, No. 5, September 1996.

[McC97]      McConnell, Steve: Software's Ten Essentials; in: IEEE Software, Vol. 14, No. 2, März/April 1997.

[Mye95]      Myers, Glenford J.: Methodisches Testen von Programmen, München 1995.

[OCC983]     Office of the Comptroller of the Currency (Hrsg.): Bulletin OCC 98-3: Technology Risk Management, 4. Februar 1998.

[PMBOK00]    Project Management Institute (Hrsg.): A Guide to the Project Management Body of Knowledge (PMBOK® Guide), Pennsylvania 2000.

[PMBOK03]    Project Management Institute (Hrsg.): A Guide to the Project Management Body of Knowledge (PMBOK® Guide), Ausgabe 2000, Deutsche Übersetzung, Pennsylvania 2003.

[Puh89]      Puhani, Josef: Statistik: Einführung mit praktischen Beispielen, Bamberg 1989.

[Rau00]      Raulf, Martin: Analyse, Auswahl, Anpassung, Fehlschlag – die Historie einer Standardsoftwareeinführung; in: IT-Projektmanagement – Fallstricke und Erfolgsfaktoren, hrsg. von Etzel, H.J., Heilmann, H., Richter, R., Heidelberg 2000.

[Red96]      Redman, Thomas C.: Data quality for the information age, Boston (MA), 1996.

[RePo97]     Rechenberg, Peter, Pomberger, Gustav (Hrsg.): Informatik-Handbuch, München, Wien 1997.

[RoI203]     Royer, Isabelle: Why Bad Projects Are So Hard to Kill; in: Harvard Business Review, Februar 2003, S. 48ff.

[SaD603]     Sarup, Deepak: „To Be, or Not To Be" – The Question of Runaway Projects; in: IS Audit & Control Journal, Vol. VI, 2003, S. 17–19.

[Sch95]      Schwarze, J.: Systementwicklung, Herne-Berlin 1995.

[Sch97]      Schnorrenberg, Uwe: Risikomanagement in Projekten: Methoden und ihre praktische Anwendung, Braunschweig, Wiesbaden 1997.

[SEI93]      Software Engineering Institute (Hrsg.): Taxonomy-Based Risk Identification; SEI Technical Report CMU/SEI-93-TR-006, Pittsburgh, PA, Juni 1993.

[SEL1190]    Software Engineering Laboratory (Hrsg.): Manager's Handbook for Software Development, Rev.1, Greenbelt, Maryland, November 1990.

[SM1299]     Johnson, Jim: Turning Chaos into Success; in: Software Magazin, Dezember 1999.

[Ste98]      Steinbuch, Pitter A.: Projektorganisation und Projektmanagement, Ludwigshafen (Rhein) 1998.

[Sti99]       Stienen, Hans: Nach CMM und BOOTSTRAP: SPICE – Die neue Norm für Prozeßbewertungen; in: Industrie Management, Nr. 15, 1999.

[Swa98]       Swanson, David: IT Project Review – A Strategy for Reducing Investment Risk; in: IS Audit & Control Journal, Vol. V, 1998, S. 10-12.

[Tac00]       Tackenberg, Klaus: Strategien für QM und RM und deren Umsetzung im Rahmen ISO 9000; Vortrag beim SQM-Kongress 2000 in Bonn.

[VöB201]      Bundesverband öffentlicher Banken Deutschlands (Hrsg.): Aktuelles – Ausgabe II/2001, S. 12–13.

[WaFe77]      Walston, C.E., Felix, C.P.: A method of programming measurement and estimation; in: IBM Systems Journal, Nr. 16, 1977, S. 64ff.

[WeSe02]      Wetzel, Patrick, Seiler, Thierry: Warum IT-Projekte scheitern (können); in: Neue Zürcher Zeitung, 25. Juni 2002.

[Wie98]       Wiegers, Karl. E.: Know Your Enemy: Software Risk Management; in: Software Development, Oktober 1998.

[WPH00]       Institut der Wirtschaftsprüfer (Hrsg.): Wirtschaftsprüfer-Handbuch 2000, Düsseldorf 2000.

[WSJ1100]     Tech-Project Inefficiencies Found in Corporate Study; in: The Wall Street Journal vom 14. November 2000, S. 20.

# Index